AL pez
Aurora Venturini
AURORA VENTURINI
ADIOS DESDE LA MUERTE
Ediciones del Bo
1948
Editorial Nueva Generación
Alma y Sebastián
NARRACIONES INSURGENTES
Prólogo de Pino Solanas
El Angel
del
Espejo
AURORA VENTURINI
LA PLA
MO
AMO
NOSOTROS, LOS
CASERTA
Aurora Venturini
AURORA VENTURINI
CUADERNO DE "ANGELINA"
RELATOS DE INFANCIA
AURORA VENTURINI
ANTOLOGIA PERSONAL
Ramos Americana Editora
AURORA VENTURINI
AMENTACIO
MAYOR
FRANCISCO A. COLOMBO
BUENOS AIRES
1955
AURORA VENTURINI DE VARELA
DAN DEL RIO
DINAMICA HISTORIA DE LA EDUCACION
TEXTO ADAPTADO
A LOS PROGRAMAS EN VIGENCIA
Aurora Venturini
Jovita
LA OSA
y otros cuentos
Aurora Venturini
ESTOS LOCOS BAJITO
por los senderos de su educac
Lieder 3
Aurora Venturini

Aurora Venturini
Racconto
poemas
AURORA VENTURINI
LA TROVA
POEMAS
COLOMBO · BUENOS AIRES
Aurora Venturini
Cantos de Maldoror
Isidore Ducasse
Ducasse
Padre
Lautréamon
Hijo
Satánica
Trinidad
Maldoror
Espíritu Satánico
AURORA VENTURINI
POGROM
DEL CABECITA NEGRA
AURORA VENTURINI - FERMÍN CHÁVEZ
PONCE
DE LEÓN
Y EL
FUEGO
Nanina, Justina
y el doctor Rorschach
Novela
Aurora Venturini
EDITORIAL DUNKEN
AURORA VENTURINI
RITA.
A ESPINA Y LA ROSA
AURORA VENTURINI
ZINGARELLA
VENID AMADA ALMA
Aurora Venturini
Aurora Venturini
Lieder
AURORA VENTURINI
memoria de W. H. Hudson
PANORAMA DE AFUERA
CON GORRIONES
POEMA

ESTA NO SOY YO

colección andanzas

LILIANA VIOLA

ESTA NO SOY YO

Biografía de Aurora Venturini

TUSQUETS
EDITORES

1.ª edición: noviembre de 2024
Edición autorizada por Tusquets Editores (Argentina)

Diseño de la colección: Guillemot-Navares

Tusquets Editores, S.A. - Av. Diagonal, 662-664 - 08034 Barcelona
www.tusquetseditores.com
ISBN: 978-84-1107-539-8
Depósito legal: B. 15.814-2024
Fotocomposición: Realización Tusquets Editores
Impresión y encuadernación: Unigraf, S.L.
Impreso en España

PEFC Certificado
Este libro procede de bosques gestionados de forma sostenible
PEFC
PEFC/14-38-00305
www.pefc.es

Índice

Esta no soy yo

No soporto el anonimato. Suplico que una mano piadosa aparte las piedras del derrumbe y en un hueco ponga o una flor o una palabra... algo.

AURORA VENTURINI, *Los rieles*

Macondo

Pie izquierdo sobre el estribo, pierna derecha sobre la grupa, tal como lo ha aprendido de chica en el Club Hípico, Aurora Venturini montó a Macondo.

Su padre tenía su caballo, ella también, y se le había permitido ponerle nombre[1] al suyo. «Nuestros equinos eran mansos y obedientes como perros grandes; la mansedumbre se les leía en las miradas. En el aquerenciamiento, cerca de los amos, los animales sonríen. Es cuestión de interpretarlos.»

Se jacta de no saber hacer nada con las manos, de haber sido siempre tremendamente torpe, nada de nada salvo escribir. No sabe correr, no sabe saltar, no es buena para ningún deporte. Sin embargo, aquí está, la equitación. Se jacta de haber sido la primera mujer que usó pantalones en La Plata, su ciudad. Pero no ha de haber sido tan tremendo el impacto: muchas veces, por no llegar tarde, ha irrumpido en su clase de Filosofía en la Facultad de Humanidades vestida con pantalones y botas de montar.

En esta escena, fines de los años cincuenta, viene de hacer su paseo habitual desde el centro hasta la zona de las Mil Casas, en Tolosa, un proyecto urbanístico prometedor y popular que quedó trunco a poco de empezado. Estaba dando la segunda vuelta por las caballerizas que rondan el zoológico cuando el animal se paró de golpe y dio tranco atrás. Ella no tiró de la rienda, se bajó para ver hacia dónde se dirigía la mirada del caballo. El alambrado permitía ver la jaula del oso hormiguero; era evidente que Macondo lo había visto por primera vez en su vida y ahora estaba muerto de miedo; entonces conversaron.

Habla con los animales y asegura entender casi perfectamente las reacciones manifestadas por sus movimientos, bufidos o sonidos en general. Les lee la mirada. Lo ha explicado cada vez que fue necesario: «Estos ejemplares vivientes poseen tacto y sentimientos, cuestión de saber escucharlos en cuanto a sus necesidades y requerimientos». No tiene nada que reprocharle a ninguno de los perros, caballos e insectos que amó en su vida. «Guardo *in mente* a Rebeca, mi araña inolvidable, a quien he dedicado páginas ya publicadas; a Zeico, mi lagarto de ojos verdes; a Ariadna, emparentada con Rebeca.»

El caballo le dijo que, aunque le buscara la cabeza al oso, no se la encontraba. «Las rarezas lo sacaban como ocurre

Conservaba en su escritorio y frente a su máquina eléctrica el recuerdo de sus tardes ecuestres.

con los humanos», anota en su cuaderno. «"Ese ente enjaulado empieza y termina aparentemente igual y es un monstruito", le expliqué a Macondo, y entonces se tranquilizó.»[2]

Ella, en cambio, nunca se tranquilizó. Nunca dejó de dar vueltas por las calles de La Plata, nunca dejó de hablar con los entes vivos y muertos ni de observar sin susto las rarezas de los monstruos.

Terminada la charla, volvió al Club Hípico y se sentó en la confitería a tomar «un refrigerio». Nunca toma un trago, nunca toma un té. Toma «refrigerios» para seguir funcionando. En pocos días se sentará aquí mismo a escribir en su cuaderno su primer cuento.

1
Exedra

Buenos Aires, esquina de Córdoba y Carlos Pellegrini, 28 de noviembre de 2007. Sin que ninguno de los presentes pueda sospecharlo, esa confitería con nombre griego y fama de que al caer la noche se vuelve punto estratégico para la cita clandestina o la oferta sexual, se está jugando el destino de Aurora Venturini.

Cinco de los siete integrantes del jurado del premio literario más esperado de ese año se dieron cita en Exedra. Último día para emitir un veredicto. Llegan puntuales, se saludan y dicen algo sobre el estado del tiempo, un gesto de convivencia elemental para compensar la tensión que se va a respirar durante las dos horas que dure el encuentro. Una pregunta ronda la mesa aunque nadie la quiera pronunciar: ¿gana *Las primas* o queda descartada?

Una mujer de 85 años cuyo nombre desconocen todavía, a 52 kilómetros de allí, los está obligando a discutir sobre literatura, a definir la diferencia entre el salvajismo y el candor, para qué sirve un premio, dónde reside lo correcto y a quién le importa. Pero, además, en esa mesa de caballeros se está decidiendo si esa mujer va a morirse sin que nadie la haya leído o si vivirá los ocho años que le quedan reconocida como el gran hallazgo de la literatura argentina del siglo que empieza.

Exedra significa «lugar con sillas, espacio construido para la conversación». Tan literal el nombre del boliche como la voluntad de los jurados que llevan dos semanas intercambiando correos en contra y a favor. Dos de ellos viajaron especialmente desde Villa Gesell para discutir todo esto cara a cara. De pronto, la molestia que genera la favorita se ha trasladado al resto de las novelas finalistas. Ahora tampoco hay consenso para el segundo y el tercer puesto, convertidos en prendas de negociación. El desacuerdo ha escalado a tal punto que en cualquier momento alguien podría proponer el duelo como única salida. Alguien ha llegado a decir: «Esto no es literatura».

Los testimonios sobre lo que se habló esa tarde se proponen ser fieles pero fallan. Lo que dice uno termina siendo desmentido por lo que cree haber escuchado otro y nadie recuerda cómo fue que llegaron a la conclusión que dejó a todos contentos. Tal vez quieran guardar el secreto. Puede que todo sea culpa del whisky.

Su rutina de trabajo es así: ella se despierta temprano y escribe. Tacha, corrige y sigue. A la tarde llega su secretaria y pasa esos cuadernos a máquina. Cuando el trabajo está listo, busca una imprenta que no la haya estafado antes o una editorial que le prometa buena distribución aunque después no cumpla, paga por adelantado y se imprime. Desde el año 1942 ha venido confiando sus libros a la imprenta Moreno de La Plata y a la Colombo de Buenos Aires, a los Talleres Gráficos Olivieri y Domínguez, Editorial Nueva Generación, Ediciones Simurg, Botella al Mar, Peña Lillo, Corregidor, Quinqué, Theoría, Pueblo Entero... En la lista que es muchísimo más larga no faltan una edición Municipal y una de

Dunken, emblemático sello del «Hágalo, páguelo y publíquelo». A juzgar por el descuido general y la omisión de la autora en los respectivos catálogos, se deduce que no se la ha considerado jamás un argumento de prestigio ni de venta. No se la ha considerado.

Desde la primera vez, cuando publicó *Versos al recuerdo*, cada nuevo libro se presenta en la Biblioteca Francisco López Merino, ubicada en la calle 49 entre 11 y diagonal 74 de La Plata, el antiguo palacio familiar donde el poeta suicida vivió con sus padres y sus seis hermanas. Al día siguiente lleva un ejemplar firmado a la Biblioteca Central de la Provincia de Buenos Aires, un modo de ir armando sus obras completas en un anaquel oficial.

Llovieron premios para sus libros de poemas y siguieron lloviendo para su narrativa cuando dejó de escribir poesía y empezó a publicar relatos a comienzos de los sesenta: Faja de Honor de la Sociedad Argentina de Escritores (SADE), Premio Municipal, otra Faja de Honor, una mención, Diploma de Honor de la Asociación de Escritoras y Escritores Católicos en 1969... Mientras la pared del comedor se va completando con galardones, ni la crítica ni el mercado acusan recibo, y al año siguiente el ciclo vuelve a empezar.

El diario *Página/12* había decidido festejar su cumpleaños número veinte organizando su primer concurso literario. La convocatoria se lanzó a fines de mayo de 2007 y el plazo de admisión venció en septiembre. El nombre «Premio Nueva Novela» fue una idea del entonces director, Ernesto Tiffenberg. No hubo discusión, aunque era evidente que tal declamación de novedad[1] iba a exigirnos definiciones imposibles. ¿Éramos tan pedantes que buscábamos una renovación del género? ¿O tan literales que pedíamos una novela inédita?

Me encargaron la organización del concurso. Había hecho alarde de una experiencia en el tema completamente incomprobable. En realidad, redacté las bases copiando lo que me pareció mejor de los premios *La Nación* y *Clarín*, y luego me ofrecí a argumentar ante Martín Lousteau, entonces director del Banco Provincia, sobre la importancia de que esa institución aportara el dinero para el premio. El concurso se llamó «Premio Nueva Novela *Página/12*-Banco Provincia».

Con Mariana Enriquez, Claudio Zeiger y Marisa Avigliano integramos el jurado de preselección. Todos los lunes nos repartíamos un pilón de novelas y los viernes nos reuníamos para contarnos lo que habíamos encontrado. Las medianamente potables merecían una lectura cruzada, mientras que la mayoría se iba al muere trazando el mapa del estado mental de la clase media argentina en 2007: narradores despechados llorando las consecuencias de la emancipación de la esposa, bronca contenida por una separación que no se vieron venir y letanía de complicaciones por la reorganización familiar. Narradoras en sus treinta que, por un detonante en el presente, regresaban a un hito de su infancia donde algo daba forma a una tortuosa sexualidad. Intrigas policiales con investigadores pasados de cancheros y móviles inverosímiles. Émulos de *Rayuela* y de Aira, todo a la vez; humoristas sin humor; la homosexualidad como descubrimiento, problema y castigo; y un enorme porcentaje de «ahora voy a contar mi historia por consejo de mi terapeuta».

Más que con responsabilidad, leíamos con miedo de que se nos escapara un tesoro, de cometer una injusticia... Pero, sobre todo, un ridículo miedo de que nos engañaran con un texto plagiado, una broma, alguna maldad. Por esos días, los concursos literarios eran sospechados hasta la paranoia de estar «arreglados». En 2005, y luego de ocho años de escándalo sostenido, la Corte Suprema había condenado a la editorial Planeta y a Ricardo Piglia por considerar que el concurso donde había ganado con *Plata quemada* había sido manipulado. En febrero de ese mismo 2007, la novela *Bolivia Construcciones* con la que Sergio Di Nucci, periodista de *Página/12,* había ganado el Premio La Nación-Sudamericana, era acusada de plagio. El libro se mantenía en las listas de los más vendidos, el campo académico debatía las relaciones entre robo, préstamo y ética, mientras el jurado revocaba el fallo. A los pocos meses, Federico Andahazi, otra vez Premio Planeta, era acusado por los herederos del dramaturgo Agustín Cuzzani de haber plagiado *Los indios estaban cabreros* con su novela *El conquistador.*

El fantasma de la impugnación nos hizo extremar hasta el absurdo los recaudos. Nuestro grado de paranoia era proporcional a la megalomanía de que «nuestro premio» se volvería doblemente prestigioso, por limpio y por bueno. El público habrá pensado algo parecido porque llegaron 668 novelas desde casi todas las provincias, y también desde España, Chile, México, Colombia, Uruguay, Paraguay y Perú.

Junio de 2007. La señora Marta Darhanpé, como todos los lunes a las tres de la tarde, usa su copia de la llave y abre la puerta del departamento 2 de la calle 37 entre 12 y 13, Barrio Norte de La Plata. Trae en la cartera un recorte del diario del domingo. Tiene una idea para levantarle el ánimo a su jefa.

«Yo la veía muy venida abajo últimamente, culpa del accidente que había sufrido hacía poco en la puerta misma de su casa. Había llamado a un taxi para ir como siempre a la confitería París, y no terminaba de sentarse cuando el taxista arrancó y la dejó tirada en el empedrado.»

El departamento está ubicado en una calle tranquila, casas bajas, puro silencio... Ella lanzó una maldición al aire y no pidió ayuda. Se levantó sin ningún hueso roto pero a partir de ese día ya nunca salió de su casa sin secretaria y sin bastón.

Marta le entregó el recorte con las bases del concurso. Se elegirían un primer premio y dos menciones. El premio consistía en 30.000 pesos, una escultura de Adolfo Nigro y la publicación del libro. El tema: libre. La extensión: un mínimo de cien páginas. El jurado: siete prestigiosas plumas del mismo diario. Sandra Russo, Juan Forn, Alan Pauls, Rodrigo Fresán, Guillermo Saccomanno, Juan Sasturain y el editor del suplemento literario *Radar*, Juan Ignacio Boido. Había que presentarse con seudónimo.

Las bases pedían un texto escrito en Word, cuerpo 12, versión en papel anillada y en CD. *¿Qué es eso? Vamos a pasarlo por alto. Si la novela es buena, lo del CD no va a importar.* No hay computadora en la casa. Su dueña opina que esos artefactos con memoria y capacidad de transmitir imágenes de una punta a la otra del mundo esconden al demonio en alguna de sus formas. A veces accede a la presión del entorno y se compra una, pero a los pocos días la regala.

Tiene tres meses para inventar algo. La corre el tiempo, por eso esta vez hace una excepción: tipea ella misma en la máquina eléctrica aguantándose la artritis. Cuando llega su ayudanta le pide que lea en voz alta. Necesita escuchar el ritmo de sus propias palabras y recibir la primera opinión. Marta escucha, recién en la pausa hace algunas acotaciones. Los comentarios, por supuesto, son siempre halagüeños.

Marta Darhanpé es mi primera entrevistada, es la persona que conocí cuando conocí a Aurora. Iban del brazo el día en que se llevó el premio. Fue su escudera, su sombra, su ayudamemoria, uno de sus espejos. Su primera secretaria. Tuvo tres. Me solicita no ser nombrada como secretaria sino como «acompañante terapéutica». Se la nota ofendida desde que fue sospechada de un robo que no fue tal, despedida en 2012 después del accidente doméstico que dejó a su jefa primero al borde de la muerte y luego en proceso de recuperación. Pero lo peor de todo: en 2013 recibió el fuego de la venganza Venturini. Se vio convertida en un personaje de la única, entre las últimas novelas de su jefa, que no había leído antes de que fuera publicada, la única declaradamente autobiográfica. En *Los rieles* una asistenta llamada Inés Orete le roba unos cuantiosos ahorros e intenta envenenarla cuando está convaleciente en el hospital: «Aparentaba humillación y gran desapego a las personas y a los acontecimientos de cualquier índole. Inés Orete era indiferente, ausente, calladita. Miraba con los dientes del paladar superior que no encajaba en el inferior».

Decididamente la secretaria está enojada o triste. En la ciudad de La Plata donde vivían ambas esta alusión tiene la consecuencia que en todo pueblo chico tiene la calumnia. Le recuerdo que Aurora, en una de sus últimas intervenciones, dejó en suspenso aquello de que ese personaje estuviera inspirado en ella y retiró toda sombra de acusación sobre el robo. Como prueba de lo que digo, leo en voz alta esta respuesta tomada de una de sus últimas entrevistas: «Tomé secretaria al decidir mi lugar de escritora para que me asistiera como tal. Marta Darhanpé fue la primera y durante muchos años me acompañó, luego tuvo que renunciar cuando me accidenté porque era muy difícil asistirme en esas condiciones».[2] En las entrevistas que concedió en su último año de vida, Aurora fue matizando las acusaciones e injurias que había vertido sobre familiares y examistades en ficciones y en declaraciones públicas. Estoy convencida de que se preparaba para el juicio final.

La secretaria no presta atención a lo que trato de decirle: «Porque además, tuvo la deslealtad de usar en una de sus novelas algo que yo le había contado a modo de confidencia. Era algo muy feo que me ocurrió hace años y era mi secreto.[3] Puso mi historia tal cual. No sabés cómo me sentí cuando me vi escrita en letras de molde». Agrega que tiene muchas cosas más para contar y que no son todas buenas. «Imaginate que son más de quince años que trabajé para ella.» Le propongo esperar hasta los últimos capítulos. Su marido, que interviene en un segundo plano en nuestra conversación telefónica, agrega comentarios. Quiere decir todo lo que su esposa está callando. Está indignado. Conoció a la escritora, dice, estuvo haciendo algunos arreglos en ese departamento de Barrio Norte y considera que Marta vivió años a merced de los caprichos de «esta mujer». Él también ha cobrado lo suyo en *Los rieles:* «Su marido, Tomás Orete, la ofendió obligándola a fornicar en el piso del dormitorio, sobre una hoja de diario. Trabajaba de camionero; dislálico y semianalfabeto».

Marta admite no tener formación para llevar el título de acompañante terapéutica pero alega que su jefa sufría de agorafobia y que por eso la contrató. «Los tiempos antes del premio eran mejores»; charlaban, leían, salían juntas a todos lados. Con el éxito de *Las primas* cambió todo. «Decía cada vez más seguido eso de que todo el mundo tiene un precio.»

Aurora tenía terror a las escaleras mecánicas y a todo lo que significara salir a la calle. La secretaria la acompaña a comprarse ropa, a las presentaciones de libros, y muchas veces a la intendencia, ya que cuando se entera de que se viene un acto peronista o una discusión en la Legislatura, irrumpe, se sienta en la última fila y en algún momento da tres golpes de bastón para decir lo que tiene para decir. Los intendentes peronistas, Julio Alak primero y Pablo Bruera después, conocen de lejos esa silueta y esa voz. «Una prócer», se dice por allí. Durante el mandato del intendente radical Pablo Óscar Pinto fue distinguida por votación unánime como Ciudadana Ilustre de su ciudad.

Pero más allá del estado de ánimo que recuerda Marta, es impactante la actividad que despliega su jefa durante todo el año que precede a la escritura de *Las primas.* Ha publicado cuatro libros: *Al pez* (2007) recoge viejos poemas corregidos; *Bruna-Maura. Maura-Bruna* (2006) es una novela breve, entre gótica y delirante; *Muerte al violador,* un texto que hasta el momento no hemos podido hallar pero que aparece nombrado por ella en varias ocasiones, y *Cantos de Maldoror. Satánica Trinidad* (2007), inclasificable y rarísimo ejemplar que combina la traducción, el ensayo sobre el conde de Lautréamont y la autobiografía de quien lo lee y admira. Además, va por su quinta edición el concurso destinado a plumas platenses donde actúa como presidenta del jurado, cuyo premio paga de su bolsillo y que lleva el nombre «Biblioteca Aurora Venturini».

Quedaba poco tiempo para que se venciera el plazo y habíamos encontrado un número aceptable de finalistas —casi todas esas novelas resultaron publicadas en alguna editorial al año siguiente—, pero seguía sin aparecer el manuscrito fuera de serie a la medida de nuestras ilusiones.

Aurora no registraba la existencia del diario *Página/12* ni había leído a esos escritores que estaban discutiendo en Exedra: Juan Forn, Juan Boido, Rodrigo Fresán, Guillermo Saccomanno, Alan Pauls y Juan Sasturain. Su biblioteca, en cambio, guardaba los títulos de un jurado soñado por más de medio siglo: Jorge Luis Borges, Ernesto Sábato, Manuel Mujica Lainez, Rodolfo Walsh, Leopoldo Marechal, Leopoldo Lugones. ¿Habría que incluir a una mujer? Allá está su condesa sangrienta que vivió en París los años que hubiera querido vivir ella y que le marca un modelo de escritora: Alejandra Pizarnik, inútil para toda tarea doméstica y desentendida de todo lo que no sea escribir. Su modelo, su sombra.

No leía cualquier diario, leía religiosamente *El Día* de La Plata porque ahí salían las noticias que le importaban y porque ahí siempre la habían reconocido y publicado. No la inspiraban el dinero del premio ni la estatuilla de Adolfo Nigro, a quien tampoco registraba. ¿Arte abstracto? Para eso, el gran Emilio Pettoruti, nacido en La Plata en tiempos de la fundación. Hijo mayor de una familia de inmigrantes italianos, alentado en su vocación por su abuelo, igual que ella, y formado en Bellas Artes, igual que Yuna Riglos, la protagonista de la novela que va a comenzar a escribir en cuanto termine esta escena con su secretaria.

Pettoruti, el platense que llegó a ser el artista argentino más cotizado del mundo, será inspiración para la protagonista de la novela que va a presentar al concurso, la pintora minusválida, platense y triunfante. Otra inspiración para Yuna Riglos es ella misma en modo profecía de autocumplimiento: destinada al anonimato durante 85 años, obtendrá un súbito reconocimiento que le cambiará la vida.

Lo único que le interesó del concurso fue la promesa de publicación. Escribía para publicar. Eso sí, antes quiso saber si *Página/12* no sería un diario antiperonista, un diario «gorila»... No iba a prestarse a que abrieran el sobre y que al ver su nombre maldito la bajaran del podio. Aseguraba que la mismísima Amalita la había vetado una vez que llegó a finalista del Premio Fortabat, que el profesor Guillermo Ara le había revelado las internas que la dejaron afuera. Todo por peronista. En otro concurso del diario *La Nación* llegaron a decirle que jamás habían recibido un manuscrito suyo. Peronista hasta la muerte. Desde entonces, siempre reclamaba su original. Como tenía la sospecha de que al ver «Aurora Venturini» ni siquiera leían la obra, se tomaba el trabajo de intercalar una o dos piedritas entre las páginas. Si al volver a casa estaban allí, su hipótesis quedaba comprobada. No había perdido, la habían eliminado.

Definitivamente no tenía en cuenta que estábamos viviendo en 2007, que en ningún concurso la habrían tachado por un peronismo fechado en los años cuarenta y que, además, a nadie le sonaba conocido su nombre.

Marta le respondió que *Página/12* era un diario «que dice las cosas como son». En realidad consideraba que era un diario de izquierda, pero le pareció oportuno no mencionarlo. Las amistades de su jefa con la curia platense, que incluían diálogo con el obispo Jorge Bergoglio y adoración por un cura especializado en exorcismos, eran señales suficientes de que un «tufillo comunista» podía desbaratar el plan.

Mandó a comprar una resma, se acomodó en su escritorio con vista al patio, donde los potus colgaban cada vez más copiosos y una santa Rita crecía gracias a la charla diaria, y tipeó el título del primer capítulo: «La infancia minusválida».

¡Yuna! Ha elegido el nombre de su protagonista. En ruso

significa «junio» y en Japón es un nombre femenino que significa «poder». Yuna se llama el personaje principal del videojuego *Final Fantasy X,* creado unos cuantos años antes de que naciera la Yuna de Venturini. Pero es una heroína que ella no conoce ni le interesa conocer. Japón es cosa de Borges. Y los videojuegos, del diablo.

Yuna suena como la expresión fonética de Djuna Barnes, ella sí, *alter ego* que la vigila desde su biblioteca junto con Alejandra, Violette Leduc y Simone de Beauvoir. Yuna/Djuna: transgresora de la moral burguesa, de la política y de las convenciones literarias, autobiográfica en sus ficciones donde mandan el inconsciente y las mujeres. Aurora ama a lo que se le parece e intenta parecerse a unas pocas elegidas. Además, Yuna es cábala: en su primera novela, *Pogrom del cabecita negra* (1968), uno de los personajes también se llamaba así.[4]

En *Las primas,* Yuna López se cambia el apellido por consejo de su profesor, que dice que para ingresar al mundo del arte hay que aparentar. Por eso se hace llamar Yuna Riglos. Mismo apellido aparece en el cuento «El abuelo Melo», donde recrea la historia de su abuelo materno Pedro Melo, nacido en Entre Ríos en la localidad de Diamante, periodista que murió antes de que su nieta pudiera conocerlo. Allí consigna que fue enterrado en La Recoleta, en el panteón de «la familia Riglos», sugiriendo un ascenso social esta vez logrado *post mortem.*

Cambiarse el apellido para ascender es justamente el mismo consejo que en 1968 recibe de su amigo Miguel Ángel Asturias. En una carta que le escribe desde París, donde lo han nombrado embajador de Guatemala, Asturias responde a los lamentos de la escritora incomprendida: «Aurora, firma con el otro apellido familiar, "della Rovere",[5] acaso con eso les dores la píldora». En esa carta, el autor que en un año recibirá el Premio Nobel le transmite algunas estrategias para hacerse un lugar en el campo literario: «Busca un editor para *Jovita la osa,* aunque ganes todos los premios del mundo, no saldrás a la necesaria palestra escrita con solo tus notas en el diario».

Es cierto, Aurora se presenta a premios menores, publica sus poemas con regularidad, pero no tiene editor ni editora. Obediente como Yuna, consigue un crédito del Fondo Nacional de las Artes y en 1975 publica ese libro de cuentos en la prestigiosa editorial Peña Lillo, donde ese mismo año figuran dos amigos suyos: César Tiempo y José María Rosa. Solo que ella ha pagado de su bolsillo la edición y no se ha relacionado con los encargados de editarla. Usa como prólogo la carta de Asturias, que ha muerto el año anterior y ya no está en este mundo para molestarse o aprobar el atrevimiento. *Jovita la osa* (1974) no obtiene ninguna repercusión.

En solo dos meses, y muy poco antes de que cerrara el plazo, la «nueva novela» está terminada. En el exterior del sobre pone «Beatriz Poltrinari», el nombre de la amada de Dante, aunque con un par de errores de tipeo. ¿Una errata en el seudónimo, adelantando las muchas que traía el manuscrito? ¿O era su modo críptico de señalar que ella no era la auténtica Beatriz? Ambas hipótesis son plausibles. Por un lado, no cuenta con personal especializado que corrija sus textos y, por otro, siempre está dejando bromas, señales hipercultas o aparentemente caprichosas para lectoras y lectores que tardan en llegar.

Beatriz es su linaje. Los inmigrantes italianos, como su abuelo, nombraban a Beatriz como a una vieja conocida, les ponían Beatriz a sus hijas, imponían el nombre para sus nietas. No era simplemente la ilusión del poeta más famoso de Italia, era la amada patria. El abuelo Juan Bautista recita de memoria fragmentos de la *Divina comedia* y su nieta considera que esa cadencia en la voz del viejo la condujo hasta la literatura. Es el seudónimo que elige para todos los concursos donde se presenta. En conversación con los periodistas José Tcherkaski y María José Seoane para el libro *La maldita* (2014), lo dice así: «Yo estuve en Florencia, bastante tiempo. Fui a la iglesia de Santa Margherita dei Cerchi y vi la sepultura que dice: "Qui riposa Beatriz Portinari" y dije: "La voy a tomar como mascota"».

Habíamos leído unas quinientas novelas cuando apareció el manuscrito de *Las primas*. No. No era un manuscrito. Era una cosa. Una criatura tipeada en una máquina eléctrica a la que le fallaba la *e*, que a veces se ausentaba, pero que otras, aparecía en el renglón de abajo superponiéndose con el resto. Era evidente que quien estuviera detrás del seudónimo Beatriz Poltrinari había releído su obra antes de enviarla, y al encontrarle algunos errores, los había enmendado con *Liquid Paper* y tachaduras. Además, dejaba espacios innecesarios entre palabras, letras y párrafos, probablemente para cumplir con las bases que pedían un mínimo de cien páginas. Convertía «la necesidad en virtud y la prosa en verso», como recomendaba Osvaldo Lamborghini, y así llegaba al número. Pero no cumplía con la cláusula de «legibilidad» que también exigían las bases.

Por todo esto, en la discusión en Exedra, alguno de los jurados insinuó que podía tratarse de un acontecimiento paraliterario, arte conceptual. Alguien entregaba ese papelerío intervenido con el fin de que se pensara en la existencia fantasmática de un «personaje».

En realidad, todo ese desquicio era motivo suficiente para desecharla sin leer en el jurado de preselección. Llegó a mis manos. Estuve a punto de arrojarla al pozo que en confianza con Claudio Zeiger habíamos denominado «avisar a la familia». Pero... ¿y si fuera una novela Cenicienta? Por acto reflejo, curiosidad o caridad cristiana, decidí darle una oportunidad. Leí la primera página. Cayó una piedra. *Las primas* empieza así:

> Mi mamá era maestra de puntero, de guardapolvo blanco y muy severa pero enseñaba bien en una escuela suburbana donde concurrían chicos de clase media para abajo y no muy dotados. El mejor era Rubén Fiorlandi, hijo del almacenero. Mi mamá ejercitaba el puntero en la cabeza de aquellos que se hacían los graciosos y los mandaba al rincón con orejas de burro hechas de cartón colorado. Raramente un mal portado reincidía.

El segundo capítulo traía un título tan desconcertante como el primero: «Betina sufre un mal anímico». Seguí leyendo. Ni ejercicio salido de un taller, ni vanguardista, ni comprometida con causa alguna, como la mayoría. En el borde de lo experimental y del clisé, *Las primas,* por todo esto, era una novela «no ganadora» que merecía ganar. De golpe me arrepentí. Era un completo delirio. ¿A favor del aborto? ¿En contra? ¿Cómo logra correrse de ciertas preguntas sin eludir las respuestas? Un texto demasiado raro, y por momentos mal escrito.[6] No. Al revés. Excesivamente bien escrito.

Su manejo de la sintaxis y su capacidad para mantener la coherencia en la locura son sus orgullos de una educación clásica. Sabe mucho sobre gramática. Las tres secretarias que pasaron por su casa —Marta Darhanpé, María Laura Fernández Berro y María Paula Salerno—, encargadas sucesivamente de pasar a la computadora lo que ella dictaba o escribía a mano con letra cada vez más críptica, destacan su capacidad para construir en el aire frases largas con subordinadas y engarzarlas de memoria sin nunca perder el hilo. María Laura, su segunda «escriba»,[7] a quien contrata como refuerzo luego del premio, porque luego de verse reconocida decidió escribir desde la mañana hasta la noche, cuenta: «Te podía dictar ocho horas seguidas sin pausa y sin levantar la mirada, porque corrige mientras dicta. Tiene un *copy paste* mental, una gramática prodigiosa en la memoria».

Cuando María Laura dejó de trabajar debido a severos problemas de salud mental, que en La Plata muchas vecinas los atribuyen a la influencia de Aurora, fue remplazada por la joven estudiante de Letras María Paula Salerno, que confirma lo dicho: «Y si al día siguiente quiere intercalar alguna palabra o una nueva construcción, me llama por teléfono y señala exactamente en qué renglón hay que ponerla».

Le leí por teléfono las primeras páginas a nuestra compañera del jurado de preselección, Marisa Avigliano, que al principio dudó un poco. «Es muy border. Podría estar bien si no se desmadra más adelante. Y todo indica que se va a desmadrar. ¿Cómo sigue eso?» Traté de sintetizar: una familia espantosa integrada por mujeres demasiado presentes y un padre que ha huido. Dos hermanas: Betina y Yuna. Dos primas: Karina y Petra. Betina, la deforme. Karina, el cuerpo donde se reúnen sexualidad y muerte. Yuna, la que sufre de sintaxis y sublima con el arte y la asexualidad. Petra, la enana, prostituta y vengadora, paradoja de la delincuencia justificada por la mala suerte. *Las primas* pone en escena un enjambre de víctimas expulsadas de toda posible salvación

—sin escuela, sin trabajo, sin amistades— pero, a su vez, desnudas en sus pasiones: las mueven los celos, la envidia y la venganza.

La leyó luego Mariana Enriquez, que coincidió en que era una perfecta locura: «Me la devoré esa noche. Fue la escena del cottolengo la que me impactó lo suficiente como para decir casi en voz alta qué es esto, quién escribió este libro, qué está contando. ¿La novela era genial? ¿Era acaso el riesgo del texto, era la excentricidad, era la sensación de que no se publicaba nada que se le pareciera, era la voz venida de un lugar desconocido? ¿Quién podía ser el autor o la autora? Creo que nosotras supimos que, si el jurado entendía la radicalidad de esta historia y este texto, podía ganar».

El entusiasmo se multiplicó. Nosotras, como jurado de preselección, dimos nuestro voto a favor y a medida que transcurrían los días, de ser nuestra favorita, pasó a ser nuestra misión. «Una escritura obsesionada con la familia que a su vez no tiene parentescos», eso dijimos como gran argumento. En el informe de lectura destinado a orientar —¿manipular?— al jurado, claramente favorecíamos a *Las primas*.[8]

¿A quién se parece Aurora Venturini? «Una novela única, de una modernidad arrolladora. El proyecto Venturini es absolutamente original», dirán los jurados reunidos en Exedra cuando logren ponerse de acuerdo.[9]

Alan Pauls, Guillermo Saccomanno, Juan Sasturain y Juan Boido pidieron la segunda ronda de whisky para aflojar los ánimos. Juan Forn, el más apasionado de todos, que había llegado a anunciar que *Las primas* solo podía ganar pasando por sobre su cadáver, fue el único que no pidió alcohol: lo había quitado de su menú luego de sufrir una pancreatitis años atrás. Pauls, que lideraba el bando de los decididamente a favor, compuesto tan solo por él mismo y Rodrigo Fresán (que votaba desde México), argumentó sobre la originalidad de *Las primas,* sobre la perturbación que provocaba, la puesta en crisis de valores. Saccomanno hablaba de una incomodidad. «Una novela que viene a cuestionar lo que creo que es o debe ser la literatura. Tiene un grado de salvajismo y a la vez de supuesto candor asombrosos.» Juan Boido, que había propuesto el encuentro, era el encargado de desempatar en caso de que no llegaran a un acuerdo y se le estaba haciendo muy difícil mantener el equilibrio. Sasturain llegaba decidido a pacificar los ánimos, mientras que la séptima integrante, Sandra Russo, se había excusado de participar de este cónclave en Exedra, pues consideraba premiables las tres candidatas y daba por anticipado su voto en favor de la mayoría.

Tercera ronda, último round. Si gana *Las primas...* ¿a quién creen ustedes que vamos a premiar?

—Es una chica de Letras que se hace la loca y nos tira en la cara todo lo que aprendió de teoría literaria.

—O un pibe de Letras que construye este palimpsesto vanguardista entre el costumbrismo y la parodia.

—Seguro que es un escritor reconocido que nos va a sorprender con esta novela fuera de su registro.

—¿Y si es Aira?

A la resistencia de Juan Forn, habrá que sumarle su sagacidad:

—No, señores, ninguna vanguardia, vamos a premiar a una vieja loca de La Plata, podría ser una amiga de otra escritora que viene del peronismo, como María Granata, por ejemplo. Seguro que no es su primera novela, ya van a ver cuando abran el sobre y se encuentren con esa señora y haya que darle el premio que dimos en llamar «Nueva Novela».

La escena por momentos parecía reflejarse en el espejo de la célebre trifulca del Premio Biblioteca Breve, donde Vargas Llosa sostuvo que *La traición de Rita Hayworth* estaba más cerca de Corín Tellado que de la literatura y llegó a amenazar con su renuncia si la novela de Manuel Puig ganaba. «Ausencia de estilo», recriminaba Juan Carlos Onetti para negarle a *Boquitas pintadas* el premio de la revista *Primera Plana*... ¿Es o no es literatura? Esa es la cuestión. En esta escena no renuncia nadie, Venturini no era Manuel Puig[10] y Juan Forn hablaba con la verdad, aunque con esa verdad se estuviera equivocando. El resto del jurado no alcanzó a verla y tal vez eso mismo haya jugado a favor de la ganadora.

Año 1948. En una de las veladas que su amiga María Granata organiza en su casa de San Vicente, donde asisten intelectuales, políticos, artistas y aspirantes, la joven poeta Aurora Venturini se cruza con un inspiradísimo Helvio «Poroto» Botana que le ofrece leerle las manos. La chica accede. Su profesor de Psicopedagogía, Alfredo Domingo Calcagno, ha afirmado en clase que en las palmas de las manos está dibujado el mapa de la vida. Todo lo que dice su profesor es palabra santa.

Botana pide silencio y dice con tono de gitana: «Ganarás un premio importantísimo por una novela original presentada ante un jurado exigente». ¿Novela? Imposible. Aurora no escribe narrativa. Es poeta. Y ser poeta no es solo escribir sonetos, cosa que le sale muy bien, sino pertenecer a un grupo. Presentarse a premios, ganar menciones. Eso es lo que ha venido haciendo hasta ahora. Novelas no. Recién se irá despidiendo de la poesía con la publicación de *La trova* (1962) y *Muerte del lobizón y pariciones* (1962/1964). Faltan veinte años para que la imprenta de Francisco Colombo imprima la primera versión de *Pogrom del cabecita negra* (1968),[11] una gran primera novela con una recepción catastrófica.[12] En total, deberán irse unos sesenta años para que se cumpla la profecía.

La autora, mil años después, incluye esta escena en su última novela, *Los rieles:*

> El lector, de pronto, suspendió su faena de oráculo andariego por los rieles que las emotividades dibujan en las palmas de las manos, diciendo: «Basta, por favor, no me preguntes más...». Presto, se alejó de mí, así como uno se aleja de algo o alguien espantoso.

Primer premio: *Las primas.* Primera mención: *Miramar.* Segunda: *Sobre el río.* Con la presencia de los gerentes del diario, Hugo Soriani y Jorge Prim, Ernesto Tiffenberg y un escribano contratado especialmente, se llevó a cabo la apertura de los sobres. Las dos menciones revelaron los nombres de Gloria Peirano y Federico Leguizamón. Beatriz Poltrinari era Aurora Venturini. Número de teléfono y dirección en La Plata. Había consignado una fecha de nacimiento ligeramente errada (20/12/1922-), incluyendo ese guion que aparece en los diccionarios biográficos para marcar que la persona sigue viva, o para recordarnos la finitud.

Le íbamos a dar el Premio Nueva Novela a una señora de 85 años, que personificaba la profecía de Juan Forn. Me sentía responsable de cualquier desastre que sobreviniera a partir de ese momento. Busqué rápidamente «Aurora Venturini» en Google: nada. Al agregar «La Plata» apareció una foto carnet tan pixelada que solo consiguió aumentar la ansiedad, y una mención en el Boletín Oficial de La Plata donde decía que en 1991 había sido declarada Ciudadana Ilustre. Nada sobre los cuarenta y dos libros que había publicado y que, a raíz del premio, comenzaron a salir a la venta clandestina.

De pronto, algo más: en un grupo de Facebook donde exalumnos de escuelas secundarias de los años setenta compartían recuerdos, alguien había posteado este retrato: «A los dieciséis años, conocí a una bruja sin saberlo. Se presentó bajo la forma de una profesora de Psicología. Tenía un porte imponente, un peinado vaporoso y rojizo (en el que una vez vi alojado un chicle que algún alumno le habría lanzado), y se movía y vestía de forma tan peculiar que no pasaba inadvertida. Es más, en la mayoría de las personas inducía sujeción, cuando no miedo. A mí, en cambio, me parecía simpática. Se llamaba Aurora Venturini».

Ya tenía un provisorio perfil: La anciana era ilustre, había sido profesora, bruja y excéntrica. Cuarta y última referencia: «Despide los restos del querido historiador peronista Fermín Chávez, su señora esposa, Aurora Venturini...».

Debo admitir que fue su condición de «esposa de» lo que me tranquilizó. Además, al cruzar «Fermín Chávez + Aurora Venturini», apareció una nota necrológica firmada por Segundo Rosa,[13] nieto del historiador José María Rosa y amigo de mi familia. Yo conocía muy bien a Segundo, tenía su teléfono. Lo llamé para que me dijera algo sobre ella. «¿Aurora Venturini? ¿Hay miedo en el diario de que sea una vieja loca? Una prócer, muy amiga de mi abuelo y gran escritora. No hay razón para tener miedo, todo lo contrario. Te recomiendo que leas *Nosotros, los Caserta,* es una gran novela, la tengo en casa, tengo muchos libros de ella en casa, siempre nos regalaba uno.»

De todos los miembros del jurado, el único a quien el

nombre «Aurora Venturini» le decía algo era Juan Sasturain, el mayor de todos, el único peronista del equipo. «Pero claro que sí, es una vieja poeta peronista, escritora y traductora, autora de una biografía de François Villon, ese tremendo poeta maldito de la Edad Media.»

Alan Pauls quedó encargado de escribir el fallo.[14] Los que se habían mostrado más neutrales, Russo y Sasturain, de leerlo y llevar adelante la ceremonia en el Centro Cultural Recoleta.

La crónica que apareció al día siguiente resumió lo ocurrido en Exedra con una sola frase: «Para el jurado no fue difícil llegar a un acuerdo sobre el título ganador». La ganadora, muchos años más tarde, lo resumió así: «Fue como sacudirse las ruinas, salir de las ruinas de Pompeya y Herculano. Parece mentira».

2
La Prima

Ella atendía el teléfono con un hilo de voz robado a las divas de la época de oro del cine argentino. Dejaba sonar la campanilla tantas veces que daba tiempo a imaginarse sus ganas de no hablar con nadie, una jaqueca real o exagerada, o la caminata dificultosa hasta el maldito teléfono. A último momento levantaba el tubo y decía: *Hola quién habla.* Entonces, quien estuviera llamando debía remontar la conversación sabiendo que la estaba interrumpiendo. Si llegaba a olfatear cobardía o compasión del otro lado, el diálogo terminaba ahí mismo: *Aurora Venturini no está, ya se murió.*[1]

La primera vez que escuché esa voz la llamaba para comunicarle que había quedado entre las finalistas y que la esperábamos en la ceremonia de premiación.[2] Yo sabía que era la ganadora, pero no podía decírselo por una cláusula en las bases que yo misma nos había impuesto.

—*Señorita, sería muy importante que ganara* Las primas.

—*Ah, ¿sí?... ¿Por qué?*

—*Porque* Las primas *soy yo... Usted la leyó, ¿no? ¿Vio qué buena es? Yo estoy nivelada con Manucho Mujica Lainez. Él mismo me lo decía. Todas esas mujeres tremendas, la enana, la puta, la que tiene seis dedos, la que está en una silla y se caga todo el tiempo, soy yo, son mis hermanas. Está mi madre, que era maestra de puntero en mano y que cuando yo tenía diez años le contagié la rubeola cuando ella estaba embarazada y por eso mi hermanito nació con discapacidades intelectuales, me tocó cuidarlo a mí.* Las primas *es la historia de mi vida, de mi familia, señorita.*

Me pidió que le repitiera horario y dirección. Anotó. Le ofrecí enviarle un remís, pero dijo que de ninguna manera, que ella tenía un chofer personal. Nos despedimos.

—*Señorita. Un momento. No corte... Tengo que hacerle una pregunta importante...*

—*La escucho.*

—*¿Usted es gorda o es flaca?*

Me hizo temblar. Reflexioné: nunca se es lo suficientemente flaca. El tono con que lo dijo y lo insólito de la consulta me hicieron pensar que de la respuesta dependía que viniera o no. Dije lo que me pareció más sincero:

—*Flaca.*

—*¡Ay, qué alivio! La gente gorda me da miedo. Temo a los elefantes, por ejemplo. Tengo miedo de que me pisen. Me pisaron tantas veces... En la Revolución Libertadora, me rompieron los huesos de los pies... Por eso nunca me vas a ver con sandalias. Me destrozaron. Yo no confío en la gente que agarra un tenedor, pincha y come. Yo no como casi nada, no sé qué le ven de rico, no cocino, no soporto a los que tragan y se relamen.*

Le vamos a dar el premio a una desquiciada, pensé. Y ahora sostengo esa primera impresión: desquiciada, «persona que está alterada y fuera de sí, que ha perdido la tranquilidad o la paciencia». Un desquicio, «algo roto, desordenado, descompuesto»: posible definición de la literatura Venturini.

Cuando recibió el premio tomó el micrófono y en lugar de los agradecimientos de rigor, dijo: *Al fin un jurado honesto.* Luego agregó: *Soy una gran escritora, tal vez la mejor, porque una no se va a desvalorizar; este no es el mejor libro que tengo, tendrían que leer los demás.*

Le preguntaron cuál era el secreto para estar tan bien a los 85 años y contestó: *Yo bronco y escribo ocho horas por día.* Dijo que era peronista y que había sido amiga de Eva Perón: *Evita fue la mujer más amada y más odiada, odiada por las mujeres que no necesitaban trabajar y que se regían por sus apellidos, las que engordaban en sus jardines comiendo ostras y otras vituallas caras. En esa época el lugar reservado para la mujer era directora de escuela, maestra o monja. Yo estudiaba en la universidad, pero éramos muy pocas muchachas.*

De allí pasó a las consecuencias de haber sido peronista en tiempos de proscripción:

Llegaron las huestes del duelo de los milicos, de Aramburu y Rojas. Rompieron la puerta de mi departamento, entraron y me llevaron a empellones a un camión donde iban otros condenados, vía el Departamento de Policía, en la ciudad de La Plata. Nos bajaron y una chica dijo: «Me rompí un diente». Un sujeto, un tipo malviviente, replicó: «Pronto no vas a tener ninguno». En una habitación sucia estuve encerrada con otras muchachas varios días que valieron por cien años. No salíamos al corredor por horror a ser violadas, porque la tarea de cuidarnos estaba a cargo de los presos a quienes habían prometido la libertad si conseguían sosegarnos. A mí no se me acercaron a violarme, porque yo los incitaba: «Vení, guacho, que te hago el sexo oral y te arranco la pija». Aplausos.

Lo que me consta, porque durante mi trabajo como psicóloga en Minoridad, cuando terminó la Segunda Guerra europea, vinieron los huérfanos de guerra, es que ninguno habló de lo que había pasado. Me parece asqueroso estar lamentándose por «lo que me pasó, lo que le pasó a mi hija, lo que le pasó a mi nieta», creo que esas cosas se dicen para sacar ventaja de la miseria. Aplausos.

Cuando nadie se lo esperaba, hizo una equívoca alusión a las Madres de Plaza de Mayo, *que se han convertido en hijas de sus hijos,* que sonó como una acusación irresponsable. Su radar advirtió la respiración de la platea y cambió el foco aprovechando la llegada del director del Banco Provincia, encargado de entregar el cheque del premio, Martín Lousteau *—pero miren qué joven y buen mozo resultó el banquero—*, a quien le agradeció que un banco invirtiera en cultura. Cerró con una broma sobre la edad de los jurados, *que algunos pintan canas, pero se ve que tienen mente joven.*

Le sacaron fotos, recibió halagos. Cuando el gerente general del diario se acercó para entregarle un impactante ramo de flores, lo apartó con la mano diciendo: *Ahuecá, que me están por sacar una foto para la edición de mañana.* Los jurados que habían dado su veredicto desde una tarima ahora hacían fila india como párvulos salidos de la misma escuela que aparece en *Las primas,* para darle un beso.

Al final de la noche, cuando ella estaba por traspasar la puerta luego de haber recibido admiración, curiosidad y halagos de un arco intelectual reunido para la ocasión, me acerqué a saludarla. Le dije —sobrevalorando mi papel en esta escena— que era yo la que la había llamado unos días antes... Se tomó un tiempo horrible para mirarme de arriba abajo y, en el lugar donde yo esperaba una expresión de gratitud, puso un reproche: *Ay, nena, cómo me mentiste... Me dijiste que eras flaca.*

Luego siguió caminando bastón en mano, que no parecía necesitar, junto con su secretaria hasta donde las esperaba un taxi.

Dos días más tarde, fuimos hasta su casa con la fotógrafa Nora Lezano para hacerle la primera gran nota de tapa de su vida. La entrevista, que apareció el domingo siguiente en el suplemento literario *Radar,* buscaba ser una carta de presentación de esta escritora que a los 85 años se llevaba un premio llamado Nueva Novela. Entendió el reto —o a su juego la llamaron— y en cada respuesta fue marcando los hitos de su personaje que reprodujeron, contradijeron y aumentaron las notas que vinieron después: amiga íntima de Eva Perón y testigo de sus últimos días; psicóloga en el Instituto de Minoridad; exiliada durante veinticinco años en Francia, perseguida por la «libertadura»; estudiante de Psicología en la Sorbona; compañera de juergas de Sartre, Simone de Beauvoir y gran elenco del existencialismo francés; soldada de la resistencia peronista e ignorada por el *establishment* literario por esa misma razón; heredera de un linaje desviado. Las primas *soy yo, señorita, es mi familia. Nosotros no éramos normales. En casa todas mis hermanas eran retardadas... Y yo también.*

En la pared, un retrato de Antonio Machado realizado por Carlos Walter Butin. Un retrato suyo[3] firmado por Gaspar Mancuso. La foto de su perrita que murió hace poco. Un póster gigante de Charles Chaplin junto a una foto de Borges y otra de Francisco López Merino.

Un teléfono suena constantemente. Es de baquelita roja, nadie lo atiende y está custodiado por estampitas de santas y santos y un torso de Jesucristo que, según desde dónde lo miremos, abre los ojos o nos hace un guiño. Es un Cristo telefonista y canchero. Marta, la secretaria, nos ofrece agua. Aurora me regala algunos libros suyos que saca de la biblioteca chica del comedor. Dice que lleva publicados más de treinta. No le creí, pensé que exageraba. Luego supe que eran más. *Te doy estos que están a mano. Hay otros en el escritorio, para la próxima te hago un paquete o te los mando con mi chofer a tu casa.* Primero me da el que parece ser su favorito: *Nosotros, los Caserta* (1992), la historia de una niña superdotada, hija de la oligarquía platense, suerte de negativo de *Las primas.* Dice que se le da tanto la novela como el relato breve, que empezó contando cuentos

de su infancia, me recomienda otro más —*Zingarella* (1988)—, que se lo publicó Botella al Mar, y dice que preste mucha atención porque ahí aparecen unas lesbianas tremendas, *y eso que cuando lo publiqué nadie hablaba de eso. Este es el primero que escribí, acá cuento mi infancia, desde las tías hasta los juguetes que ya nadie usa: Cuaderno de Angelina* (1963). Saca uno más: *Me moriré en París, con aguacero* (1998). Me lo da y me lo quita. *Este mejor no, mejor no te lo lleves, está muy mal editado; además aquí hablo mucho de mi primer marido, digo barbaridades.* Le pide a su secretaria que le acerque «la caja». Saca del embalaje un libro que ha publicado hace unos meses y nunca se ha distribuido. Mejor dicho, este era su método de distribución: *Llevate este que es maravilloso. Estuve dos años trabajando en la traducción. Llevate uno. No, llevate dos. Llevate tres y repartilos entre quienes puedan estar interesados.* En uno de ellos escribió una dedicatoria personal para Juan Sasturain, el único miembro del jurado que lejanamente conocía. *Es un muchacho peronista.*

Me había equivocado, el preferido era: *Cantos de Maldoror. Satánica Trinidad.*[4] Tuve que abrirlo y leer un poco ahí mismo. *Abrilo, leelo, te vas a dar cuenta enseguida de que es un trabajo formidable.* Era evidente que esperaba una opinión. Si el manuscrito de *Las primas* me había impactado, este libro me aterró. La edición era tan amateur como toda su presentación al premio. Venturini reescribe aquí los versos de Lautréamont, pone en práctica una teoría de la traducción que deja atrás la transcripción, atraviesa las biografías del autor y la propia para escribir un texto en compañía de un muerto maldito. Se coloca en el lugar del otro, le habla, lo analiza, lo sitúa en su tiempo sin dejar marcas muy ciertas entre lo que es suyo y lo que es del otro. Si traducir es trabajar con los límites del lenguaje, Venturini los traspasa y los dinamita. Por ejemplo, un texto que en la original dura diez páginas, en su versión pueden resolverse en una sola. Lo mismo al revés. Otra locura: por momentos deja párrafos enteros en francés, como rendida ante la evidencia de que hay cosas que están mejor dichas en la lengua en que se dijeron. Dejarlo en el idioma original que se dispone a traducir al español, parece ser el camino más eficaz para no traicionar al autor. No abusa de este recurso, lo cual nos obliga a intrigarnos ante esos párrafos. No recuerdo lo que le dije, pero estoy segura de que no le dije lo que estaba pensando.

Nos despedimos. Estábamos a unos pasos de traspasar el umbral cuando nos detuvo: *Perdón, chicas, ¿se vieron ustedes dos? No son normales, ustedes también son bastante «las primas».* Agradecimos el halago. De fondo sonaba el teléfono. Cuando se hizo el silencio agregó:

—*Miren lo que han logrado con este premio, la caja del teléfono no para de sonar. Hasta la semana pasada era una tumba.*[5] *Amigos y enemigos llaman por igual. Qué hijos de puta.*

—¿Qué piensa que dirá la gente cuando lea su novela?
—Yo creo que se van a caer de culo.

Las primas se publicó en diciembre de 2007 en edición de *Página/12*. A los tres meses fue solicitada desde Madrid por la agente literaria Claudia Bernaldo de Quirós, quien le consiguió su primer contrato internacional: el prestigioso editor Constantino Bértolo la quería para Caballo de Troya, editorial del grupo Random House nacida para descubrir «nuevos valores». Algo tuvo que ver Enrique Vila-Matas, que, enterado del *affaire* Venturini por Rodrigo Fresán, había escrito una nota en *El País* a los pocos días del premio titulada «Venturini se aventura». Comenzó a escribir sus columnas en el suplemento feminista *Las12*. En 2009 contrató a su segunda secretaria para que le pasara a máquina sus novelas y cuentos ya publicados. La otra secretaria debía transcribir lo nuevo. Fernández Berro se volvió su copista y su fan de los sábados.

La novela se tradujo al francés y al italiano, donde le cambiaron el título por *L'anima è un lenzuolo bianco* [El alma es una sábana blanca]. Mondadori editó bajo el sello Sudamericana en la Argentina *Las primas* (2008), y bajo la dirección de Marcelo Panozzo los títulos *Nosotros, los Caserta* (2009), que en 1992 había salido por Corregidor; *El marido de mi madrastra* (2012), colección de cuentos nuevos y otros editados en *Hadas, brujas y señoritas* (1997); *Los rieles* (2013), y *Eva. Alfa y Omega* (2014), que incluía la novela *Pogrom del cabecita negra*. Pocos días después de su muerte, apareció *Cuentos secretos* (2015).

«Las primas o la voz de Yuna» se estrenó en el Teatro Nacional Cervantes en 2010, con dirección de Román Podolsky y protagonizada por Marcela Ferradás. Ese mismo año, el libro ganó el premio español Otras Voces, Otros Ámbitos. En 2012 Leila Guerriero le hizo una extensa entrevista para la revista *Gatopardo.* En 2013 se estrenó un documental donde ella hace de sí misma, *Beatriz Portinari,* dirigido por Agustina Massa y Fernando Krapp, con narración de Rosario Bléfari. La incluyeron por fin en antologías que no eran locales y se volvió un nombre ineludible a la hora de homenajes y trabajos académicos. Respondió a aproximadamente trescientos reportajes desde aquel día hasta el último.[6]

El mismo día en que retiró su cheque con los 30.000 pesos del premio, me llamó para decirme que quería regalarme el dinero. Le expliqué que no correspondía y que además podía interpretarse como que todo había sido un arreglo entre nosotras. No le parecieron muy sólidas mis razones. Al día siguiente me volvió a llamar para proponerme que fuera su agente literaria. Me ofrecía un sueldo. Le expliqué que yo no sabía hacer ese trabajo y, como otra vez pareció no entender, le prometí buscarle a alguien que supiera hacerlo.

Cuando *Las primas* salió publicada en España, quiso pagarme el pasaje para que fuera a la presentación en lugar de ella. Adoraba viajar, pero los médicos le habían prohibido tomar aviones. Le expliqué que no existía esa figura, que a nadie le interesaría escuchar a alguien que hablara en nombre de la autora. *Basta, no importa, andá igual y date una vuelta por ahí, volvé y contame lo que veas.* Me dijo que fuera para conocer a

Con Marta, estrenando una computadora que pronto regalará por considerar que está embrujada.

su flamante agente, Claudia Bernaldo de Quirós, a ver si valía la pena seguir confiando en «la gallega», a quien ya había empezado a llamar todos los días reclamándole más velocidad en las publicaciones.

«Y cuando digo todos los días, lo digo literal», cuenta Claudia, «no exagero, me mandaba mensajes de correo, también a diario, siempre cordial pero siempre preguntando por las próximas ediciones. Llamaba desde su teléfono fijo, esto significa que pagaba conversaciones de larga distancia a España. Cuando yo no estaba y la atendía mi contestador, sabiendo que no sé francés, comenzaba su mensaje diciendo *Bonjour, ma chérie,* y continuaba, durante todo lo que le permitiera la máquina, hablando en francés. Si atendía mi marido, jamás lo llamaba por su nombre, lo llamaba "Constantino". Su editor en España era Constantino Bértolo. No es que le fallara la cabeza, sabía perfectamente con quién hablaba, pero a ella le interesaba la edición de sus obras; entonces, si en mi lugar atendía un hombre, ese hombre tenía que ser su editor o nadie. Una vez, un poco cansada, le dije que tenía que tener paciencia, que los tiempos editoriales eran lentos. Me respondió: "Mis tiempos no son esos. Tengo casi noventa años, no sé qué es la paciencia". Entendí que tenía razón, le transmití esto mismo a su editor en la Argentina, Marcelo Panozzo, que por suerte también lo entendió. Me acuerdo que me dijo: "No te preocupes, esta semana voy hasta La Plata, la invito a tomar el té en la París y le llevo un contrato de edición". Y eso hizo, cumplió con su palabra.» Así es como en el transcurso de esos ocho años que vivió desde el día del premio, se publicaron seis libros, entre cuentos y novelas.

Aurora consideraba que todo lo anterior había comenzado con aquel llamado que yo le había hecho y quería compensármelo con dinero. Pero además quería pagarme un sueldo para que yo siguiera provocando «milagros justos». Nos vimos algunas veces más, casi siempre ante la aparición de un manuscrito. Habían pasado tres años cuando me dijo que había llegado la hora de hablar sobre un asunto urgente. *¿Podría ir a tu casa a tomar el té?*

Me resultó insólita la autoinvitación, porque no era su estilo y porque odiaba Buenos Aires. Todo en la ciudad le parecía despreciable y hostil, especialmente sus habitantes. Siempre me pregunté cuánto le estaría costando pasar por alto mis dos minusvalías: no ser flaca y ser porteña. Una vez me dijo: *Si hubiera tenido una hija, me hubiera gustado que fuera como vos.* Fue su respuesta intempestiva a un comentario sobre lo lindo que era un saquito de cuero que llevaba puesto. O fue porque era el único momento en que su secretaria nos había dejado a solas. Antes de que me tocara decir algo, agregó: *Pero te aviso que nunca quise tener hijos.* ¡Y a mí me hubiera gustado no tener madre!, le respondí, alardeando ingenio y para que supiera que podía contar conmigo. La siguiente vez que nos vimos me regaló el saquito. No el que llevaba puesto aquella vez. Compró uno idéntico.

Finalmente, una tarde se presentó en mi casa. Cuando la vi llegar recordé una frase que acababa de leer en uno de los cuentos de *El marido de mi madrastra:* «Ella viene sin ser invitada y se va sin que la echen. Es libre en toda la extensión terrible que significa la libertad: no se ocupa de nada ni de nadie, y de tal manera le responden».

Apenas entró, sacó de su cartera un sobre que contenía un testamento firmado ante escribana, donde decía que me legaba, como albacea y heredera, su obra literaria, la que ya había escrito y la que pensaba escribir. *Tomá, guardalo. Hacelo valer cuando haga falta.*

Las dos sabíamos que me estaba dejando un tesoro y una obligación. Una vez más, quise decirle que no. Pero ¿qué se dice ante un testamento cuando la muerta que lo escribe está viva y te mira a los ojos? Por suerte habló ella: *Porque ese llamado que hiciste aquella tarde me dio la felicidad que había estado buscando toda mi vida. Te estoy agradeciendo porque leíste el manuscrito de* Las primas *y, pudiendo haberlo tirado, no lo tiraste ni lo traspapelaste. Por todo lo que me falta escribir, no podés decir que no, porque tengo que seguir publicando cuando ya no esté acá, y ¿quién lo va a hacer?*

Tardé cinco años después de su muerte en reconocer mi

condición de heredera y hacer los trámites en los juzgados de La Plata. Pensé que se habría retractado, había tenido tiempo de sobra para escribir adendas o nuevos testamentos, solía arrepentirse de lo que daba.

La reedición de sus libros aquí y en otras lenguas, la edición de algunos inéditos y la decisión de descartar otros es cumplir con el mandato. En cambio, esta biografía no estuvo jamás en los planes de Aurora. Nunca me pidió que la escribiera. Nunca le pedí permiso para hacerla. Toda biografía es un atrevimiento. Y buscando ser buena y ser justa, una traición.

Aurora en 2008 abriendo su primera cuenta de correo electrónico: auroraventurini@yahoo.com.es

3
Dos Auroras

Se declaraba medievalista, supersticiosa y católica. Capaz de recurrir a la brujería para hacer o deshacer un daño, así como a un cura exorcista cuando quiso dejar de fumar.[1] Tenía la costumbre de recorrer museos de Europa para acrecentar su acervo cultural, pero también para calmar los ataques de ansiedad. Por todo esto que ella era y quería ser, le gustaba su nombre: Aurora es la diosa del día. En la Argentina, además, es un amanecer patriótico, la primera ópera nacional —de autor italiano—, donde una heroína llamada Aurora abraza la Revolución de Mayo. Tiene nombre de canto escolar, de águila guerrera.

Pero también, pronunciado en francés, *aurore* suena parecido a «horror» y la emparenta con uno de sus tres poetas malditos de cabecera,[2] Isidore Ducasse, conde de Lautréamont, autor de los *Cantos de Maldoror*. Se consideraba portadora desde la cuna del maldoror («mal de aurora»): *Ese basilisco que siempre llevamos dentro, el monstruo perverso que se alimenta de nuestras vísceras esperando a que decidamos si vamos a soltarlo o no.*

Anunciaba sus mensajes de correo poniendo en el asunto: *Yo, Auro,* como quien ostenta un linaje de diosa romana. Había investigado que en la Edad Media creían que las auroras eran señales divinas, ejércitos de dragones cruzando el cielo. Luego se supo que, de acuerdo al polo donde se las pueda observar, las auroras son dos: Boreal y Austral. Las Auroras Venturini también son dos. He aquí el tormento de origen. Con el número dos nace la pena.

Los progenitores, o *los dueños,* como elige referirse a madre y padre, inscribieron a la primogénita como Aurora Ángela

En su casa tiene enmarcada esta misma foto, aunque cortada de modo tal que Ángela no aparece.

Venturini. Como se estila en la liturgia del bautismo, sumaron un tercer nombre. «Honoria» es de origen francés y fue elegido por fuera del calendario santoral en homenaje a la partera doña Honoria Bossi de Contarelli, la misma que había ayudado a nacer un año antes a su vecinito y compañero de aventuras, John William Cooke. Con Honoria, sus padres auspiciaban un gran destino que, según ella, dieron por fracasado antes de cumplir los cuatro años. Entonces nació su hermana.

Según la mayor, la segunda es más blanca, más linda, más dócil, más tonta, la preferida.[3] Pero lo que daña para siempre el lazo entre ellas ha ocurrido en el registro civil, cuando los dueños inscribieron a la segunda con los mismos nombres que le habían dado a la primera, aunque en orden invertido.

Ángela Aurora Venturini es la misma, pero al revés. La nueva no solo vino para arrebatarle su lugar de hija única, sino también sus iniciales. El enigma de la identidad se duplica. Hay dos Auroras y dos Ángelas. La menor llega para enmendar el fracaso del primer intento que resultó feúcha, demasiado morocha para las pretensiones del estatus familiar, quejosa, torpe, narigona, esmirriada, inapetente, indomable.

La figura de «la repetida» recorre vida y obra donde circulan seres con nombres cacofónicos, que, además, vienen en yunta. Los hay simpáticos, como la pareja de lesbianas Flavia y Fulvia, o ruines, como Relicario y Relicarito, padre e hijo, en *Las amigas*. Las señoras Tal y Tel, las señoritas Til y Tul, los señores Sal y Sel son parejas de clientes de un peluquero que confecciona apliques de pelo para zonas íntimas en «Dos lágrimas ardientes».

En 2006 publica *Bruna-Maura. Maura-Bruna*, la siniestra historia de dos hermanas que transcurre en el interior de la bóveda familiar, donde una de ellas agoniza atrapada entre los despojos de la otra.[4] La narradora de esta ficción «a lo Hoffmann»[5] es una antigua compañera de escuela:

Conocí a Bruna Maura en la escuela primaria. Era una adolescente feúcha, granujienta, bocona, casi enana a los quince años. Lo que más asqueaba residía en la cabeza empenachada de pelo negro y pegoteado oleaginoso como si los poros del cuero cabelludo supuraran aceite. Yo suponía que se alimentaría de aceitunas y llevaba un pañuelo perfumado para no vomitar en los días calurosos por el olor a aceite que exhumaba transpirado por varias estaciones. Aumentaba el pantanoso ambiente cuando se masturbaba en clase, orgasmo silencioso y aromatizante de animal en celo. Llegó hasta sexto grado y ya no dio más, de modo que los padres, que la adoraban, le pusieron profesor particular.

El doble en sus historias suele tener falanges de más o de menos y una potencia de máquina sexual que arrasa con las pocas chances que tiene la otra de encontrar a alguien que la desee. La hermana menor, como Betina de *Las primas,* es una masturbadora profesional, pasaporte al casamiento de blanco. La deformidad, los fluidos de la incontinencia, los olores fétidos emitidos por el cuerpo de la intrusa, fuente de asco: Bruna Maura es la representación del error que son padre y madre unidos en cópula. «De un matrimonio monstruoso qué otro espécimen pudo asomar que no fuera un fenómeno al cuadrado.» En *Las primas,* Yuna piensa lo mismo: «Pero el temor a la caída nunca me abandonó porque yo era descendiente de una *gens* degenerada y maltrecha».

Venturini parece conjeturar, novela tras novela, la razón de su descarte. En *Las primas,* Yuna es menospreciada por minusválida. En *Nosotros, los Caserta,* Chela, por superdotada. En *Me moriré en París, con aguacero,* la primogénita sufre el rechazo de sus padres por haber sido engendrada antes de las nupcias y porque su nacimiento le recuerda a su madre que no se casó virgen.

Mientras tanto, desde la familia Venturini proponen una justificación menos dramática. Ofelia,[6] la tercera de las hijas, catorce años menor que Aurora, aclara que si bien ese bautismo fue un infierno para sus hermanas, que detestaban sus respectivos segundos nombres —«Ángela odiaba Aurora y Aurora odiaba Ángela»—, tenemos que recordar que a comienzos del siglo XX era costumbre ponerles a los recién nacidos los nombres de sus mayores. Ángela y Aurora eran los nombres de las abuelas paterna y materna. Es probable que los padres hayan querido ser ecuánimes y darle a cada una el primer lugar al nombrar a las hijas. Ofelia, por su parte, lleva el nombre de su mamá.

En 2009, cuando el éxito de *Las primas* le había abierto las puertas editoriales, hizo todo lo posible por publicar su historia de las hermanas con nombres invertidos. Con un nuevo título, «Homónimo infernal», y un nuevo bautismo para las chicas, Lía Runa y Runa Lía, la historia de las abuelas homenajeadas aquí se hace explícita:

> Lía Runa declaraba que tenía una hermanita mayor que no salía porque era renga y bizca y que se llamaba Runa Lía, y que papaíto y mamaíta habían limpiado el nombre de las abuelas bautizándola a ella viceversa: Lía Runa.

Pero además, en esta versión, los padres abandonan a la mayor en una bóveda del cementerio luego de vaciarle los ojos porque el hombre sospecha que la chica es hija de otro. Acto seguido de esta atrocidad, padre y madre hacen una de las peores cosas que pueden suceder en el universo Venturini: «Y luego se entregan a la fornicación». Tanto el acto de comer —manducar, tragar, engullir— como el acto sexual —masturbar, fornicar, sodomizar— son las acciones que Venturini elige cuando quiere denigrar a un personaje:

Locos de aleluya del despegue, fornicaron en el asiento del Ford. Diálogo conyugal:

—Las abuelas ya no se sentirán deshonradas.

—Tu madre se llamaba Lía.

—La tuya, Runa. Nuestra hija honrará los dos nombres que por desidia o apuro o no sé qué, dimos a la malnacida.

Siguieron fornicando. Querían concebir un varoncito para honrar a los abuelos...

Las hermanas Venturini, siempre juntas y con el mismo atuendo, tomaron la comunión el mismo día.

Como la novela no despierta interés en la editorial, emprende un tercer intento, prueba de hasta qué punto le importaba la historia y cuán difícil le resultaba escribirla. En «Sin novedad en la mansión Umbro», las hermanas son Regina Bella y Bella Regina, y la narradora ahora está muerta, es un espectro que parla. Le suma a este ingrediente una «acusación» de acoso de parte de una de las homónimas a la otra. Tampoco tuvo suerte con esta versión.

> Bella Regina, con su media lengua, me anotició de una hermana, un año mayor que ella, de nombre Regina Bella. Como de costumbre, callé una sorpresa, se darán cuenta de qué, pacientes lectores, puesto que habiendo nombres para regalar en los santorales y demás, los padres dieron vuelta cual un guante, o dos guantes, a los idénticos. Según la maldita chiquilina, la niña oculta le había propuesto acostarse juntas y realizar actos inconvenientes con respecto a la decencia, por ejemplo, desnudarse ambas y cabalgarse una a la otra; tal accionar, dijo, vio a las parejas mayores. No sé por qué, no le creí. Desde entonces, nuestra amistad se enfrió.

Esta existencia duplicada la persiguió toda su vida como una amenaza hasta la paranoia. Cumpliendo con una ley —o cábala— por la cual se niega a nombrar a quienes considera que le hicieron daño, nunca llama a su hermana por su nombre, ni en público ni de entrecasa. Las contadas veces que habla de ella, la llama por el apodo familiar (Petty), y durante su entrevista con Leila Guerriero llega al extremo de inventarle un nombre. ¿O a inventarse otra hermana?

«Yo soy la mayor de las hermanas. Tengo una hermana

que se llama María de los Ángeles del Corazón de Jesús. Casada con un banquero. Parece mentira que sea maestra, pobrecita. Ninguna fue a la universidad. Son maestras nomás.»

Arrancar del vocabulario una palabra es recorrer el camino inverso al del dios creador, tal es la potencia del silencio para Aurora Venturini. También evita nombrar a Ofelia, a quien se refiere siempre con el apodo que le pusieron en la infancia. Ofelia fue Ivonne hasta pasada la adolescencia. Ángela fue Petty hasta la muerte. Aurora es la única de las tres que no admite sobrenombre.

Quienes las conocieron recuerdan que este juego en espejo les trajo problemas burocráticos, confusiones en documentos, en los nombramientos docentes, en los trámites de jubilación. Porque además, inscriptas en el registro el mismo día, en el momento en que inscriben a la segunda, tienen números consecutivos en sus documentos de identidad, y en orden invertido, como si Ángela Aurora (DNI 3.139.553) hubiera nacido un minuto antes que Aurora Ángela (DNI 3.139.554).

Lacan describe los celos fraternos como «complejo de intrusión» y cita a san Agustín en sus *Confesiones,* donde describe la típica escena de un niño que «todavía no sabía hablar y contempla, todo pálido y con una mirada envenenada, a un hermano suyo, deseando tomar la leche que este mama del pecho de su madre». Y el subrayado es lo que sigue: «Tales comportamientos se toleran, no porque sean nimios, sino porque desaparecen con el tiempo». El tiempo, en el caso de Venturini, lo que pudo hacer con esos comportamientos intolerables fue volverlos materia inagotable de ficción.[7] La otra siempre está acechando, superponiéndose ante el objeto de deseo —*A mí mi mamá no me crio ni me dio pecho. Me cría una negra, una ama. En cambio a mi hermana mi mamá la crio y le dio teta hasta los cinco años*—, porque el doble quiere lo mismo y lucha por obtenerlo: primero será el amor de los padres, luego será su obra.

Previendo que esta biografía o cualquier otra pudiera salir a la luz cuando no tuviera chance de rectificación, el 15 de marzo de 2014 me envió un correo con el título de siempre, «Yo, Auro», seguido de una carta documento casera:

> La escritora ha tenido noticia de que alguien ha dicho ser la escritora, lo cual es vil falacia. En la familia una parienta muy cercana ostenta los mismos nombres aunque de manera diferente. En la pila bautismal: Ángela Aurora, y tenemos el mismo apellido. Algo que tener en cuenta, para que no haya confusión cuando se haga mi biografía: mi parienta cercana ha dicho que es la escritora y es solo una maestra de primaria sin más estudios que esos. Yo soy profesora de Filosofía y Ciencias de la Educación, y además psicóloga, tengo una extensa obra en poesía y en prosa, en publicaciones de columnas, artículos, novelas, cuentos en los diarios y revistas; me editan Random House, Mondadori y Sudamericana.

Aquí, María Laura Fernández Berro propone «tomar con pinzas» ese distanciamiento entre las hermanas: «Te lo digo porque recuerdo que era un sábado y, estando yo en su casa, suena el teléfono. Aurora atiende y pregunta varias veces quién habla hasta que grita *¡Boluda!* y corta. Vuelve a sonar el teléfono y me hace señas para que esta vez atienda yo. Era Petty. Es evidente que quería que yo presenciara esta escena». Sabiendo que su asistente toma nota de todo, monta para ella un *stand up* telefónico con esta hermana que, según asegura en las entrevistas, no sabe si sigue viva: «Una voz ronca, de ultratumba, me dijo: "Hola, ¿está mi hermana?". Le paso el teléfono a Aurora y ella empieza este diálogo, del cual solo pude registrar lo que iba diciendo ella: *Hola. No. Como vos no contestabas enseguida, te mandé a la mierda. [...] Haceme caso. Yo estuve peor que vos. Todos los huesos rotos tenía, era un esqueleto partido en dos. No te quedes quieta y tomá mate cocido. Mirame a mí, me baño sola. Escribo. Me muevo. No. Vos no sos una planta. [...] Y bueno, caminá con el caminador. Y no tomes mucho Trapax, que eso es para los locos furiosos, nena... Ya no se puede ser caprichosa. Faltan cinco meses y ya termina el año. ¿Cuánto más nos queda? [...] ¡No! No comas puré. Comé polenta. Comé ravioles rellenos con verdura para los músculos. [...] ¡No! Lo que te faltan son músculos y ganas de vivir, por eso no comés. No compres latas. ¿Te acordás, Petty, cuando llevamos a mamá a curarse el reuma a Carhué? Sí, vos te habías puesto un vestido. No tenías vestidos casi... [...] A las talentosas no las quieren los maridos. Yo maté a dos. ¿Con qué? Con desprecio, y como eran inertes, murieron. [...] Les di insecticida. Bueno, hasta luego, chau. Tenés razón, voy a seguir escribiendo porquerías. Es lo que se lee*».

En un poema publicado en *El Día* dedicado a su amiga María Granata que por entonces estaba enfrentando un problema de salud, lo que se propone como una declaración de sororidad, termina siendo expresión del tormento del doble, que no se va nunca, ni aun cuando una amiga/hermana presenta sus mejores intenciones:

> Nadie nace solo.
> Todos tenemos una hermana
> Criatura indomable
> Crece junto
> Minuto a minuto
> Va revelándose

Se impondrá
He aquí el obstáculo.

El misterio sobre la simultaneidad de las auroras estalló en la década de 1970, cuando Estados Unidos detonaba sus bombas atómicas sobre el archipiélago de Samoa y los soldados notaron que se formaba una aurora artificial en una zona muy lejana a la de la explosión. ¿Por qué se producían las auroras paralelas? ¿Cómo viajaban las partículas por el campo magnético de la Tierra? De allí surgió la ilusión de que Austral y Boreal se sucedían de forma simultánea y que alguien en el norte podía estar viendo exactamente lo mismo que alguien en el sur. Hace relativamente poco se demostró que es imposible. Esta biografía cumple con el recado: hay una sola real y auténtica Aurora Venturini.

4
La infancia minusválida

Los Venturini-Melo pueden considerarse familia fundadora, no por alcurnia pero sí por orden de llegada a City Bell y por su linaje italiano libre de sangre porteña. No viajaron en la sentina de un barco ni pararon en el Hotel de Inmigrantes; el abuelo paterno y sus hermanos vinieron en segunda clase desde Sicilia y se instalaron a diez kilómetros al noroeste de La Plata, en la sección quinta, barrio «del Seminario», llamado así por su proximidad con la primera capilla que levantaron los inmigrantes.

Chicos y chicas de la década de 1930 se divierten masticando hostias y robando sangre de Cristo. Aurora, al aire libre, es una versión de Tom Sawyer. En casa es una nena flacucha que siempre está simulando enfermedades —fiebre, asma, mal de hígado, dolores de panza—, aunque nunca llega a embaucar a la mamá, que es maestra de grado y se conoce de arriba abajo todas esas mañas.

Para tormento de su madre, a los cuatro años elige como principal interlocutor a un lechuzón de tierra al que bautiza Bertoldo. La alianza con el bicho es el inicio de una fraternidad animal que durará toda la vida y toda la obra. Bertoldo aparece en *Nosotros, los Caserta*, la novela donde más roba de su propia infancia para construir la de su personaje. Los perros que van muriendo y remplazándose unos a otros son el refugio ante todo lo fallido: la familia, el matrimonio, la maternidad. Sus narradoras suelen comunicarse con animales, pero no solamente con los que la burguesía considera mascotas. Son lechuzas, arañas o, como en su cuento «El aullido», un sapito:

> Dialogando con Toro Torito se hizo casi de noche. Cada vez me costaba más dejarlo solo; me di cuenta de que cuando pensaba volver a mi casa, él suspiraba y el aire del suspiro le hinchaba la gola, es decir, la garganta, al expeler el aire, por la aspereza de su piel, dos lágrimas gruesas corrían y formaban un charquito en la grava. Lástima que cuando croaba, llamaba la atención de tía Clorinda y seguramente de otros vecinos. Pero las cosas no son siempre como una quisiera que fueran en su totalidad. Yo temía lastimar su naturaleza explicándole que no croara o que lo hiciera más bajito. Mi amigo podía sentirse disminuido en su naturaleza, con la que nació.

La casa natal está poblada de animales que se multiplican en variedad y afecto a medida que los integrantes de la familia van entrando en la oscuridad: «Por una escalera tenía salida a la quinta donde había árboles frutales, todo tipo de vegetales, un gallinero, un palomar y a veces algún chivato y una ovejita que yo adopté, que sufrí mucho cuando la vendieron, supongo, o cuando hubo carne al horno que no comí porque me sugirió un asesinato. Estaba la cucha de Bertoldo, mi lechuzón de tierra. Estaba la cucha de mi perro, Eladio, que en la alta noche venía y se acostaba conmigo lomo con espalda. Eran mis únicos amigos» (AAV).

En su *Antología personal* (1981), donde reúne los que considera sus mejores poemas escritos entre 1940 y 1966, incluye unas páginas autobiográficas donde sostiene bien alto su orgullo rural:

Me crie en medio de un alfalfar que, en febrero, subía al verano, con alas, porque todos los gusanillos del verderol ya las tenían. Infancia animalera: perros, gatos, lagartijas y hasta una lechucita de tierra que se llamaba Bertoldo.

Una casa con fondo y gallinero también es el escenario principal de *Las primas.* Esa infancia le ha proporcionado un código que le permitió conectarse con personas muy importantes en su vida: primero Eva Perón y luego su segundo marido, Fermín Chávez, nacido y criado en un pequeño pueblito entrerriano. En su anecdotario evitista destaca ese punto de contacto: *Para salir al balcón, se ponía algunas joyas que le regalaban y al regresar decía: «Voy a desensillar». Se comportaba como una mujer de campo porque lo era y quería seguir siéndolo. Usaba muchas expresiones rurales y le encantaba esa vida.*

Padre: Juan Venturini, argentino, hijo de padre italiano, personal de la policía. Madre: María Ofelia Zelmira Melo Albarracín, argentina, nacida en San Juan de madre chilena, maestra. Ambos representantes de una clase media ilustrada que se destaca de la media de la época y de la zona, vecindario con mayoría de portugueses e italianos trabajadores de la tierra. Entre los pocos integrantes de su familia que se salvan de sus malos recuerdos, hay dos tíos jóvenes que hablan en dialecto siciliano y son marinos.[1] Petro y Paolo representan el lado bueno de la maldita repetición.

Pero tanto como hija de La Plata, Aurora es hija de sus viajes: cuando comenzó a pasear por Europa fue en busca de un linaje, visitó posibles e imposibles parientes en cementerios y museos. París, Roma, Madrid, Berlín. Se declara descendiente de Giuseppe de Lampedusa y recorre el palacio de los Caserta hasta aprendérselo de memoria para describirlo en entrevistas como si hubiera vivido allí. Como Domingo Faustino Sarmiento en *Recuerdos de provincia,* fuerza su árbol genealógico para mejorar la estirpe, ella ostenta sangre del padre del aula en sus venas. Cuenta que, por rama materna oriunda de San Juan, es sarmientina, desciende de doña Paula... Y efectivamente su abuela sanjuanina se llamaba Aurora Albarracín.

City Bell, como el bosque Pereyra Iraola, lleva el nombre de la familia propietaria de la tierra. *Todo lo lindo lleva el nombre de algún terrateniente por aquí.* La Estancia Grande de los Bell ha sido uno de los centros agrícolas más importantes del país. Ocupaba 12.900 hectáreas y se extendía desde la ruta 2 hasta el Río de la Plata, y desde la actual avenida 520 hasta el límite con Villa Elisa. En 1913, una fracción de 300 hectáreas fue vendida por los herederos del patriarca irlandés Jorge Bell a la Sociedad Anónima City Bell para la creación del pueblo que comenzó con el emplazamiento de treinta familias. Los Venturini llegaron pocos años después. Pueblo y estancia convivieron hasta que en 1944 el gobierno la expropió, episodio que aparece en *Nosotros, los Caserta,* cuando la familia adinerada de la protagonista pierde sus tierras a manos del peronismo y luego las recupera de manos de la «libertadura».

Aurora Ángela Venturini nació el 20 de diciembre de 1921 en La Plata, pero dejaba correr el error de 1922. Más que mentir sobre su edad, «reparaba» la injusticia del parto prematuro que la había retenido en el año anterior por unos miserables doce días de diferencia. Jorge Luis Borges, a quien copia en todo lo que puede y venera al punto de pasar por alto un antiperonismo que no le perdona a nadie, también se quitaba un año. En lugar de 1899 prefería decir 1900, de modo que el siglo y él empezaran juntos.

Ella, que alcanzó el reconocimiento a los pocos días de cumplir sus 86 años, llevó su vejez con estilo y beligerancia: *Porque a cierta edad todos somos bellos. A cierta edad todos somos repulsivos. Es duro decirlo. Es así nomás. En una nota hace unos días me han comparado con una momia de museo. Fea comparación, porque ahora suelo caminar lento más decididamente, y equilibrarme.*

Nunca ocultó su edad ni sus cirugías estéticas. Fue pionera en recurrir al *lifting* cuando todavía era un secreto mal guardado de estrellas y millonarias. Pero aún más audaz: pionera en hacerlo público. Considera los retoques estéticos como una victoria de la autodeterminación[2] y una prueba de que los ha podido pagar. *Me hice cinco en total, la última a los setenta.* Posa para la cámara de su amiga Haydée Bambill, fotógrafa de la intelectualidad platense, ostentando los primeros efectos de una aplicación de bótox. En *Las amigas*, aparece nombrada la doctora Olmos, cirujana estética con consultorio en La Plata que ha logrado quitarle alrededor de cuarenta años a Yuna Riglos.

Más que hija de madre y padre, más que hija de una Europa soñada, es hija de su ciudad, un proyecto grandilocuente sin callejones sin salida y con bosque propio, donde don Martín Iraola, a fines del siglo XIX, se ocupó no solo de plantar, sino también de censar 94.700 árboles.

Pero cuando nace Aurora ya han pasado cuatro décadas desde la fundación de La Plata y es un hecho que los ilustres invitados no vendrán a poblarla. Los mejores profesores

—Pedro Henríquez Ureña, Ezequiel Martínez Estrada— llegan a «la Oxford argentina», como la llama Leopoldo Lugones, dan su clase y enseguida se vuelven en tren a la capital. Aquel proyecto del gobernador Dardo Rocha (1838-1921) de convertirse en presidente, unificar el país y quitarle la centralidad a la flamante capital con esta urbe majestuosa

La familia Venturini: madre, padre y las dos primeras hijas.

construida en apenas tres años no se cumplió. La Plata en la que nace Aurora transcurre bajo la opresión de la década infame, se ha poblado de inmigrantes —albañiles y quinteros—, de una pequeña burguesía de empresarios y de profesionales con aspiraciones aristocráticas, y todos los años recibe estudiantes de pueblos y ciudades cercanas —Ernesto Sábato llega desde Rojas; Ricardo Piglia vendrá desde Adrogué.

En un discurso pronunciado en La Plata el 1.° de abril de 2003 en homenaje a J. W. Cooke, inscribe su niñez en ese contexto: «Mi generación fue la generación del "Bebe" Cooke, de Tomás Diego Bernard, de Pedro Catella y otros. Fuimos los chicos terribles del cuarenta, fuimos bandidos y bandoleros escondidos en los breñales de la pena; pobres pero nunca humildes. Nos trajo al mundo la misma partera. Yo le decía que éramos hermanos de cigüeñas; él, que de repollo. Nos juntábamos para molestar aunque fuera al vecindario a la hora de la siesta patinando sobre el empedrado de las antiguas calles, tocando timbres y apedreando a quienes considerábamos enemigos de nuestra causa, que creíamos la justa. Se asomaba al balcón a defendernos doña María Hegoburu de Oyhanarte, que leía a Pestalozzi: "La actividad es una ley de la niñez", argumento clásico y también sugestivo. Ella, de tener nuestra edad, haría lo mismo. Nos odiaban en el barrio y sus alrededores. La inconducta proseguía en la escuela, donde fuera».

La ciudad soñada en la fundación ha quedado a merced del vecindario platense que se ocupará de resoñarla, plantar sus árboles, misterios, habladurías y poemas.[3] La Plata de Venturini se parece a la que describe Pablo Navajas Jáuregui en su *Nocturno:* «La Plata, noche en el centro. / Cuatro mozos y algún cuzco. / Nunca encuentro a los que busco, / nunca busco a los que encuentro. [...] ¡Cómo añoro las metrópolis! /

Roma, Grecia, su Acrópolis, / París, Madrid, vida y mitos / ciudad de amigos gravosos / y de enemigos gratuitos».

Portadora de un ADN masónico y católico, ante cada hito arquitectónico de su ciudad responde con un surtido de vocaciones simultáneas: es poeta, creyente, pagana, universitaria, escritora, psicóloga, mentalista, viajera, peronista, afrancesada, mujer moderna. Porque ¿cómo no creer en Dios teniendo esa catedral de 7.000 metros cuadrados que figura en los mármoles del piso de la Basílica de San Pedro por ser una de las más grandes del mundo? ¿Cómo no creer en el diablo en una ciudad nacida con la maldición de una hechicera que impide que un gobernador de Buenos Aires llegue a presidente de la nación? Se hace poeta en la ciudad donde, como dice Facundo Báñez, hay más poetas que habitantes, que fue bautizada por el autor del *Martín Fierro,* donde un joven Borges acude a enamorarse[4] y un poeta suicida de veintitrés años le deja para siempre su cicatriz romántica. Se recibe de maestra en la escuela fundada por una de las señoritas que trajo Sarmiento y, cuando contadísimas mujeres acceden a estudios terciarios, ingresa a la flamante Facultad de Humanidades en esta ciudad que se jacta de «universitaria». Se hace peronista en la plaza San Martín, desde donde parte la mayor concentración de obreras y obreros el 17 de octubre de 1945. El día en que Aurora nació, el Hipódromo de La Plata ya era un monumento del turf nacional: ¿cómo no obtener una medalla de oro de campeona de equitación?

Dice Yuna en *Las primas:*

> Vaya ciudad la nuestra expuesta a todos los vientos que varían temperaturas y deseos de caminar o sentarse en un banco de la plaza a meditar y si caminás por el bosque y con la punta del pie levantás la greda sentirás humedades arcaicas como si a la

fuerza se hubiera edificado La Plata encima de terrenos no aptos y por necesidades políticas o no sé por qué ya que nunca me entró la historia y lo único que sé es que me gusta la ciudad húmeda y amenazante donde no nos une el amor sino el espanto en el verso de Jorge Luis Borges ese poeta que me seduce por la forma de expresarse que lejanamente se parece a mi forma de expresarme o yo a él por respeto.

En «El abuelo Melo», cuento incluido en *El marido de mi madrastra:*

> Somos lo mejor dentro del provincianismo vigente. Y si no, mire usted la Catedral, vea el Museo de Historia Natural. ¿Sabe quién fue Ameghino? Hay mucho más y tanto como para llenar varios tomos de ediciones Aguilar, de papel hoja de cebolla. Querida ciudad de La Plata, beso tu Piedra Fundamental de Plaza Moreno.

Si hubo uno que escribió *Fervor de Buenos Aires* y fundó su propia ciudad, hay una que va a escribir su «Fervor Platense». Escribe con conciencia gentilicia trazando una superficie ficcional que abarca las inmediaciones de la calle 7, el paseo Dardo Rocha, las confiterías París y La Perla, la Casa de Cristal, el restaurante La Aguada, plaza Moreno y plaza Saavedra, la Basílica de San Ponciano o la iglesia de San Francisco de Asís, donde Evita y Perón se casaron en secreto y donde una vez también se casó ella, por cábala.

Se puede extender hasta la zona de quintas de City Bell, pero evita pisar la zona de Tolosa o Ringuelet, que reserva para entenados y extraños. Sigue en «El abuelo Melo»:

> Convivía con una mujer barata, una chiruza peleadora, en el vecindario atroz de Las Mil Casas, en el corazón de la locali-

dad de Tolosa, que es próxima a La Plata, pero nada que ver con nuestra ciudad capitalina de la provincia de Buenos Aires.

A su vez, como la ciudad espléndida que conoció en su juventud ya no existe, cuando comienza a escribir ficciones en los años sesenta sus personajes están condenados a moverse sobre un fondo de réquiem:

> A veces iba al Parque Saavedra sola, y me sentaba en el banco de mármol de Carrara que donó la señora de Servente, y que mucho más tarde en el tiempo calendario desapareció, como desaparecieron tantas cosas bellas del ayer.

En «El empujón de un ánima celosa», uno de los manuscritos hallados en su archivo escribe:

> Una tarde reconocí, en la vidriera de un anticuario de San Telmo, el grupo escultórico en bronce que se robaron de la mesa del Jockey Club, y me entristecí. Como me entristecí cuando robaron el bronce del Parque Saavedra, «la mujer del cántaro». Lo mismo me ocurrió al enterarme de que el muñeco alemán de cartón y no sé qué material de la casa de la venta de pijamas de la calle 47 se descompuso. Los tres me dieron la pauta de que todavía algún sentimiento puede entristecerme. Pero basta de tonterías.

Lo mejor de la infancia es la presencia del abuelo italiano y el momento del día en que la mandan al fondo a buscar huevos para merienda o cena: «Las gallinas encrespadas observaban iracundas mi descarada tropelía. Con las de Borneo, no me metía. Picoteaban a la carrera arrugando sus cogotes altaneros de "andá a poner huevos por ahí y no seas chorra, mocosa de mierda". Las gallinas tenían razón, pero

¿por qué salían de los nidos a sembrar huevos a la intemperie? Descaradas. Lo que se encuentra y levanta no es robo ni hurto» (AMLFB).[5]

Lo peor: la parentela que opina, las maestras, la abuela y la tía que encuentra defectos, da órdenes extra, critica. Ya se las verán con Aurora cuando se ponga a escribir sobre ellas, por encima de ellas, en su contra.[6]

—En la clase de religión dije que me parecía mal que Adán se hubiera casado con Eva, porque si era de una costilla de él, entonces era la hija. Fue un escándalo. Las maestras nos pegaban. Y en casa nos decían: «Si la señorita les pega, no importa, ustedes aguanten porque la señorita nació en Lyon». Nos tenían frenados a nosotros. De qué manera.

—¿Era muy terrible?

—No. Era terrible para ellos. Yo era solitaria. Una isleña. Me compraba una revista y leía una novela que traía adherida, subida a un árbol. «Machona, bájese de ahí», gritaba mi mamá. Yo era como un erizo. Y bueno, así es la vida, y siguió siendo siempre. (AMLFB)

5
El bosque familiar

De lejos aquello parecía una masacre, una sesión de tortura orquestada al aire libre. Forzudos de uniforme azotando lo que quedaba de algún animal, o tal vez restos humanos. ¿Cuero? Ni una palabra. Polvo. En 1925, cuando el tendido eléctrico todavía no había llegado a todas las casas, en el bosque de La Plata se llevaba a cabo esta labor cada semana y a la luz del día.

De cerca, no era nada extraño. Los limpiadores de alfombras llegaron a constituir un verdadero gremio. Colgadas entre los eucaliptos, suspendidas de una gran cuerda de marinero, las alfombras de Esmirna, Persia o de la India, previamente retiradas de los despachos oficiales, esperaban la paliza.

Difícil para las mentalidades del siglo XXI interpretar los pensamientos de una infancia que de día corre por el bosque buscando animales mágicos y por la tarde se alumbra a lámparas de kerosene, tutelada por adultos que nunca oyeron hablar de Freud. Morir de calor en verano, morir de frío en invierno, pero siempre morir.

«La primera película sonora que vi fue aquella de Rossellini, *Roma ciudad abierta,* de 1945. Tenía yo veintitrés años. Al comienzo me asustó, estaba acostumbrada a oír el pianito de las películas mudas. Ahora todo es virtual, hay hasta hombres y mujeres virtuales, es espantoso. Recuerdo que antes nos enloquecían personajes como los de Ray Bradbury en *Las doradas manzanas del sol.* Ahora llamás a una oficina y te atiende una máquina parlante; tienes que sacar el dinero con una tarjeta; antes tenía una amiga en el banco y ahora tengo un pedacito de plástico. Se está perdiendo el humanismo. Además, es el reinado del mal gusto, nena. ¡De la danza clásica pasamos al "baile del caballo"!» (AAV)

Si le piden precisiones sobre su infancia, manda a buscar parientes a sus novelas. Desde que en la Facultad de Humanidades le enseñaron un cuestionario infalible para recobrar imágenes del inconsciente, su literatura se convirtió en su altillo. Muchos de sus personajes suben allí, ese lugar de la casa donde se arrumba lo que no sirve pero que por alguna razón no se puede desechar.

«Doña Carola hacía tantos años que estaba en la familia que la llamábamos tía Carola, y aseguraba que había ballenas en Mar del Plata y que una vez suspiró tan fuerte la ballena que se llevó a un niño que estaba en las rocas. Los cuentos de esta señora no me dejaban dormir y me inspiraron cuentos de terror para el futuro.» (AMLFB)

Cuando Aurora era chica, se decía que un extraño ser vagaba entre los árboles del bosque a la hora de las siestas de verano y depositaba en algún pozo un huevo pequeñito y oscuro con rayitas blancas. Quien lo encontrara, si deseaba conservarlo, debía llevarlo durante un mes en el sobaco izquierdo, y en caso de necesitar mover el brazo, dejarlo en un nidito de hierbas. Quien no lo quisiera debía enterrarlo y regar con agua bendita el sitio donde iba a descansar para siempre el ser difunto.[1]

La tarea de los golpeadores con sus garrotes descargándose contra los bordados de lana solo podía inquietar a quien se sentara a observar la escena imaginándose otras cosas. Aurora tiene cuatro años y está allí, una y otra vez sentada en un bosque, buscando el basilisco, imaginando cosas que todavía no piensa confiarle a nadie.

Nadie está a salvo, ni en la propia casa, donde periódicamente, siempre al oscurecer, se aparece el hombre que arrastra un carro, golpea las manos y los dueños le permiten la entrada. Saca los colchones de su sitio, los pone en fila y los abre uno por uno marcando un tajo en la boca lateral. El colchonero descose el capitoné y se sienta en un banquito en el medio del patio a extirpar lana, fibras, tierra y demás estropicios. La cama de los padres, la cama de las hijas parecen un animal sangreado.

A los cuatro años se me daba por llorar puntualmente de cuatro a seis de la tarde porque en esa época veía en las tacitas de porcelana del té unos dibujos encantadores y quería irme con esos dibujos. Mamá, que era maestra, me daba unas palizas tremendas, yo era una chica muy molesta.

A los cuatro años, su hermana acaba de nacer. Y ella piensa en irse con los gitanos, que tal vez —ojalá y espanto— sea una de ellos.[2] Desde una carpa instalada frente a su casa, las gitanas la miran. El tono de piel, los rasgos son más parecidos a los de esa familia que a la gente de adentro. Los gitanos la invitan a jugar.

«Una vez una gitana vino a casa y puso sobre la mesa grande unas maderitas donde le leyó la suerte a mi madre. Luego le ofreció quinientos pesos por los muebles y los cuadros, sin darse cuenta en su ignorancia primitiva de que los cuadros eran ampliaciones de daguerrotipos de familia espantosos, con mujeres ensombreradas, gordas y chicos horrendos. El más burdo de estos tenía la inscripción "Formato Italia". Por unos pesos más, propuso llevarme a mí. La dueña fue a la comisaría a denunciar que los gitanos querían secuestrar a la hija mayor. Los gitanos se fueron y yo los vi partir en sus camiones con sus perros y sus caballos. No sé por qué desde ese instante me he sentido tan vacía.» (AMLFB)

El cuestionario para despertar recuerdos del profesor Alfredo Domingo Calcagno es efectivo: ahora está cruzando con su madre el bosque. La lleva para hacerle las clásicas fotografías de estudio. Ese registro enmarcado que conserva en el *dressoir* del comedor la obligará a volver una y otra vez sobre esa edad. Tarde o temprano, siempre termina cumpliendo cuatro años y su hermana vuelve a entrometerse en su habitación de hija única; su madre, aunque bien muerta, vuelve a enojarse por algo insignificante; el clic del pajarito que se niega a mirar vuelve a insistirle, mientras a pocos metros las alfombras golpeadas se bambolean.

En *Nosotros, los Caserta,*[3] la anciana narradora sube al desván y se encuentra con la misma foto:

> La niñita. Sostiene un canastito de mimbre con rosas de papel. Esa nena es la difunta de mí. Había comenzado mi temporada en el infierno cuatro años antes de esta fotografía: el día en que nací. Miro la foto y puedo ver a mi madre el día que me llevó a que la tomaran. Miro los zapatitos, en la foto, rojos con presilla. Se mojaron y quise secarlos con mi pañuelito fino y mamá me dio un coscorrón. Veo la cadenita de oro con el medallón de camafeo alpino que se enredó en la carterita de hilo de plata. Di un tirón y mamá volvió a pegarme.

La escena de las alfombras, movida por el tiempo, se deforma hasta coincidir con una de las diez manchas que componen el test de Rorschach que ella aplicará en otras niñas cuando sea grande y ejerza como psicóloga en institutos de Minoridad. *¡A Freud habría que hacerle un monumento en todas las calles!* La escena de los colchones también se deforma hasta superponerse con los golpes de los policías que arrestan a John William Cooke, el gordo con quien se trepa a los árboles de este bosque, lee cuentos de Agatha Christie, roba frutas de los jardines. A ella también la meten en un calabozo durante eternos tres días y le aplastan los pies con la culata de los fusiles al grito de «¡Ni vencedores ni vencidos!». *Por eso no me verás nunca con sandalias.*

Los limpiadores dan el gong y lo que queda de todo esto es un sonido seco que rellena físicamente todo el recuerdo. A continuación, las alfombras enrolladas como cuando se envuelve a un asesinado en los cuentos policiales vuelven purificadas, y lo que estuvieran ocultando se disuelve en el aire, se choca contra los árboles, contra los niños que juegan, contra las cinco cabezas de los cinco sabios platenses emplazadas en el camino que lleva al Museo de Ciencias Naturales. Polvo para el zoólogo Florentino Ameghino, polvo de alfombras para el botánico Carlos Spegazzini, para el gran médico de la locura Alejandro Korn, para el poeta Almafuerte. Y al policía creador de la dactiloscopia, Juan Vucetich, polvo.

—Aurora, ¿no le daba miedo andar por ahí solita en el bosque?

—Jamás. A mi ver y parecer, y por experiencia personal, el bosque más difícil y peligroso es el familiar. Salvándolo, podremos dar la vuelta al mundo sin sorprendernos.

6
Esta no soy yo

«¿Cómo era la casa de la infancia en City Bell?» A mediados de 2013 le envié esta pregunta por correo. Era un errático gesto que, para una buena entendedora como ella, anunciaba el comienzo de este libro. Respondió de inmediato y yo lo interpreté como una buena señal. Pero si empecé preguntando por la casa, no fue por un interés inmobiliario, sino porque para entonces ya estaba claro que la pregunta por el padre conducía a una maraña de versiones y a un irremontable malhumor.

Leila Guerriero comienza su crónica «¿Quién le teme a Aurora Venturini?» enumerando las contradictorias versiones que ha venido dando sobre ese padre en notas anteriores: «El padre de Aurora Venturini era un militante radical a quien su propio partido envió a trabajar al penal de la ciudad de Ushuaia, pero, al enterarse de que su hija mayor se había afiliado al partido peronista, regresó a La Plata, de donde era oriundo, solo para echarla de su casa y volver a partir. El padre de Aurora Venturini era aficionado a las carreras de caballos y, después de perderlo todo en las apuestas, abandonó la ciudad de La Plata, de la que era oriundo, pero, al enterarse de que su hija mayor se había afiliado al partido peronista, regresó, solo para echarla de su casa y volver a partir. El padre de Aurora Venturini desapareció de su casa de la ciudad de La Plata, de la que era oriundo, un día indeterminado de un año indeterminado y no regresó jamás. El padre de Aurora Venturini se llamaba Juan. El padre de Aurora Venturini no tiene nombre».

La periodista presiona para conseguir una versión definitiva y la entrevistada resiste inventando más. ¡Es que su pasado está en vías de construcción! Puede corregir la fecha de su nacimiento y variar la configuración familiar tanto en cuentos y novelas como en entrevistas. De hecho, alguno de esos padres que nombra Guerriero existen —en sus libros—: son padres de amigas o de sus primos, que efectivamente estuvieron presos en Ushuaia o se jugaron a los burros lo que no tenían.

Quien quiera hacer mi biografía que lea mis libros, dice como quien señala una dirección y un callejón sin salida. También declara, aunque en voz muy baja, que sus ficciones son ficciones.

Los personajes de mis cuentos y relatos —inclusive los de mis novelas—, aunque hagan pie en la duda y circunstancia del mundo, son fantasmas de personas, esencia de cosas tangibles. Lo real, objetivo, visto, oído, palpado, husmeado posee aprontes extraordinarios que penetran imaginación y razón pura del escritor. Nadie crea algo absolutamente original. Cualquier aparente subjetividad arranca de la patética e incorruptible realidad. Fija, impenetrable; todo ya ha sido puesto en el universo temible, impreciso.

¿Cómo emprender una biografía cuando su protagonista ha trabajado para monopolizarlo todo desde la primera y la tercera y la segunda persona? Desbarató con diferentes métodos cada uno de los intentos de retratarla. Cuando posa para las fotos siempre encuentra un mohín, un subtitulado que parece estar diciendo: «Esta no soy yo».

En aquella primera sesión para el suplemento *Radar,* la mo-

Al terminar la entrevista pidió sacarse una foto con la fotógrafa. Nora Lezano asegura que fue la primera y única vez que una «modelo» le pide tal cosa.

delo, que nos esperaba ataviada con una espectacular camisa negra, pantalones con raya planchada y mocasines de estreno, se mostraba sumisa frente a la cámara. Anteojos de cristal sin marco con detalle de diamante en las patillas, anillo de plata con el sello de Dior, aritos haciendo juego y un peinado de peluquería. Nora Lezano proponía diferentes poses y rincones. En el escritorio, en el patio, en el comedor. La escritora obedecía, pero era evidente que la fotógrafa no quedaba conforme. De pronto le sugiere que se coloque de costado, que no mire a la cámara. Esa toma clásica usada en las bellas artes para adiestrar en las proporciones y que desde el siglo XVII es parte del método de antropología y criminalística dio resultado. Con menos margen para el artilugio, Aurora entregó su perfil. Fue la toma elegida por el editor de entonces, Juan Boido, para la tapa del suplemento, y ahora vuelve a serlo para este libro.

A comienzos de 2013, con su segunda secretaria se propusieron escribir una biografía a cuatro manos. Pero el mecanismo de trabajo es desigual... Aurora dicta escenas de su vida y la copista tiene la «libertad» de glosar, y de hacer preguntas: «Lo que ella hacía era ir dictando, por ejemplo: *Yo dicté esto a María Laura Fernández Berro, que va a contar...* Ahí hacía una pausa y me decía: *Ahora dejá, ahora escribís vos. ¿Estarás a la altura?* Me dictaba a tal velocidad que era imposible intercalar frases. Era muy arduo el trabajo porque como no quería computadoras en su casa porque creía que estaban embrujadas[1] me obligaba a escribir a mano. Después yo llegaba a mi casa y tenía que pasar a la computadora lo que había escrito».

Se tendría que llamar «Laurora», propone la biografiada enlazando los nombres de las dos, aunque fagocitando el de la otra de un solo bocado.

Sospechaba de todo curioso, admiradora o preguntón ocasional. No tenía amigas, tenía examigas. No tenía colegas, tenía asistentes. Renegaba de su familia hasta la calumnia. Pagaba el doble y por adelantado lo que en otras circunstancias se podrían considerar gauchadas. No solo sus ediciones. En la década de 1970 llegó a donar a la SADE su propio departamento, única propiedad y sin herederos forzosos. Un gesto grandilocuente del que, cuando cambiaron las autoridades, se arrepintió. Mandó cartas. Le respondieron que ya era tarde. Sospechaba de sus secretarias, de las enfermeras, de los periodistas, de su agente literaria, de sus editores. Todos y todas eran cazadores de su fortuna y su fortuna era ella misma. Tantos años con hambre de reconocimiento que no disimulaba su mezquindad: *No hables con mi secretaria porque te va a querer ofrecer una novela. Escribe algo, pasable, lo intenta pero no está nivelada para publicar.*

María Paula Salerno, que llega a su casa para realizar un trabajo comparativo entre Venturini y Ana Emilia Lahitte, cuenta que luego de haberle entregado un cajón repleto de documentos, manuscritos y libros de su biblioteca, comenzó a reclamarle ejemplares que le había dado, hasta que un día terminó echándola de su casa: *No serás vos también una de esas tantas que pretenden hacerse famosas a costa mía, ¿no?*

Hay que verla contestar y descontestar en el documental *Beatriz Portinari,* al que primero accedió con cierto entusiasmo y luego se negó con furia, para confirmar hasta qué punto está dispuesta a defender lo que considera su capital: la tracción a sangre de sus ficciones.

«Aurora Venturini aceptó ser protagonista de su película durante una semana de marzo de 2012 y, cuando fue el momento de completar la segunda semana, se dio de baja. Se enojó, no quiso seguir. [...] Aurora era una incógnita antes de intentar filmar su vida. Lo sigue siendo», escribe en su crítica de la película Mariana Enriquez. Uno de sus directores, Fernando Krapp, recuerda: «Desde que se enojó con nosotros, traté de convencerla de muchas maneras. La llamé por teléfono, le mandé postales, le toqué el timbre y no me atendió, traté de contactarla por su agente en España —cosa que la enojó más porque pensó que estábamos intentando un trato por fuera de ella—. Incluso había costado que accediera a esa primera semana de rodaje. Después de una reunión en su casa, donde objetó cosas del guion sobre la historia de su padre, recibimos un mail de su asistente María Laura Fernández Berro, diciéndonos que Aurora no quería hacer la película para nada, nunca más. Gracias a Ángela Pradelli, que le habló, nos dio cuatro jornadas de rodaje. Pero después del segundo y definitivo enojo, se acabó. La frase lapidaria es esta: "Señores, no jodan más"».

Expulsa ante las cámaras a los documentalistas a golpes de bastón, desde el primer día los llama vinchucas y marcianos, se enoja hasta la muerte pero, a su vez, no interfiere en el estreno. Se negó a ver la película, ni en televisión, pero en el archivo donde guarda sus logros —llega a plastificar algunos artículos periodísticos que publicó en el diario *La Razón*, guarda las cartas elogiosas de conocidos y no tanto así como aquellas donde le rechazan notas y artículos que propone—, conserva el recorte con la noticia del estreno.

Mientras Krapp afirma que no existía posibilidad de un reclamo legal, ya que había firmado las autorizaciones correspondientes, ella deja correr que les perdonó la vida y que, aunque tenía todo para hacerlo, finalmente decidió no llegar a juicio. ¿Qué fue lo que la enojó tanto? Ella dice que no pudo tolerar que entrevistaran a una examiga suya *que parece saber de la vida de Venturini más que ella misma*, mientras Krapp dice que no pudo haber sido por eso, ya que recién convocaron a Haydée Bambill cuando Aurora se retiró definitivamente de la filmación, como un recurso para poder completar el documental que había quedado trunco. Krapp opina que lo que la abrumó fueron los tiempos del rodaje. Su productor lo había estafado y de golpe se habían quedado sin dinero para continuar. Luego de este retraso, pudo haberla inquietado ver su casa llena de cables, focos de iluminación, tomas, secuencias que repetir...

Krapp recuerda una escena que precede al documental: «Yo conocía a Aurora desde antes de que ganara el premio. Éramos adolescentes con Damián Huergo y estábamos haciendo una revista literaria en La Plata. Nos reunimos con ella en su casa, nos estudió, nos contestó con evasivas y preguntas, le pedimos un artículo que hablara sobre su trabajo en Minoridad. Al tiempo nos envió unas hojas manuscritas, con el título "La venganza de los signos de puntuación", donde no decía absolutamente nada relacionado con lo que le habíamos pedido. Nos dio bronca, nos pareció un disparate escrito sin signos, no lo publicamos y no le dijimos nada.

Ahora, pasado tanto tiempo, leo el texto y me doy cuenta de que estaba muy bueno».

De todos modos, esa incomodidad y la invasión de luces y cámaras y técnicos no terminan de explicar la vehemencia con la que negó la película. Mi hipótesis es que tuvo la horrible oportunidad de ver en cámara lenta cómo toda su construcción, su rostro, su casa, sus ocurrencias, sus secretos se iban escurriendo hacia una pantalla bajo la firma de unas vinchucas, esos bichos que transmiten el mal de Chagas y se alimentan de sangre. O de unos marcianos, que llegan a la Tierra con intención de invadirla. Las preguntas sobre «la verdad» de cada hito la incomodaban. Enriquez resume en una frase esa tendencia escapista de Aurora: «Dijo primero que sí a su manera reticente, podría haberles dicho que no también; es difícil sacarle una respuesta directa». A cada aprendiz de biógrafo o biógrafa nos va entregando, y negando, una certeza.

«Pero, a su vez, habría que destacar su desprendimiento», señala Salerno, «ya que ante el pedido de material para el archivo, he recibido negativas, condiciones incumplibles de parte de otros autores y autoras, o herederos. Con ella, todo lo contrario. El primer día me interrogó largamente. Luego me pidió que le leyera en voz alta algún texto de ella. Eligió el cuento "Nicilina". Cuando terminó le dije que me parecía que allí estaba el germen de *Las primas.* Sonrió satisfecha. *Bueno, ahora contame, ¿qué es lo que me querías preguntar?* Me sentí intimidada, no quería preguntarle nada, quería sus papeles, sus materiales... Me respondió: *Abrí ese cajón.* Aparecieron cartas, originales, algunos recortes ante los que se detenía con evidente nostalgia. Mientras inspeccionaba las pilas de materiales que habíamos extraído del modular, preguntó: *Y esto ¿cómo te lo vas a llevar?, ¿te pido un taxi?...* De golpe agregaba: *Y esto ¿no te lo querés llevar también?*»

Yo, en cambio, tenía muchas preguntas, pero por pereza o temor a despertar su desconfianza envié una sola. «¿Cómo era la casa de la infancia en City Bell?» Respondió con una aplicación de mejor alumna, pero como si acabara de encontrar una nueva ocasión para dirigirse a sus «pacientes lectores».

«La casa en que nací en la primera cuarta parte del siglo XX, cuando se terminaba la primavera, constaba de ocho piezas muy amplias y altas, sótano y mansarda. En ese lugar poco poblado había otra casa de igual porte habitada por la familia Laurel, el señor era abogado y la esposa, maestra. En los alrededores habitaba gente muy pobre en casillas y ranchos, a este barrio le llamaban "del Seminario" porque el edificio de ese convento mayor estaba a cuatro cuadras de nuestra casa. Las habitaciones corridas tenían pocos muebles, en una de ellas la salamandra recibía troncos de durmientes del ferrocarril cortados, de los cuales recuerdo grandes clavos de hierro; en invierno, si bien no calentaba toda la casa, la templaba. En la habitación siguiente estaba mi dormitorio, era una camita de bronce que yo debía tener impecable porque mi nurse francesa *mademoiselle* Pichon decía en francés: "No hay nada más triste que el bronce opaco". En el medio de la mesita había un pequeño despertador en forma de la catedral de San Marco de metal dorado que sonaba música de Pergolesi.»

La casa la levantó el abuelo con sus propias manos, pero a veces es un casco de estancia venido a menos. Un día descubre que estuvieron viviendo en lo que había sido el primer lenocinio de la zona. En su recuerdo, parece un palacio. En los alrededores, los agricultores portugueses levantan invernáculos contenedores de plantas extraordinarias. Algo se mantiene intacto: sus mayores son italianos del sur, hablan en dialecto, preparan recetas del *paese,* tienen una quinta en el fondo, leen a Dante.

«En las otras habitaciones, no voy a describir una por una, había muebles, un comedor diario, un gran aparador, un comedor de visitas del que conservo cuatro sillas de madera dura con adorno Chippendale, que entonces eran doce. Entre las otras habitaciones y la mía estaba la de las estatuas, eran ocho apoyadas contra la pared estilo grecorromano, reproducciones muy buenas cuyos originales con mucha emoción reconocí en el Museo Vaticano, en Roma y en Nápoles; también en las termas de Caracalla donde dos estatuas de tiranicidas acercadas al borde de la gran pileta me prestaban su dedo gordo del pie para asirme y salir del agua. No todas las estatuas eran grecorromanas, había dos *art déco* de bronce, una de ellas está en mi departamento. La estatua que está ahora en mi departamento es la diosa de la paloma, porque sostiene en una de sus manos un ave y la observa amorosamente, dado que el *art déco* no es patético como el griego y el romano, sino que se aproxima al humanismo. Recuerdo la farola de esa habitación de las estatuas en forma de globo para poner dentro una vela porque todavía no había electricidad, comodidad que apareció después de los años treinta. En esa misma habitación había una mesita blanca, cuatro sillas arrimadas blancas y dos separadas a los costados, había una alfombra mullida. La mesa taraceada con flores, generalmente la cubría un mantel y en el medio había una escultura de cerámica que significaba una pareja de campesinos abrazados.»

Es cierto, en su departamento, que no se parecía en nada a esta casa de película, estaba la estatua que nombra. Y también estaban las cuatro sillas inglesas. No nos ha mentido. Corre por cuenta de quien lee haber imaginado un corredor palaciego con estatuas tamaño ser humano y un antiguo esplendor. La pequeña escultura de bronce no superaba los treinta centímetros. Las sillas eran idénticas a las que se usaban en todas las casas de clase media italiana de comienzos de siglo. Terminó su respuesta con la descripción de dos lugares mágicos: el sótano y la mansarda.

«El sótano lo descubrí a los 8 años cuando tiré de una argolla y se abrió una tapa que la recosté sobre el piso, empecé a descender una escalera de madera, cuatro escalones a cinco, y me paré en un piso de baldosas rojas, porque el sótano estaba embaldosado, sus paredes pintadas de blanco, en una de ellas había una abertura, había un panel y detrás del panel un baño instalado cuya canilla no me animé a accionar y nunca sabría si saldría agua o no. Tantas comodidades en un sótano me despabilaron y solía preguntar (desde ya tenía vocación periodística) en qué año se había edificado la casa, y me dijeron que, en tiempo de la fundación de Dardo Rocha, o sea a fines del siglo XIX, había servido de lenocinio, uno de los primeros platenses, y que si quería que fuera declarado monumento histórico lo solicitara por nota. Dije que no me interesaba.

»Vuelvo a describir ahora la mansarda. En esos sitios altos a los que se asciende por una escalera de madera en este caso, se guardaba (y se guardan) objetos en desuso, por ejemplo, los cuadros de naturaleza muerta de la cocina que funcionaba a un lado y que eran de cebollas, racimos de uva, gallinas y pollos sacrificados colgados de las patas, y uno muy cruel de un cerdito que huía con una cuchilla clavada en el lomo. En la mansarda, después de que vino la luz eléctrica se guardaron las lámparas. Una de esas lámparas de *bucchero* de plata (la describo en *Nosotros, los Caserta)* tenía relieve hasta el pie. Otra lámpara de *bucchero* de cristal con flores, fuste transparente y pie de bronce, su campana de cristal. Había otras lámparas y palmatorias, de metal algunas, de vidrio otras, que sostenían una vela. Había candeleros y algún candelabro. Todo eso paró en la mansarda cuando pusieron los hilos eléctricos, las lamparitas, y se hizo la luz. Confieso que a mí me gustaba la luz de lámpara. En ese mismo sitio la alfombra en la cual se apoyaban la mesa, la silla, etcétera, era de piel de tigre y en una de las puntas había la cabeza de un tigre que abría la boca y la cerraba. Este tipo de alfombra aparecía en muchos ambientes de la ciudad, no así en las quintas. Por eso estaba exiliada en la mansarda, como también el cuadro del incendio de Troya que no le gustaba a mi mamá.»

Juan Venturini, el padre de Aurora, compartió con ella su pasión por los caballos.

¿No está faltando aquí la habitación matrimonial?, le pregunté, sabiendo que provocaba un malestar. Respondió de inmediato aunque ahorrando detalles y sin ahorrar cierta malicia: «El dormitorio de los progenitores era de roble, la cama amplia, el toilette con un gran espejo ovalado y muchos cajoncitos a cada lado del espejo y un caracol donde mi mamá descansaba su dentadura postiza».

Envié tres o cuatro preguntas más que respondió con misma puntualidad y misma prosa. No eran respuestas a una periodista que interroga. Eran piezas literarias. En una de ellas, por ejemplo, se refiere a mí en tercera persona: «Respondo ante la pregunta de la periodista Liliana Viola». Entendí que no hablaba conmigo, se comunicaba a través de mí, con la posteridad. Dejé de preguntar.

7
Indignación

Una tarde de mayo o junio de 2008, después de pensar mucho cómo decírselo, Ángela y Ofelia llamaron a su hermana mayor. Reunión las tres solas, sin maridos ni secretaria, para tratar un tema delicado.

La última vez que habían organizado un cónclave semejante había sido «prácticamente nunca, por eso esa foto donde estamos las tres es histórica». Aurora evitaba las reuniones familiares. No aparecía para las fiestas,[1] tampoco recibía a nadie para su cumpleaños. Despreciaba las comilonas. *No como casi nada, no sé qué le ven de rico, no cocino, no tengo freezer.*[2] Pero no por eso habrá que imaginarla durmiéndose en la víspera. Cada vez que pudo organizó viajes a Europa coincidiendo con las vacaciones en las escuelas secundarias donde daba clases, o con trifulcas matrimoniales. *Porque algo tremendo es tener que dormir con otra persona. Exponiéndome a la crítica negativa, diré que los maduros matrimonios ayuntados toda la noche me dan asco; inconscientes, transpiramos, pateamos, gritamos. Creo que nos morimos al entrar en sueño profundo. Son ideas mías, tal vez sean ideas turbias y disociales... Cada quilombo que había yo me rajaba. Siempre tuve el pasaporte en regla. Para rajar. Yo no aguanto.*

Alguna Noche Buena,[3] es cierto, pudo haberse quedado conversando con Barbarita, entre todos sus perros a los que consideró familia, su favorita junto con el viejo Odín. El retrato colgado en el comedor confirma el cariño. Es una toma movida que apenas captura el cuerpo del animal en su salto y que comparte pared con los certificados de premios recibidos aquí y allá.

«Jamás fue al funeral de nadie.» No estuvo durante los meses de agonía de la mamá, que murió de cáncer en 1967; menos cuando murió el padre, en 1973. Si se quedó hasta el último suspiro del juez Eduardo Varela, su primer marido, fue porque la casa era suficientemente amplia. Desde que habían tenido que amputarle una pierna culpa de una diabetes mal diagnosticada, la esposa se había instalado con sus perros en la otra ala de la quinta en City Bell, donde él había decidido recluirse. El marido quedó a cargo de sus enfermeros hasta que murió *(circa)* 1987. El 28 de mayo de 2006, de la muerte de su segundo esposo, Fermín Chávez, se enteró por televisión. Estaba internado desde hacía una semana por una descompensación cardíaca en el Hospital Julio Méndez. *Yo, para entonces, ya había cerrado la persiana.* La esposa apareció dos años después para la ceremonia de inhumación en el pueblito natal del marido.

«Jamás la vi llorar», subraya como conclusión de esta cadena de desapegos que enumera Ofelia Venturini de Castro, la única de las tres hijas del matrimonio Melo-Venturini que queda en este mundo para contar su versión. Sin embargo, la intermitente y confusa comunicación entre las hermanas impide delegar en ella la contabilidad del llanto. Y otras contabilidades.

Salerno recuerda: «Cuando yo trabajaba en su casa copiando los textos que Aurora me dictaba, siempre me decía que si llegaba a entrar su hermana teníamos que cambiar de tema, que hiciéramos un plan. La hermana en ese entonces tenía la llave del departamento y además era la encargada de pagarme los honorarios. ¿Por qué no quería que Ofelia escuchara lo que ella estaba dictándome? Yo creo que como siempre estaba tomando a alguien de punto en esas ficciones, por eso no quería que nadie se enterara. Yo le dije: "Bueno, pongo este libro acá, un libro cualquiera, y cuando entre Ofelia me pongo a leerlo". Y así quedamos y eso hicimos siempre».

María Laura Fernández Berro asegura que con Ofelia se ha llevado históricamente pésimo. «Creo que lo quiere más al marido de ella, el doctor Rolando Castro que aparece en *Los rieles* como el médico que le salva la vida y que efectivamente estuvo muy atento cuando ella estuvo internada. Él le dice: "Te vas a morir". Ella le contesta: *Ah, sí, pero primero te vas a morir vos.* Y ahí, en esa puja, ella se levanta y camina. Aurora sabe qué decir para hacerte doler. Sabe dónde sos vulnerable y, si hace falta, ahí te pega. Me ha contado, por ejemplo: *Yo le digo a mi hermana cosas terribles y se asusta. La vez pasada se fue a Uruguay con el marido, y vino una tormenta horrible. La llamé y le dije: "Me alegré mucho por la tormenta. ¿Te agarró por el camino?". A mí me encanta asustar a la gente. Cómo me gusta asustar a la gente. Pero nadie jugó conmigo, nunca.* Ella siempre dice que es la mujer más mala de la tierra porque la maltrataron, y que si no, no sobrevivía.»

Otros testimonios, más adelante, pondrán en duda ese identikit de mujer de piedra que la misma Aurora se ocupó de divulgar. Le gusta repetir que no ama y que no siente y que no llora. *En París, y estando yo exiliada de mi país en el año 56, Violette Leduc un 25 de mayo me preguntó: «¿Cómo hace para no llorar?». Respondí: «Pienso en otra cosa».*

Aquella tarde Ángela y Ofelia acordaron ponerse firmes. Las había ofendido públicamente. Se había hecho famosa con *Las primas* y aprovechaba para hablar mal de ellas: «Hermana, no podés estar inventando esos disparates en la prensa. ¿De dónde sacaste que somos retardadas y deformes o que estamos muertas? Estás dejándonos en ridículo. ¿Con qué derecho decís lo que decís de papá?».

No esperaban lograr mucho, pero lo iban a intentar. Aurora era difícil de convencer, no retiraba el aguijón si veía temblar a su contrincante —y cualquier interlocutor al paso corría el riesgo de convertirse en uno—. Disfrutaba incomodando, le gustaba tensar los límites de la paciencia y del pudor. No se reía mucho, es cierto, pero se reía de los demás. *¿Saben por acá cerca dónde violan viejas?* Así irrumpía en una reunión de té canasta invitada por su antigua compañera de banco, Perla Chaumeil. *Aguántense, soy lacaniana,* decía como adjuntando bibliografía a sus travesuras.

Aurora suele definirse con citas de memoria, a veces es Rimbaud, a veces es Alejandra Pizarnik. Aquí recurre a Lacan: «La tristeza, nos dice Dante, es el mayor pecado. Todos saben que soy alegre, y hasta travieso: me divierto. Muchas veces en mis textos hago bromas que no son del gusto de los universitarios. No soy triste. O más exactamente, no tengo más que una sola tristeza en lo que ha sido el curso de mi vida: que haya cada vez menos personas a quienes puedo decir las razones de mi alegría, cuando las tengo».

Ofelia recuerda: «Fijate que nos enteramos de que ganaba un premio importante por su novela, compramos el diario y nos encontramos con ese desastre. No solo de nosotras, de papá decía cosas tremendas: *Mi padre tenía seis caballos. Era un gran jugador. Acá en La Plata es raro que los hombres no sean jugadores. Tenemos el hipódromo, que es muy importante. Y papá se vino abajo jugando. Perdió todo y se fue.* De nuestra madre: *Mamá se quedó con nosotras, que no éramos gran cosa. Ella, pobrecita, era maestra. Se vino abajo la casa, todo se vino abajo. Tuvo muchos hijos y muchos murieron. En aquella época ella creyó que salvaba lo mejor. Nosotros fuimos dos. Después mamá siguió pa-*

riendo y se le murieron. Hasta que nacieron las chicas, yo les llevo tres años, en el medio hay muchos chicos muertos. Nos indignó. «Pero ¿cuántas hermanas son ustedes?», le preguntan. Y ella contesta: *Muchas. No sé si todas viven. Y las que viven no sé dónde andan.* ¡Pero además le dijo al periodista que no lo publicara porque nos podíamos enojar! Nos respondió con esa sonrisita sarcástica tan típica de ella: *¿Que yo dije qué? ¡Por favor! No se lo tomen a pecho. Yo soy escritora. Hago literatura, no tengo la culpa si los periodistas confunden todo. No puedo dominar lo que interpreta la gente.* Le pedimos que se retractara. Dijo que no había nada que rectificar. Esa respuesta fue la última gota para alejarnos. Sinceramente, nos había cansado».

Las tres hermanas: Ángela, Ofelia y Aurora en una histórica foto que las reúne en armonía.

Las dos hermanas eran, para cuando la mayor comenzó a ventilar su versión, dos maestras jubiladas, casadas, y por otra parte, ni muertas ni enanas ni afásicas ni disléxicas, y ninguna acusaba tener seis dedos ni haberse dedicado a la prostitución. Pero luego de aquel encuentro entre las tres, la familia se derrumbó todavía más en las entrevistas —donde también hacía literatura—: «Las mujeres de mi familia fueron viejas de miedo y prejuicio. Mis parientes maternos, sanjuaninos, solo plantaron el árbol genealógico que no sirvió para un carajo. [...] Yuna es una prima, que es hija de primos y salió medio medio. Se casó tres veces. A veces viene. Se sienta acá y empieza: Aurorita, qué inteligente que sos. ¿Cómo hacés para mandar palabras por ese piolín?, dice mirando la computadora. ¿Y no se cae ninguna letra? Qué extraordinario. Cuando se casó por tercera vez vino y me dijo: Te tengo que contar algo pero te vas a enojar. Le dije: No, cómo me voy a enojar, contame. Me caso otra vez. Ay, pero qué suerte, ¿cómo lo conseguiste? No lo conseguí, él se me declaró. Ella iba a la feria con la canastita, a comprar. Y el señor tenía un puesto de queso. Se enamoró, me dice. ¿Y vos también?, le digo. No, pero para no estar sola, viste. ¿Querés que te lo presente? Bueno, traelo. Y lo tenía ahí afuera, preparado. Entró. Ahora —dijo el señor—, no voy a vender más queso, voy a poner a alguien a que venda, porque ya tengo esposa. Alguien le dijo que ella era Yuna y me llamó enojada. Me dijeron que en *Las primas* salgo yo. Pero no, le dije. Ah, bueno, me dijo».

8
El hermanito

Se rehúsa a hablar sobre el padre, se molesta cuando le preguntan por sus hermanas, pero, sin que nadie se lo pida, cuenta la historia del niño deforme que muere antes de crecer.

En una entrevista para *La Voz del Interior,* de 2011, cuenta: «Yo tenía una hermanita muy mimada y un hermano deforme. Mi madre decía que él era deforme porque yo había tenido rubeola y la había contagiado cuando ella estaba de unos meses de embarazo. Yo creía eso y vivía mal, culpable, tratando de lastimar porque a mí me lastimaban. Mi hermanito fue mi castigo y mi compañía. Tuve que encargarme de él siendo muy chica, su deformidad era mi culpa».

La vulgata médica sobre los efectos de la rubeola en el embarazo, tanto como la técnica casera de averiguar el sexo del bebé observando la forma del vientre, eran temas obligados en cuanto aparecía una embarazada en casa. «Las que contraen rubeola corren el riesgo de un aborto espontáneo o de que le nazca un chico muerto. Pero si el embarazo llega a término, el niño seguramente nacerá con defectos graves, con consecuencias devastadoras para toda la vida.»

Los cálculos indicaban que la mamá de Aurora iba a tener un varón. Y el diagnóstico, que iba a nacer enfermo. En el momento del parto se confirman los temores. Ese chico, fruto de las relaciones sexuales de sus padres pero también de su rubeola, se convierte en un pecado original personal.

La historia aparece por primera vez en *Nosotros, los Caserta,* narrada por la protagonista, en los mismos términos en que la autora contaba la escena. Y a partir de entonces, no deja de aparecer:

> Vinieron mi madre y Camelia y notaron mi rojez.
>
> —¿Qué tiene esta chica que está tan colorada?
>
> —Lo que faltaba, estoy de tres meses y si es rubeola, pobre de mí y de mi hijito...
>
> —¿Será sarampión?
>
> —Ya lo tuvo.
>
> —¿Varicela?
>
> —¡Rubeola!
>
> —Tal vez no te contagies.
>
> —Tendría que perder al niño.
>
> [...] Juan Sebastián, cinco años menor que Chela, parecía un muñequito de pesebre. Enano imbeciloide, ronroneaba «Mmm... Mmm... Mmm...»; repulsivo, baboseaba porque estaba hambriento. Chela, que acababa de conocerlo, sin duda recordó su rubeola. Juan Sebastián subió al desván, resolvió vivir ahí, me eligió y lo acepté, nos adoptamos por ser ambos anormales.
>
> —Te enseñaré a pensar, te enseñaré a hablar.
>
> —Mmm... Mmm... Mmm...

En la novela *Alma y Sebastián. Narraciones insurgentes* (2001),[1] Juan Sebastián ya ha muerto y es un fantasma que provoca la única novela de Venturini en segunda persona. Alma —un nombre que se repite en varios textos y que parece ser su *alter ego* en la ficción— monologa con su hermano tratando de explicarse episodios de su vida que coinciden con los de la vida de la autora.

> Seba está delgadito porque ha perdido las partes blandas por acción del tiempo. Pregunta Alma: ¿Podrás aliviar mi remordimiento? ¿Yo causé tu minusvalía? Responde Sebastián: Sí, hermana. Pero no fue tu propósito. [...] Nos gusta lo inalcanzable porque nunca pudimos alcanzar nada y nadie pudo alcanzarnos.

Ofelia Venturini tiene algo importante para decir sobre todo lo anterior: «Ese hermano solo existió en su imaginación».

Mientras tanto, Pino Solanas, autor del prólogo, asume que la novela está basada en un episodio de la vida real: «Con *Alma y Sebastián,* la notable escritora platense Aurora Venturini completa su cuarteto[2] de novelas iniciado con *Las Marías de Los Toldos.* En su nuevo relato vuelve a seducirnos con el lenguaje de su prosa poética para contarnos algo íntimo y conmovedor: la relación con su hermano Sebastián que naciera discapacitado a raíz de la rubeola que Aurora contagiara a su madre cuando estaba embarazada. *Somos dos locos de magra inteligencia, sin criterio y nos entendemos.* El texto recorre el crucial momento en que la madre, mujer de carácter, descendiente de Sarmiento, le ordena a Aurora: Tome, sostenga esto, es su obra. Y le pone a Sebastián en sus brazos aún adolescentes. *Desde entonces, ahí te llevo, niño de la rubeola. Alma y Sebastián* es una historia de amor diferente e intensa que trae recuerdos, cuentos vividos y perdidos entre las diagonales, los parques y los tilos, la otra gran pasión de Venturini: *La Plata, mi amada ciudad en la que espero desparramarme un día desde un helicóptero*».

Ofelia insiste. No admite ninguna posibilidad de que ese

hermano haya nacido: «Nosotras somos tres mujeres. Aurora, la mayor. A los tres años nace Petty y diez años más tarde nací yo. Ningún varón». Mientras tanto, Haydée Bambill no duda: «Su hermanito, que no tengo por qué decir que era normal, pobrecito, era como si fuera un bicho, gritaba, gesticulaba y vivió gracias a Aurora como hasta los diez años». Haydée brinda este testimonio en el documental *Beatriz Portinari* y lo repite luego para quien quiera oírla. Sin embargo, más que aportar verosímil, su intervención duplica la duda. Bambill, para tormento de Aurora, se apersona en las presentaciones de libros munida de un bastón que al tirar del mango revela un estilete, según ella, mandado a hacer para defenderse en la calle de presuntos bandidos. Les muestra a los documentalistas el revólver 38 con el que sale a la calle por si acaso... Se hace notar, se sienta en primera fila y, atenta a la presencia de periodistas, ofrece su tarjeta personal. Aurora se ocupó de descalificarla convirtiéndola en personaje de uno de sus cuentos reunidos en el libro *El marido de mi madrastra.* Bambill, según declara la autora, es «Carbúncula». Pero además, es diez años menor que Aurora, dato que deja su testimonio fuera de la escena, ya que para haber conocido a Sebastián, las chicas debieron forjar una amistad cuando una de las dos todavía no había nacido.

En la novela inédita *Un canario llamado Kirill,* retoma la historia que había narrado en *Alma y Sebastián,* cambia el punto de vista aunque transcribe párrafos completos y además usa el prólogo de Pino Solanas borrando partes para que parezca escrito para este nuevo libro.

> Yo cumplí quince años y Sebastián, cinco. Entre los dos existe una hermana menor que yo y mayor que Sebastián, es decir, la del medio, que lo único que hizo hasta ahora es ser fea. Yo estudio en la escuela secundaria y curso tercer año. La fea del

medio apenas si aprobó hasta quinto grado en la primaria, y abandonó los estudios por incapacidad intelectual. Sebastián es infradotado, de modo que no asiste a ningún instituto; solo salta al compás de la silbatina dorada de Kirill Modestovich.

Aquí, alguien aconseja encerrar en una jaula al hermanito y sacrificarlo lo antes posible.[3] La señora Pasternak no es una psicóloga de la misma escuela a la que pertenecen todas las que circulan por sus obras, es una misteriosa anciana rusa con el apellido de uno de sus escritores favoritos que representa la versión más cruda del positivismo lombrosiano y del fantasma de la eugenesia que persigue a la autora desde la bibliografía que leyó en la facultad, las habladurías y desde su imaginación gótica.

En esta novela postula otra hipótesis para explicar la enfermedad del niño. Ya no fue ella la culpable sino el padre, su promiscuidad y su sífilis:

> Mientras yo reflexionaba acerca del nido familiar de mi procedencia, sumando a mis hermanos Diega Josefa Jesusa y Sebastián, a mamá y a mi papá, concluí en que acaso el caso «Sebastián» no fuera causado por mi rubeola contagiada a mi mamá, cuando ella estaba embarazada de tres meses. Retrotraje la figura intacta del fallecido papá, don Sebastián Sémplici, ya desenterrado dos veces y vuelto a tapar y a enterrar por no rendirse a la podredumbre. Deduje: no se pudren los humanos por dos razones. Una de las razones, por ser santos. Otra, por ser sifilíticos. Mi papá era un buen ujier; no santo.

En el registro civil de la ciudad de La Plata, el matrimonio Venturini-Melo ha inscripto a tres hijas. Ningún varón. ¿Es esta una prueba suficiente de que el niño no nació? En esa época era muy común hacer esos trámites con retraso y evitarlos en el caso de criaturas que las familias quisieran ocultar. En esa época, los cuerpos se silenciaban. La diferencia de edad entre las hermanas inhabilita a Ofelia como testigo de lo que haya sucedido en su casa durante los primeros quince años de vida de Aurora. Juan Sebastián, imaginario o no, lleva el nombre del padre y del abuelo de Aurora, tal como se estilaba en la casa.

Ofelia, a esta altura de la investigación, solicita aclarar algo: «No digo que mi hermana mintiera. Vivía en una realidad que construía ella misma muy cuidadosamente para salir de la realidad del resto, que es más dolorosa. Tampoco digo que es locura. Sabía muy bien lo que estaba diciendo. Yo tengo mi hipótesis sobre cómo y cuándo aparece la historia del hermanito. Y te la voy a contar. Pero ahora no, teneme paciencia, es algo muy duro, estoy buscando las palabras».

Me pregunto en este instante si las hermanas Venturini no pertenecerán las tres a una casta mágica donde impera el drama, aquelarre platense donde la intriga es un don.

Sigue Ofelia: «Lo que yo te puedo decir de nuestra familia es esto: mi mamá era maestra. Mi padre, músico de la banda de policía, tocaba muy bien el saxofón. Pintaba muy lindo también. Era un artista, pero también era muy estricto, como lo eran los padres en esos años, eso es así, y muchas veces chocaba con Aurora. Ella lo enfrentaba más de lo que se permitía en aquella época. Recuerdo discusiones muy fuertes en casa. Aurora ha viajado mucho a Europa, siempre se mantuvo sola, con su trabajo. Papá nunca se fue de casa. Nunca estuvo preso. Papá se fue, sí, cuando se murió. Fue un abuelo muy atento con sus nietos, los hijos míos, que soy la única de las tres, obviamente, que tuvo hijos».

Cuando le pregunto por la institutriz francesa que aparece en tantos relatos orales y en ficciones legándole un idioma a nuestra protagonista, Ofelia responde: «¿Una institutriz en casa? ¿Francesa? Y bueno, qué decirte. Si te gusta mucho, ponelo».

9
Adiós a los hombres

Antes de terminada su niñez, a los doce o trece años, sintió atracción por un chico que pasaba en bicicleta por la vereda. Tendría tres o cuatro años más que ella, no era del barrio, seguramente haría unas changas cerca de su casa. «Una vez le mandé un papelito de amor por mi hermanita menor. El flaco paró su bicicleta y no sé por qué pensé qué lindo sería ponerme de novia con un trajecito blanco y el flaco con un traje blanco. Pero era un juego.» (AMLFB)

Por esos mismos días, casualmente, la niña no se pierde ni un capítulo de *Yankar*, el radioteatro de aventuras que por primera vez incluye en su trama a una pareja romántica. El actor Ángel Walk (hermano del escritor Álvaro Yunque) y la actriz Olga Casares Pearson, casados en la vida real, viven una apasionada historia de amor. «Yo me sentía Olga, el flaco de la bicicleta era Ángel, un joven barrial», recuerda Aurora en «El empujón de un ánima celosa».

La madre se entera del asunto de «la cartita», la pone en penitencia con un grito que vuelve obsceno lo que hasta ese día había sido un juego. *Mi mamá me dijo: «Qué pronto se le calentó la cola»*. La niña sucia se encierra en su habitación. El despertar de la sexualidad femenina —secreto y ardor—, década de 1930, venía precedido y custodiado por una escena humillante. Aquí nace «el flaco de la bicicleta» que reaparece en muchos relatos hasta llegar a *Las primas:*

> Hay un muchacho que me mira y anda en bicicleta no muy bien vestido se nota que es pobre y que trabajará de albañil o de pocero digo esto por las manchas de su ropa y la tosquedad de sus manos... pero es tan buen mozo y cuando me mira los ojos le brillan y son de color miel y se parece a Gary Cooper en la película *A la hora señalada* y yo lo espero pasar rodando con la bicicleta y si voy a Bellas Artes trata de acercarse y me dice chiquita pero preciosa y esa noche pinto más de la cuenta sin cansarme porque tal vez estaré enamorada pero nunca lo diré y menos a Petra que me contó asquerosidades y va a reírse de mí o creerá que yo practico el acto sexual... nunca, jamás nadie sabrá lo del muchacho flaco de la bicicleta porque lo que puede ocurrir entre un hombre y una mujer es asqueroso y yo nunca podría soportarlo.

En *Los rieles* la casta historia del chico de la bicicleta viene precedida por otra escena más casta todavía donde el objeto de deseo ni siquiera tiene cuerpo:

> A los quince años inventé a mi novio James. Las chicas de tercer año de la Escuela Normal oían mi relato enamorado. Les prometía presentárselo. No pudo ser porque no era. Mientras tanto, inventaba al novio la alegría del encuentro que mi imaginación creadora aproximaba hora por hora. Había llegado el momento, y en el colmo de ese tipo de fantasía que macera el ánima que ya no podrá ocultar por sí, en soledad, tanta aventura, necesité de alguien a quien decírselo. Mi mamá, esa tarde, estaba de buen humor porque recibiría una visita... Caí cual fruta madura, le conté a ella el imposible motivo que me

desazonaba y me escuchó silenciosa. Durante la tarde y hasta la noche, no me habló. En realidad no se volvió sobre el tema. Terminaron las clases y por tres meses no debía decir nada, a nadie. Parece ser que olvidé a James. Por el asfalto recién estrenado rodaba la bicicleta de un flaco parecido a Gary Cooper en *A la hora señalada.*

Tiene la cara de un actor de Hollywood, la voz de un actor de radio, pasa como una ráfaga y podemos encontrarlo en los relatos de iniciación de otras escritoras contemporáneas: Victoria y Silvina Ocampo, Estela Canto, Norah Lange, todas tienen ese «encuentro» iniciático. Es el primer recuerdo de una educación sentimental donde mujer que se controla salva su honor. Excepto en libelos anarquistas, que traspasaban las puertas de muy pocos hogares, y en células feministas aisladas, la preparación de la futura esposa y madre durante buena parte del siglo XX estuvo centrada en el pudor. La madre la conmina a sosegarse hasta que salga de esa casa recibida de maestra. Fin de la historia del chico de la bicicleta. La madre no sabe hasta qué punto sus órdenes serán cumplidas. A la hija, un par de años después de esta primera prueba vergonzante, todo esto del honor sexual le importa un pito.[1]

Mientras tanto... El 14 de agosto de 1932, el Club Estudiantes de La Plata recibe en su estadio de la calle 1 y 57 a River Plate, que llega con la flamante incorporación del delantero Bernabé Ferreyra, primer fichaje desorbitado de la historia del fútbol argentino (¡35.000 pesos!), que le vale al club el título de «Millonario». Estudiantes resiste con una delantera también histórica conocida como «Los Profesores». Antes de los primeros diez minutos, River anota un gol y, un rato después, el segundo.

Ni la fecha ni el resultado tendrían lugar en las memorias de La Plata de no ser por el tercer gol del partido, que llega a poco de cumplido el primer tiempo y que al día siguiente ocupa doble página en *La Nación:* «Como la intención del árbitro era no dar por válido el tanto de Estudiantes, se produjo un serio incidente». Los jugadores enfrentaron al referí, que salió corriendo y se encerró en el vestuario con el juez de línea. Pasaban los minutos y el árbitro no aparecía. Los rumores difundieron que el emblemático socio número 44, histórico presidente de Estudiantes entre 1927 y 1932, fue de «gran ayuda», pistola en mano, para que se validara ese gol. Cierra indignado su crónica el periodista de *La Nación:* «Cabe afirmar que la resolución de rectificar una decisión luego de alojarse quince minutos en el vestuario es absolutamente criticable».

La referencia a este incidente tampoco tendría lugar en la biografía de Aurora Venturini si no fuera porque una década más tarde ella se declara enamorada de por vida del presidente del club. Aurora: 14 años. Presidente de Estudiantes: 46.

Mi abuelo, que supo todo, me dijo: «No hay enfermedad peor que enamorarse. Trate de no dejarse atrapar por esa enfermedad». Yo le dije: «Creo que estoy atrapada desde hace muchos años». Y él me respondió: «Aún puede hacerlo porque tiene diecisiete años y es tierna como una pechuga de paloma». Trascendió hacia mí la enorme pena del viejo que solía leer a Dante en su idioma, andando por la galería de la casa que él mismo había construido.

La historia de Dante comienza en un bosque oscuro y sobrenatural; la herida de amor de Aurora nunca sale de ahí. El flechazo es un pase libre al infierno literario y tal vez al peronismo, adonde llega por convicción, por rebeldía y por despecho. Aunque, quizás, afirmar tal cosa sea darle demasiada importancia a este señor, casi tanta como ella le ha querido dar.

Durante años se negó a revelar el nombre del sujeto para no reavivar el escándalo que había causado la historia a principios de los años cuarenta en el pueblo chico que era su ciudad. A cambio, invitaba a buscarlo en sus novelas: *Siempre hablo de él.* Aparece en su primer libro de relatos, *Cuaderno de Angelina,* y en su última novela, *Los rieles.* Es el ambivalente profesor de *Las primas* que dirige la carrera de Yuna y se queda con su hermana y con su parte de la herencia. Es el espectro que aparece en *Nosotros, los Caserta* en uno de los comienzos más perturbadores de la literatura argentina:

> En la sala de espera de una clínica platense volví a ver la cabeza de Luis, cachado capitel, siniestramente puesto entre los hombros de su segunda esposa. Imaginaba el amoroso reencuentro en la penumbra lila azul, tonalidad en la que se mueven los fieles difuntos. Ahora sé que la está esperando solo a ella, tal vez para que le devuelva su cabeza. [...] Y envidio a esa mujer. Envidio su viudez. Qué no daría por ser la viuda de Luis, yo, nunca nada de nadie.

También está en *Me moriré en París, con aguacero* y es la inspiración de sus primeros libros de poemas que le cantan y lloran al amor fallido. El título *El ángel del espejo* (1959), su tercer poemario, hace referencia a un adorno que estaba en casi todas las casas, también en la suya: un ser alado sostiene un óvalo donde se reflejan dos *bibelots* de porcelana que danzan a ritmo de minué gracias a un mecanismo escondido. La imagen representaba augurio de felicidad para la pareja nupcial. Los poemas de ese libro insisten en lo contrario:

> Es verdad que te sueño / tras de los alambrados / como los prisioneros de los campos de guerra / viendo pasar tu libertad / por las carreteras del mundo. / Es verdad que te sueño / con la frente herida en el laurel / y mi rodilla en piedra. / No hubo hueco, así de hondo / como este hueco / que dejó tu nombre.

Cuando él murió, tomó coraje para escribirle a uno de sus hijos pidiéndole una foto. No había ninguna chance, en tiempos pre-Internet, de encontrarse con el recuerdo de un ser querido por fuera del álbum familiar. Le respondieron que sí y luego que mejor no. Incluye este último desencuentro en *Los rieles:*

> No obtuve una sola señal que fuera suya, objeto mínimo a la fotografía. Y me he preguntado si no habrá sido pura imaginación... No fue. Guardo un pequeño libro de sonetos nicaragüenses. Lo único valioso del minúsculo texto es su contacto y el perfume conservados tantos años. Compró el poemario en México, en viaje con el equipo de fútbol que fundó. «Para tus manos de poeta», me dijo. Supe que su hijo mayor falleció. Antes, hablé con él por teléfono y quedamos en que me invitaría a cenar. Le pediría una foto. Una semana ilusioné.

En 2013, cuando ya no quedaba ningún descendiente que pudiera molestarse, respondió a mi pregunta por el nombre: «Ahora escribiré por primera vez y última vez su nombre, y digo escribiré y corrijo, "diré", por ser interrogada por la periodista Liliana Viola del diario *Página/12* que premió *Las primas,* mi penúltima novela (porque ya van dos y tres más, soy prolífera). El nombre o los nombres y apellido del único hombre que fue ráfaga, pasión y olvido es Jorge Luis Hirschi. Ya falleció en nuestra ciudad de los tilos, de viejo, en muletas. Y no voy a decir nada más».

Nació en 1889 como Luis Jorge Cristian Hirschi y Bernard, pero pasó a la historia como doctor Jorge Luis Hirschi. Cuando se cruzaron por primera vez, él ya había completado su currículum de prócer local: gran jugador de rugby y de fútbol, mayor goleador de su club entre 1905 y 1914 y uno de los principales responsables de su ascenso en 1911. Se retiró del deporte en 1914, una vez recibido de médico cirujano, profesión compartida con la mayoría del plantel que inspiró el apodo «Pincharratas». En la facultad se practicaba con roedores. Hizo su residencia como médico rural en La Pampa, mismo camino que René Favaloro, otro prócer platense, aunque hincha de Gimnasia y Esgrima. A la muerte de ambos médicos, el nombre del pincharrata bautiza el estadio de fútbol de Estudiantes (1970) y el del tripero, el del Bosque de La Plata (2000).

Aurora es una de las primeras en sacar su carnet de socia y, una vez más, la pared de su comedor da prueba de sus sentimientos: el calendario de Estudiantes está colgado junto al póster de *El pibe* de Chaplin, el retrato de Jorge Luis Borges y el premio Guillermina de Italia. El fútbol se volvió, desde muy temprano, uno de sus pocos intereses extraliterarios. Seguía a clubes nacionales e internacionales y se consideraba una entendida.

En 2009, en un artículo para *Las12* alienta a prestarle atención al nuevo crack que viene siguiendo desde antes de que en 2007 Maradona lo nombre como «su sucesor»: «Soñé con duendes deportistas: un sueño de principio de otoño, lluvioso y sorpresivo, de sol pálido y de repente. Vi en tevé un partido de fútbol, del Barcelona. Goleaba sin descanso el duende de mirada genial, delicado y fugaz como la polilla de Virginia Woolf. Ese deporte es un juego de ajedrez campestre. Las piezas son los jugadores. Descubrí al duende Lionel Messi, criatura adorable».

Y en una entrevista con Mariana Enriquez para el mismo diario, cuatro años más tarde, insiste: «Qué divino es. Cómo hace goles, es un sabio. Y es un gnomo. Lo hicieron crecer con hormonas, lo estiraron. Igual quedó chiquito. Qué le habrán puesto. Porque la pelota se le pega a la punta del pie. Lo deformaron y salió mejor. No le pueden sacar la pelota porque tiene las proporciones distintas».

Cuando el doctor Hirschi volvió de La Pampa, casado y con hijos, dispuesto a intervenir en la vida política y deportiva de su ciudad, Aurora tenía tres años. En 1927, cuando ella ingresa a primer grado inferior en la Escuela N.° 42 de su ciudad, el doctor asume la presidencia de Estudiantes, que entonces contaba con apenas 300 socios y que gracias a su política de inscripción llegará a los 8.000 en tiempo récord. En su gestión, el estadio suma 123 metros de gradas con 17 escalones; una pileta reglamentaria; se agrandan los vestuarios; llegan el alambrado olímpico y el famoso bufé estilo Tudor, orgullo de los platenses. Se dice que Hirschi también consiguió un privilegiado acceso al club luego de forcejeos con funcionarios del área de transporte, a los que prácticamente obligó a modificar el recorrido de una línea de colectivos.

La chica no se enamora de un hombre, se enamora de una institución. O de todas en uno: el deporte, la salud, la política y la educación. El doctor Hirschi, además, es titular de la cátedra de Higiene en el Normal N.° 1 de La Plata, la escuela Mary O. Graham, la más prestigiosa entre todas las dedicadas a la formación de maestras, fundada por la más celebre entre las señoritas estadounidenses que trajo Sarmiento y adonde solo concurren las más finas y elegantes muchachas bien de la ciudad.

Miss Mary, que murió en 1903, no llegó a conocer el actual emplazamiento de la escuela que fundó. Un edificio monumental, auténtico palacio de la educación ubicado estratégicamente frente a la Catedral y a la plaza Moreno. Se inauguró en 1930 y las clases comenzaron a dictarse en abril de 1931. Aurora ingresó a primer año en 1933. Tuvo que subir las escalinatas de piedra para llegar al hall principal donde la recibe, padre del aula, la cabeza en bronce de Domingo Faustino Sarmiento. Los largos corredores que conducen a los dos patios, las cuarenta aulas, los nueve laboratorios y sus gabinetes de ciencia provocan un leve mareo en la recién llegada y luego una sensación de superioridad que la egresada no pierde nunca. En el gimnasio techado puede leerse todavía un cartel con un mensaje que Aurora leyó mil veces, descartada sistemáticamente de las clases de deporte, sentadita en el banco de suplentes. *Soy una minusválida manual. No sé pelar una papa, no sé barrer, no sé abrir un frasco. Nunca hubiera podido dibujar, manejar un aparato para esculpir ni tocar el piano.* Corona el segundo piso la estatua de Mary O. Graham, esculpida en mármol con la leyenda: «Vivió educando».

«En la escuela primaria siempre me pasaron al curso siguiente porque me consideraban superdotada, de manera que en tres años hice hasta sexto. Los años que me faltaban para ingresar a una secundaria los empleé para estudiar francés, de manera que hablo el francés igual que el argentino. Yo quería ser alumna de la Escuela Miss Mary O. Graham y para eso había que ser gente adinerada, pero mamá llevaba todos los gastos de la casa y de depender de ella no podía cursar.[2] En ese año estaba en la presidencia del país el doctor Ramón Castillo, vicepresidente del doctor Ortiz, quien por enfermedad estuvo de licencia. Yo me animé a escribir una carta al doctor Castillo explicándole mi situación y mi deseo. A vuelta de correo recibí la recomendación. De ese modo me tomaron examen de ingreso y aprobé. Me mantuve con un tipo de beca, aunque carecía de lujos y auto como todas mis compañeras, pero igual siempre fui la mejor del curso. Allí lo conocí. Era el profesor de Higiene.»

Tres consignas rigen el aula: limpiar, purificar, pulir. En la clase de Higiene el profesor Hirschi alienta el ejercicio, el aseo, la buena alimentación, el cuidado en el vestido y da nociones de primeros auxilios. Es una materia clave en una currícula orientada a fijar los hábitos para fortalecer la salud de una población joven que debe crear defensas frente a la inmigración, el analfabetismo y la pobreza. La década de 1930 sostiene la identificación entre salud y educación que marcó el comienzo de la escuela pública, laica, gratuita y obligatoria en la Argentina en 1884, bajo la ley 1420. La medicina, la eugenesia, la puericultura, la pediatría, la psicología infantil y la criminología son las herramientas que vienen a fortalecer el cuerpo del alumno. Aurora recibe esta educación,[3] donde las enfermedades contagiosas, las deformaciones físicas, los desórdenes psíquicos son marcas de errores comunitarios —en sus novelas esto mismo aparece bajo la recurrente expresión «gens inmunda».

«Era casi fin del segundo año cuando no sé por qué motivo rodeábamos en el hall de la planta alta de la escuela, donde está el monumento de Mary O. Graham, a Jorge Luis, un grupo de estudiantes, y yo estaba delante. Había otras. No sé si sin querer rozó mi mano con la suya en un ademán intencionado o no. Pero nunca se lo pregunté.»

Tan místico como el llamado del ángel o de la vocación religiosa: el flechazo. El amor a primera vista lideró las fantasías sentimentales del siglo pasado. «Cuando se es galán y la mujer, mujer, hay una corriente de comprensión rápida, de atracción mutua y no son impedimento los obstáculos», escribe la contemporánea Libertad Demitrópulos en su novela *Río de las congojas*. «¡Qué! Si parece que hasta son un adobo para ciertos casos. Una cierta cantidad de peligro para el regusto.» Y si ese amor es un amor imposible, condenado por la sociedad, más valorado todavía. No lavarse la cara después de una caricia o una cachetada, conservar una rosa dentro de un libro o un pañuelo perfumado o una carta en un cofre con candado fueron coreografías que la literatura romántica y el radioteatro que escuchan todas, aunque después lo nieguen, promocionaban.

«De vuelta en el ómnibus a mi casa, puse mis labios donde había rozado mis manos y sin alegría, en estado de adultez, a pesar de mi extrema adolescencia, me confesé: recién sé qué significa estar enamorada. El lunes, al iniciarse la semana, lo veía todos los días, aunque no era alumna suya. Recién lo sería en tercer año.»

Es una buena estudiante, muy integrada a pesar de que no vive en el centro como las demás y de que no tiene ni dónde ni cómo adquirir ciertos detalles imprescindibles para sobrevivir en el emporio de las apariencias que es la Mary O. Graham. Le faltan el sombrerito de paja paquetísimo que lleva la británica Teresita Hughes, o el auto con chofer en el que llega Ana Emilia Lahitte. A cambio, construye un linaje que comienza y termina en ella: escribe sonetos.

Siempre fui escritora e hice periodismo a los catorce años ya, en el diario El Día *de La Plata. Había un odontólogo que dirigía la parte cultural del diario y fue quien me publicó los primeros poemas en un espacio titulado «Prosa y verso», el primero de los cuales estuvo dedicado a mis tíos marineros. «Los marinos. Imagineros del mar.»*

Sus profesoras la animan a lucirse —la señora de Padilla, Sara Pinto Álvarez, Raquel Ferrando de Herrero du Cloux, y también las de francés: Madame Lacoste y Helena Romano

Yalour—. Es la favorita del doctor Alfredo Domingo Calcagno, profesor titular de Psicología, Antropología y Psicopedagogía, a quien volveremos a encontrar en el capítulo diez cuando Aurora se inscriba, por su influencia, en la Facultad de Humanidades.

Sus compañeras —Inés Méndez Caldeira, Mabel Lerate y Sonia Pesner— recortan del diario los poemas que ella

Aurora Venturini poco antes de cumplir veinte años.

publica en la sección «Prosa y verso» y los comentan en clase. En el Normal también ejerce Josefina Passadori, autora del *Manual del alumno* que educó a medio país y gran impulsora de las Ediciones del Bosque, base de la generación del 40, donde se dio a conocer la obra de jóvenes poetas platenses, entre ellos, a la joven Aurora Venturini.

«Por ser de las chicas más altas, me sentaba en la última fila, junto a Perla Chaumeil. Una mañana, durante la clase, el hombre de mis sueños sacó un pañuelo perfumadísimo de su bolsillo cuyo aroma se expandió en el aula, debajo del cual llevaba el recorte de un poema mío llamado "El jardinero". Jorge Luis dijo: "Teníamos un genio en el aula y no lo sabíamos". Entonces me sentí morir de amor. Apenas dieciséis años. Y él rayaría la cincuentena, porque su hijo Gorgé tenía un año menos que yo. Con el correr de las aguas debajo de los puentes, recuerdo que dijo: "Podrías ser mi hija. Tenés la edad de Gorgé".»

Ese poema que aparece en su primer libro, que más tarde incluye en *Antología personal* y también en *Racconto* (2004), comienza así:

> Yo te veo perdido en los jardines / de tu casa con sed de jardinero / componiendo las flores y regando / diminutas las flores del silencio. / Ruda la podadora en una mano / en la otra la fina red de nervios / sosteniendo el cigarro de tu abulia / bajo el campestre cielo.

¡La alumna es una atrevida! Reconoce entre líneas que espía al profesor mientras él trabaja en su quinta. La casa de su tío, que queda enfrente, es su mirador estratégico. Está decidida a conquistarlo, convencida de que es ella la que marca las reglas del juego. Juega con fuego. Y como advierte la abuela de Yuna en *Las primas:* «El hombre es fuego la mujer estopa viene el diablo y sopla».

«Yo estaba en cuarto año, tenía diecisiete cuando en una rambla, próxima a la fuente, diagonal 80, me habló. En tiempo que Jorge ocupó la intendencia, había hecho colocar la plazoletita y yo solía sentarme a mirar los lindos motivos en relieve de caballos y gauchos de la fuente. Me despertó de un ensueño diciéndome: "Estás pensando en mí, ¿no es cierto?". Además de tutearme, ocupó un sitio junto y pasó un brazo por mi cintura. Era demasiado, por cierto. Era la primera vez, y me dijo: "Nacimos en distinta cronología, pero siempre estuve enamorado de vos". Me asusté mucho. Pensé en mi mamá, en mi tío. En esa familia férrea y espantosa. En un corte de vínculos que en realidad en mi consciente salvaje y solitario nunca existieron. Cuando me recuperé algo, yo lo besé a él y él me dijo: "Vos sos mía. Naciste para mí". Yo le hice presente que era casado y él me dijo: "A lo mejor espicha...". Lo tomamos en broma y nos reímos.»

El contexto impide que protagonistas y testigos interpreten la escena como una manipulación sentimental de un adulto, profesor, a su alumna adolescente. En la década de 1940 este «hechizo de amor» representa un sueño femenino cumplido: un hombre exitoso, importante y mayor —porque el hombre debe ser mayor— se ha fijado en una. Y como en la novela que leen todas, *Jane Eyre,* el premio incluye ganarle a la esposa, que es más vieja y seguramente está fuera de sí, oculta y tramando un incendio en el altillo. Si las fantasías culminan con embarazo —hijo bastardo, parto en el convento o aborto clandestino—, el cuento no solo termina aquí, sino que no se cuenta.

En el relato «Laura Laínez», la narradora se reconoce como una niña trampeada por un profesor que se llama como el personaje real y con el que vive la misma historia:

> Me costó la vida, dado que nunca me repuse del terror a los vendavales que despabilaron a una niña a las puertas de su adolescencia precoz. [...] Niña me até a sus caprichos de encantamiento. No superé tales ataduras y aunque no lo confiese ni siquiera a mi más íntimo interior, todavía amo a Jorge Luis, todavía me acerco a la fuente de cerámica que está en la plazoleta de la iglesia San Ponciano y, cuando nadie mira, la beso. Durante su gestión como intendente de La Plata la mandó elaborar delicada y rural, con gauchos y caballos en relieve.

La protagonista de *Los rieles* vuelve a cargar sobre la escena y la edad del profesor:

> Era apenas una adolescente, catorce o quince años, cuando rozó mis manos con ademán imprevisto, aquel señor mayor. Mi precocidad inocente adivinó el futuro cruel, por no decir horrendo. Yo representaba a alguien larguirucho y tonto, mirando el entorno con ojazos extraños. Y me ericé. La luz pálida proyectada desde la sala de actos de la escuela Mary O. Graham descubriría al grupo prieto de casi niños, enfrentando al profesor de Higiene. Este señor mayor, médico y político, atesoraba la adivinación romantizada del grupito, sin malicia; todo encanto de *Juvenilia,* de Cané. En varias ocasiones, escuché a mis compañeras referirse al profesor, ardorosamente. A nuestra edad, es fácil; lo difícil es fácil. Más tarde vendrían los problemas.

La ciudad se entera. La familia de Aurora se entera. La esposa del señor también se entera. La hermanita menor, Ofelia, recuerda ahora: «Papá gritaba, golpeaba la mesa, insultaba y le imponía penitencias. Ella no bajaba la cabeza, gritaba más alto y hacía lo que quería».

«Mi familia me convenció de viajar a Chile para olvidar a

Jorge. Mi familia, prejuiciosa, me tildaba de atorranta y puta... ¡Con un casado!... Y no se daban cuenta de que me quitaban hasta las ganas de vivir. Jorge se animó a hablar con mi mamá, arpía que casi le arranca la cabeza con su genio sarmientino.»

Por el momento nadie detiene a la enamorada, todo lo contrario. Un viejo amigo de su amante, el doctor Ergasto Martínez, les presta un departamento. Las citas son furtivas pero intensas, y sobre todo, públicas. En Argentina, el adulterio fue considerado un delito por el artículo N.° 118 del Código Penal hasta 1995.

«Jorge me amaba pero estaba casado y tenía dos hijos; ellos no se metían, pero la esposa, que NUNCA PROTESTÓ DURANTE LOS NUMEROSOS ENCONTRONAZOS AMOROSOS de su marido, por primera vez también puso el grito en el cielo, y cómo gritaba la maldita que Dios tenga en la gloria porque esa vez, sí, las papas quemaban y el marido quemaba, y no por ella. No volvimos a hablar de familia. Nos juntamos para siempre. Tal adoración había por ese hombre que me gastó todo el sentimiento. Una vez me acuerdo que habíamos ido a comer a Casablanca, en Punta Lara... Era comienzos de la primavera de 1941, cuando Ortiz Tirado cantaba *Bésame mucho;* estábamos sentados a una mesita y casi enfrentándonos al doctor Rodolfo Moreno, el intendente Luis María Berro y su esposa, el doctor Estanislao Bejarano, Solano Lima, nos miraban. Entonces Jorge tomó una de mis manos y la puso en su cara ardiente y también los miró. Y los señores dejaron de mirar. Avasallé el convencionalismo conservador brutalmente. Lo pagaríamos caro. Fue un romance corto y criticado en aquellos años terribles de una década infame, el cuarenta, no obstante maravilloso de poetas, los del cuarenta, especialmente en mi ciudad.»[4]

Política mata romance: en 1942 el doctor Hirschi se ha vuelto una pieza clave en las internas del partido conservador que lleva más de diez años negando la gravitación electoral del radicalismo, violando toda norma partidaria, trampeando en las urnas y multiplicando la pobreza. La represión uriburista se ha ejercido sobre yrigoyenistas y anarquistas. Desocupados, tuberculosos y niños sueltos circulan por las calles platenses. La infancia de Aurora en una familia radical transcurre bajo el temor a represalias, ajustes de cuentas y atropellos de parte de los sicarios del gobierno conservador.

«Se despoblaban los campos como en una nueva Campaña del Desierto y la gente llegaba a la ciudad a vivir con algún pariente o amigo o lo que fuera. Recuerdo cuando derrocan a Yrigoyen. Yo era una beba. Iba al jardín de infantes. Un día vino una tía a buscarme, a mi tío lo habían mandado a Ushuaia. Tomamos un tranvía y andaban los escuadrones rompiendo todo. Es uno de los primeros recuerdos que tengo. A mamá la dejaron sin trabajo. La gente comía "chicoria", por eso se dice "estás en la chicoria". Un horror. Sufrí toda la década infame. Después vi la revolución de 1943. Perón era uno de los tantos oficiales que había. El que la hizo fue Rawson. Los peronistas no hicieron revolución. En 1945 nosotros salimos a romper todo para que trajeran a Perón de vuelta. Fue como en Francia el *"Allons compagnons"*, una movilización popular. Pero ahora se llamaría a elecciones que eran ficticias, porque sabíamos que los conservadores metían la mula, aunque los radicales insistían en participar con sus candidatos, ilusionándose. Un día lo noté preocupado y me dijo que Rodolfo Moreno, el actual gobernador que había ganado fraude patriótico mediante, presentaría su candidatura a la presidencia de la República, habiéndole propuesto a él la gobernación. De ahí se desprendería que la aceptara. Debíamos romper porque era un escándalo.

No significaba buena plataforma. Yo no dije nada, pero sobreentendí la enorme preocupación que sumía en silencio al amado de mis días y de mis horas. Antes de que me contara qué había resuelto, resolví yo romper todo vínculo. Y me rompí. Luego supe que en campaña se mostraba junto a su hijo y junto a su esposa.»

La historia de amor termina aquí, y a los pocos meses, también mueren las aspiraciones políticas del enamorado. Por un lado, su mentor, Rodolfo Moreno, en su afán por llegar a la presidencia, confronta con el entonces presidente Ramón Castillo, lo que lo debilita en su cargo y termina con la gobernación intervenida. Pero además, Castillo es derrocado por la revolución nacionalista del 10 de junio de 1943, que marca el fin de la década infame.

Ya estaba en las calles —y en especial en los frigoríficos de Berisso y Avellaneda— la ebullición obrera que anticipa el surgimiento del peronismo. Perón visita la ciudad de La Plata más que ninguna otra, en cinco oportunidades. Aurora está presente en casi todas.

«En la época de Edelmiro Farrell nos dijeron que había un coronel interesante, nos reunimos con él en el Club Vasco de La Plata. Apareció y era tan buen mozo que nos quedamos locos, cómo hablaba, qué hermosura. Tenía eso, carisma. Nos hicimos peronistas ahí nomás.»

A la semana siguiente de haberme revelado el nombre del «amor de su vida» y las causas de la ruptura, envió un nuevo mensaje de correo con el siguiente agregado: «Años después llegué a ser profesora de Filosofía en la Escuela Normal Nacional Miss Mary O. Graham, donde él seguía con su cátedra de Higiene. Era el año 1949. Lo volví a ver. Sentí las mismas punzadas en mi ánima que antes.[5] Subía yo por la escalinata de mármol a mi aula del segundo piso cuando oí la voz de mi desolación que me proponía volver. Dije no con la mímica de la cabeza y fui a dictar Lógica, la materia correspondiente de ese día. Y otra tarde, estando sentada en uno de los bancos que hubo rodeado la fuente de cerámica que mandó construir Jorge Luis cuando fue intendente —él acostumbraba visitar su propia obra—, me propuso volver: "Con qué gusto te besaría". Pero para mí, tuve siempre que segundas partes fueron peores que la primera. Hice oídos sordos.

»Y no voy a decir nada más. Ah... Sí... Otra cosa... Me acuerdo de una vez en el hall de la Ópera de Milán. De repente creí verlo. Corrí y lo abracé... Abracé al señor que estaba de espaldas. Era un italiano que cuando se dio vuelta me dijo en su idioma: "Siento no ser él".[6] Ya en el teatro, al final de la ópera *La bohème,* durante la lamentación de la protagonista que encarnaba María Callas, lloré secándome el llanto con gran pañuelo».

Esta escena donde Aurora confunde a un hombre con el que desea ver es el mismo ejemplo que utiliza el biólogo chileno Humberto Maturana para explicar su hipótesis de que la condición biológica de la especia humana nos impide distinguir ilusión de percepción: «Esa persona se da vuelta y descubre usted que no era la que pensaba estar saludando, compungido usted atina a decir "disculpe, me confundí". En ese momento "corrige" su percepción, pero el acto ilusorio ya fue consumado».

Percepción e ilusión, Aurora es incapaz de corregir el error y el encuentro prohibido la marca para siempre. Describe el primer roce con el profesor como un momento de plena autonomía. Y luego, de plena estupidez.

Decidir que aquello iba a constituir una marca indeleble que la inhabilitara a enamorarse de otro también fue un recurso,[7] drástico por cierto, para salirse por arriba del mandato familiar. Adora las paradojas: se aferra a una herida de amor romántico para protegerse con ella del amor romántico. En *El empujón de un ánima celosa,* que de todos sus últimos manuscritos parece ser el más confesional, la narradora regresa sobre esta historia hablando consigo misma y reconociendo ante «los pacientes lectores»:

> Nunca amaste con caliente sexo ni a hombre ni a mujer. En pose de enamorada trágica, sembradora de historias imposibles, que por eso te instalaban en lejanía romántica inaccesible al prójimo, así salvaste tu isla sola, en medio del Atlántico, el Pacífico y el Adriático. En esa isla te has quedado expuesta como un espantapájaros a los cataclismos de la marea.

Busco la fecha en la que se produce el equívoco en la Scala de Milán porque podría dar una pista de cuánto tiempo después de la separación, fechada a mediados de 1942, la amante seguía viendo a su amado en todas partes.

La escena de *La bohème* corresponde al final del cuarto acto. Mimí está recostada en el umbral de la puerta mientras los bohemios del Barrio Latino hacen planes para contratar un servicio médico: Musetta va a vender sus pendientes; Colline, su abrigo... Es demasiado tarde: Mimí se desvanece lentamente hasta morir rodeada de sus cinco amigos. Final. Pero esa función no figura en la biografía de María Callas. Las reseñas coinciden en que grabó en estudio una Mimí memorable, pero que su físico no encajaba con la estampa de la heroína frágil que propone Puccini. La búsqueda que cruza María Callas + Mimí + Scala de Milán nos deja sin la Callas y a las puertas del laberinto Venturini. Dice la crítica: «Lo mismo que Renata Tebaldi, quien a pesar de su exquisitez vocal no tenía el rango dramático ideal para la inocente Mimí, María Callas nunca jamás cantó el papel en escena».

La leyenda cuenta que Dante conoció a Beatriz cuando él tenía ocho años y ella nueve, y que no volvió a verla hasta nueve años después en el palacio del padre de ella, en Florencia; que la chica tenía puesto un vestido carmesí y él pensó: «Desde ese momento en adelante, el amor gobernó mi alma». Aurora Venturini parafrasea la leyenda cuando dice: *Y desde entonces, aquel fue el único hombre que fue ráfaga, pasión y olvido.*

Según otras versiones, Dante solo la vio una vez y jamás le dirigió palabra. Otras dicen que Dante inventó a su amada por completo.

—Aurora, los hombres que aparecen en Las primas *son... cómo decirlo... muy pocos y todos una porquería...*

—Los hombres son una porquería. El macho piensa que la hembra es inferior. Si una mujer es un intelectual, el hombre tiene un erizamiento por no poder ser como ella. Si no sabe cocinar, peor. No conozco ningún hombre, salvo Fermín, que no haya hablado mal de las mujeres y más de una vez. Si no es machona, es tonta; si no, es fea.

—¿Usted dice que los hombres son todos iguales?

—No todos son iguales, claro. Fijate: los radicales tienen a la mujer en la casa y ellos salen de juerga; los conservadores han tenido empleadas a las que luego las han hecho sus esposas; los socialistas no se casan.

—¿Y los peronistas?

—Ah, no, nosotros tenemos de todo.[8]

10
Peronismo molotov

A comienzos de los años cuarenta, cuando la alumna modelo se prepara para ingresar a la Facultad de Humanidades, la inscripción universitaria está alcanzando una cifra récord —9.443 estudiantes—. Frente al estallido de la Segunda Guerra y los dramas de la política interna, aparece un estudiantado dispuesto a asumir la militancia. Allí está ella, levantando la mano. La reacción de las autoridades es inmediata y torpe. Una ordenanza advierte que «los locales pertenecientes a la Universidad tienen como destino el de las actividades docentes y científicas, fuera de las cuales no deben ser aplicados a reuniones que no sean organizadas por la Presidencia. Norma necesaria en estos momentos cuando la actualidad universal ha agitado y promete agitar sentimientos y tendencias capaces de degenerar en estados efervescentes que las autoridades deben prevenir».

En las aulas se está gestando un movimiento nacionalista y popular, eco de las ideas que ha dejado por aquí Alejandro Korn, el filósofo y médico psiquiatra más influyente del país, uno de los cinco sabios del bosque: «La filosofía ha de ofrecer una posición definida frente a los problemas de la vida. De no ser así, no pasaría de ser un solaz verbalista, patrimonio de eruditos o de minorías minúsculas, una ideología deshumanizada».

Aurora y compañía se juntan a leer *Crisol,* periódico de origen católico crítico de los gobiernos conservadores, a los que acusa abiertamente de corruptos y entreguistas. Enrique P. Osés, divulgador popular, escribe: «Esto hay que cambiarlo todo».

No se puede hablar del surgimiento de un partido ni de un grupo organizado, pero sí de un entusiasmo por la reivindicación de una patria más justa. No faltaba más: Aurora se une al grupo de «los agitados por la actualidad universal».

En una época en que las mujeres dejan la casa paterna para armar su casa de casadas o entrar al convento, desde los diecinueve años Aurora vive sola en su departamentito de Mira Bosques y lleva una vida sexual mucho más próxima a la idea de «revolución sexual» que a lo que le inculcó su madre. En sus «confesiones» a su secretaria María Laura Fernández Berro, hace un extenso inventario de pretendientes, compañeros de cama, novios con los que se mantiene casta para llegar de blanco al altar y otros con los que todo lo contrario. Aquí una breve selección: *Ese día me dejaron unas flores que me dio el portero y en la tarjetita decía: «Perdón por recordarla. Julio Ferro» (firmaba abajo y daba un número de teléfono). Aunque yo no estaba vacante porque «noviaba» con alguien que no me acuerdo... con otro que tampoco me acuerdo y con Aarón, de religión judía, que estudiaba Ingeniería (que por cierta parte anatómica me hizo acordar a Jorge), decidí romper con todos y lo llamé. Julio me esperaría a la salida del Club Hípico donde iba a ejercitarme en equitación con el doctor Gambier. Entablamos un noviazgo en serio. ¿Cómo era un noviazgo en serio? Nada de cama. Si me insinuaba casarse conmigo, lo aceptaría. El buen hombre me dio un anillo de compromiso. Se puso otro él. A los tres meses me envió una carta diciéndome que lo perdonara porque había embarazado a una muchacha y debía casarse con ella. Respiré aliviada. Pero ahí no terminaba, porque había otra carta proponiendo que nos casáramos enseguida.*

Sobreentendí que trataba de huir de un compromiso serio y ya había dado por terminado el asunto. Un mes después repentinamente me llamó por teléfono y volvió a pedir perdón porque había nacido su hijito, haciéndole comprender su obligación. Volví a respirar aliviada. Por entonces, mis enamorados «sin llegar a nada» fueron: Carlitos Ringuelet, «tus ojos anduvieron por el Mediterráneo»; Pedrito Catela, «si me dejás, me suicido»; Eduardo, un chico del interior muy celoso que no me convino. ¿Hubo otros? ¡Muchos!

El 10 de junio de 1944, el ministro de Guerra Juan Domingo Perón inaugura la cátedra Defensa Nacional en la Universidad de La Plata. Aurora se encuentra entre las almas que quedan impactadas por la estampa y el mensaje del milico. Su orgullo peronista consiste en haberlo vislumbrado antes que nadie. Ella fue peronista antes que el mismo J. W. Cooke y que María Granata, grandes protagonistas de la resistencia pero que en esos primeros días se mostraron alertas y a la defensiva. En cambio, para ella, cualquier cosa que no fueran los conservadores como su profesor ni los radicales como su familia brilla como tercera posición.

Pero ¿qué clase de peronista es Aurora Venturini? ¡Auténtica! Pero no alineada, siempre molesta, inoportuna en sus críticas. Con el resentimiento de los de abajo, pero mirándolo todo desde arriba.

«En las décadas del treinta o el cuarenta, en La Plata aún había clases sociales inventadas por esnobs. La Plata no fue la excepción, especialmente atendiendo al Jockey Club y al balneario Punta Lara. Llegando el peronismo al poder, todo esto acabó en la *merde.* Los cabecitas negras enchalecaron y portaron charol, aunque no encorbataron. Muchas costumbres acabaron en la *merde* siendo remplazadas por *merde* nueva. Diremos, menos mal oliente aunque con leve olor a mugre.»

Definitivamente, no sigue el rumbo de Cooke, demasiado marxista para el catolicismo de ella. Tampoco ha formado una familia de militantes populares como su amiga Nelva, maestra, hija de Délfor Méndez, el autor de la letra del himno de Gimnasia y Esgrima,[1] que se casó con Jorge Ademar Falcone, primer intendente peronista de La Plata. Nelva fue una de las colaboradoras de Eva Perón en la campaña por el voto femenino, donde Aurora no participó; también delegada regional a mediados de los años cincuenta y es la madre de Claudia Falcone, una de las víctimas de la Noche de los Lápices.

Aurora es una peronista que nunca fue obrera ni sindicalista como María Roldán (1908-1989),[2] la primera delegada sindical de Latinoamérica. Tampoco figura en la enorme lista de las anónimas que inventaron el peronismo, como Blanca Luz Brum, autora de la histórica frase de campaña «Braden o Perón». Siendo poeta, no escribe poesía militante, no es una juglaresa justicialista como Julia Prilutzky Farny o María Alicia Domínguez.[3] No forma parte del staff de la revista *Mundo Peronista* ni escribe en *Línea Dura,* que en tiempos de proscripción funda y dirige Granata, vocera oficial del General en los primeros años del exilio. No, no y no. Decididamente aún no ha encontrado su lugar protagónico en esta gesta.

Se le dibujaba una risa nerviosa cuando, recordando la gesta del 17 de octubre, tenía que reconocer que no había estado en plaza de Mayo. La tentación de colarse en la foto se rendía ante la potencia de la palabrita «molotov». Los empujones de las multitudes desbocadas le habían impedido llegar al centro. Había estado, eso sí, en la plaza San Martín, desde donde salieron las principales filas hacia la capital. Cuando las autoridades se avivaron de que las masas se movilizaban hacia Buenos Aires, levantaron los puentes. *Entonces, los que quedamos de este lado nos ocupamos de lanzar bombas molotov.* Bastaba un mínimo gesto de duda para que, como prenda de verdad, recitara las instrucciones: *Es muy fácil, nena, ¿nunca hiciste una? Deberías. No sabés lo lindo que es. Es muy liberador. Botella de vidrio, parafina, nafta, aceite de auto y una mecha que se hace con un pedazo de tela. Debería la dama llevar siempre una molotov en su cartera. Molotov era un ruso genial, el que inventó estas bombas, ¿sabías?*

Por el momento intuye la irrupción de un concepto a la altura de las esperanzas de su generación:

> La palabra «compañero» resonó altiva. Evita participaría por radio, el estallido y sus consecuencias. «Compañeros» entró esplendoroso en los pechos lacerados de injustas decadencias. Expresiones distintas había en los rostros decididos a defender la Causa, la Doctrina «cueste lo que cueste y caiga quien caiga». La marcha era *La Marsellesa:* «Vamos, compañero. Vamos, compañera». Dele, dele, General Juan Domingo Perón, mejor es realizar. Lo hicimos. La Década Infame, a la mierda.

En *Eva. Alfa y Omega* emprende, a lo Cipriano Reyes, su relato personal sobre quién hizo el 17 de octubre:

> Mediaba 1945. Todo el pueblo, especialmente el obreraje, enardeció. El 17 de octubre salimos a romper la Casa Rosada. No pudimos llegar, pues levantaron los puentes. Algunos compañeros decididos, de Berisso y Ensenada, se tiraron al río y no sé qué habrá pasado con ellos. Nosotros nos consolamos con bombas molotov, destrozando vidrieras; volaban los tranvías por el aire, denso, con guarda y todo. Respetamos las iglesias. Hasta hoy lesionan el ser cristiano del peronismo dicien-

do que las hemos incendiado. Se ha comprobado que la depredación vino desde adentro.

Un año antes había estado entonando por calles y claustros el cantito «Dele, dele, General», con el que obreros y obreras de la Swift le pedían al presidente Farrell que le diera la Secretaría de Trabajo y Previsión a Perón. *Dele-Dele* también toma la forma de un periódico que circula en La Plata y el conurbano.

Los estudiantes universitarios platenses inventamos la sigla DLDL, convirtiéndolo en un logo verde Nilo para solapa. No fuimos muchos, por entonces, decididos a la ilusionada aventura. Yo lucía esa escarapela en mis trajes con solapas. En el patio de la Facultad de Humanidades, Gustavo García Saraví[4] me dedicó un cuarteto: «Esa que lleva el botón / con el logo DLDL / esa es otra que le huele / las pelotas a Perón».

Cuando le preguntaron por qué eligió *Eva. Alfa y Omega* como título para su libro, dijo algo que puede considerarse una buena respuesta a la pregunta «¿Qué clase de peronista es Aurora Venturini?»: *El libro se llama así porque la doctrina empieza con ella y cuando muere se acaba todo, porque Perón juega un papel de mierda después.*

11
Temporada de poesía

Si los biógrafos quieren componer mi historia, que lean detenidamente mis novelas, mis cuentos, hasta mis poesías.

Si acatamos ahora sus indicaciones y salimos a buscar pistas entre sus poemas, llegó la hora de poner en duda buena parte de lo dicho hasta aquí. Ella insiste: *Nunca inventé, he tratado de purgar el subconsciente. Los psicólogos deberían inventar un laxante sutil, suministrarlo por el oído, recoger la materia exudada en recipientes de vidrio soplado en la isla de Lido de Venecia y estudiar esa exudación con experimentada delicadeza por provenir de las cavernas hondas. El liberado de esa exudación acaso aliviara la existencia corta, media, o extensamente horripilante como la mía.* La aparición de los integrantes de su familia en amorosos versos y dedicatorias contradice lo que su narrativa denuncia.

Publica su primer poemario a los diecinueve años, *Versos al recuerdo,* dedicado «A la suave y hermosa ciudad de mi adolescencia. Mi corazón, a mi madre en estos versos al recuerdo». Incluye un poema dedicado «A Petty», otro «A mi hermanita María Ofelia» y otro «A mis padres». «Mi infancia campesina» empieza así: «Adiós campiñas doradas / de mis años infantiles / mis espigas sazonadas / y mis arroyos sutiles».

Una vez más, hay dos Auroras: la hija amorosa que escribe versos y la narradora vengadora que da rienda suelta al trauma y al rencor. El único sentimiento que no sufre modificaciones es el fervor por su ciudad, prodigado en loas a sus espacios públicos —«Parque Saavedra», «Plaza Moreno»—, a figuras platenses como López Merino y Ponce de León, además de laudatios a flora y fauna, desde los tilos hasta los gorriones.

Cierto es que nadie se despide de la casa natal tan pronto ni tan fácil, y ella es muy joven cuando comienza a publicar. Además es su abuelo quien costea esas primeras ediciones, donde el bajo presupuesto y la prisa priman por sobre la legibilidad. La poesía se escribe, se publica y casi nunca se vende, se reparte entre poetas y amistades. Sigue a conciencia el ejemplo de Borges, que a los 24 años publica en una imprenta un pequeño librito de 64 páginas costeado por su padre e ilustrado con un grabado de su hermana Norah. Borges cuenta que sin que nadie lo viera deslizaba un ejemplar de *Fervor de Buenos Aires* en los bolsillos de los abrigos en redacciones y otros puntos estratégicos. Aurora escucha la anécdota y la copia. Recurre a su hermana menor para la ilustración de las tapas de *Adiós desde la muerte* (1948), su tercer libro, que dedica a su madre y que marca su pertenencia a la generación de los «poetas del Bosque». Deja ejemplares en bibliotecas públicas y si no en los bolsillos, los manda por correo a diarios, revistas literarias e instituciones culturales de todo el mundo.

En sus últimos poemas hacen su aparición los espectros y fantasmas, son las fuerzas del mal que ha heredado de sus tres poetas malditos: Villon, Rimbaud y Lautréamont. «Los oscuros señores ayer me visitaron / con sus trajes de gala para entierros de ricos. / Los oscuros señores que deparan el sueño / por pura cortesía estuvieron conmigo.» Aurora ha comenzado a comunicarse con ellos, no solo a través de la literatura. Cree, por experiencia personal, en la capacidad de médium que tienen los objetos y en la capacidad de burlar cronologías que tienen las pasiones. «A veces las tres parcas / absorben otras formas para apresar la vida / devanarla y cortarla cual girón de lino. / Yo les temí, pero ellos de allá, me sonreían.»

Aurora escribe como lo hacen los poetas de su tiempo. La *troupe* de jóvenes promesas le canta a todo lo perdido. El suicidio espectacular de Francisco López Merino (1902-1928), que a sus veintitrés años se pega un tiro en el baño de la confitería del Jockey Club, se fue haciendo cada vez más espectacular. A los dos años, Agustín Riganelli esculpe en bronce su figura, que se instala en el bosque de La Plata con la inscripción: «En la mañana buscó la noche». Su amigo Jorge Luis Borges reconstruye la escena fatal en uno de sus poemas, donde funde una visión promisoria sobre la muerte junto con una ciertamente irónica sobre la luna, objeto predilecto de los poetas de aquellos años: «Ahora es invulnerable como los dioses. / Nada en la tierra puede herirlo, ni el desamor de una mujer, ni la tisis, ni las ansiedades del verso, ni esa cosa blanca, la luna, que ya no tiene que fijar en palabras». María Elena Walsh publica su primer libro a los dieciséis años, *Otoño imperdonable,* con la muerte reciente de su padre a cuestas. Nostalgia de un tiempo dorado y clásico, amor a la naturaleza por sobre la vileza humana, tentación de partir joven son las claves de estos primeros libros, que juzgados por la misma autora años después responden a sentimientos y formalismos ajenos más que a las preocupaciones literarias que aparecieron posteriormente en su narrativa.

Ariel Schettini, en su prólogo para una «nueva» antología de sus poemas, señala algunas claves: «El valor prestigioso de lo antiguo *per se* ("viejas calles que ostentan la excelsitud de un nombre", "Pulso un laúd antiguo, porque en edad lejana / corrí valle, montaña y me acosté en los prados").

Retórica selección de palabras, giros y metáforas del modernismo, imaginación que proviene de la Biblia, y cierto pensamiento católico retorcido ("Señor de la Columna / que en mi suplicio sientes / el choque de mis dientes / y mi demonio en pugna") como si hablara una poseída. Y sobre todo una posición desde la que se enuncia toda palabra que casi es el lugar común de la literatura femenina de fines del siglo XIX hasta mediados del siglo XX, la de la loca de la familia que escribe poemas, cuyas efusiones pueden ser tan exageradas y extravagantes como sea imaginable, bajo la condición de ser expuestas por una mujer de "verificada" decencia y de compostura civil: "En un vitral, un Sebastián celeste / bate celestes alas. / Contúrbanse los peces en sus manos / y el semen casto baña / la rosa de Sodoma / crecidamente grata"».

Y, por supuesto, la muerte. Escribió primero López Merino: «El alma se me llena de estrellas / cuando pienso que moriré. / Imagino espirales de incienso / decorando la caja mortuoria». Escribe luego Aurora: «Es entonces que siento que me muero / cuando torna la tarde con sigilo / sobre la paz azul de los senderos / y en alas del recuerdo, me aniquilo».

La poesía es un primer espacio de socialización y reconocimiento. Consigue una inscripción generacional, forma parte de ese mítico grupo de jóvenes que se reúne en el bosque a hablar de poesía y logra trascender los límites de La Plata. La consagración de Juan Rodolfo Wilcock, María Granata y Alberto Ponce de León con su *Tiempo de muchachas,* sumada al camino abierto por la generación anterior, permite que, al menos por un tiempo, Aurora se sienta parte de una élite. En 1948 aparece *Adiós desde la muerte,* libro de poemas editado por Raúl Amaral, el factótum de Ediciones del Bosque, que sella entre las primeras la pertenencia de Venturini al grupo que integran también María de Villarino,

María Elena Walsh, Roberto Themis Speroni, María Dhialma Tiberti, Vicente Barbieri, entre muchos más. Escribe en su *Antología personal* sobre el origen de este grupo: «La creamos los poetas del 40, cuando éramos todos muy jóvenes. El Bosque es todo un símbolo en La Plata, es una zona muy bella de la ciudad cerca del zoológico y del Museo de Historia Natural, que es el segundo en el mundo, el primero está en Inglaterra. Nos reuníamos ahí. Empezamos con un libro de Raúl Amaral, el director de la editorial, un poeta muy bueno que murió en Paraguay; el segundo fue *Adiós desde la muerte,* luego vino *Otoño imperdonable* de María Elena Walsh. En la editorial estaba lo mejor de La Plata. Hicimos mucho ruido, los diarios hablaban muy bien... pero ocurrieron co-

De izquierda a derecha, poetas de las Ediciones del Bosque: Pablo Atanasiú, Apolinario Héctor Sosa, Norberto V. Silvetti, Horacio Ponce de León, Josefina Passadori, Julio Molina, Raúl Amaral, María Dhialma Tiberti, Roberto Themis Speroni, Aurora Venturini, Pedro Vidal Sarmiento, Alberto Ponce de León.

sas en la política, de un gobierno pasamos a una revolución, ustedes sabrán cómo somos los argentinos».

Año 1962. Adiós para siempre a la poesía. Basta de darle versos y de pedirle reconocimiento. Sus once libros publicados no le dieron el nombre de poeta que esperaba, como se lo dieron a Olga Orozco, a Juana Bignozzi o a María de Villarino. ¡A María Granata le dieron un premio municipal! Y ella, lo reconocerá más adelante, no le ha sabido transmitir a la poesía la rabia sangrienta que la poesía merecía, como lo hizo Alejandra. Entonces, la abandona.

No puede escribir poesía después del derrumbe del peronismo, de los muertos en los bombardeos, de la caída en desgracia de su propio ascenso social. No se puede escribir poesía en el medio de un matrimonio que va a ser largo y que ha venido a repararlo todo, para que todo siga como no estaba planeado. Pero, además, el mercado editorial está encumbrando a los varones que hablan de nuestras tiranías y de los mágicos paisajes latinoamericanos. Definitivamente, se pasa a la narrativa.

Cuando le pregunté por qué siempre se había costeado sus ediciones, me respondió: *Porque no me gusta pedir.* Guillermo Pilía propone otra hipótesis: «Fijate que entre poetas es muy común la edición artesanal y la distribución de mano en mano. Lo notable es que ella, cuando se pasa a la narrativa, sigue haciendo lo mismo. Publica, presenta y regala las novelas que no pasan por las bateas de las librerías. No reconoce otro circuito».

Es evidente que desconocía por completo las estrategias mínimas para ingresar a un circuito de reconocimiento literario. Aurora fue una enviadora serial de ejemplares a concursos locales, barriales, provinciales e internacionales.[1] También mandaba por correo sus libros a cuanta dirección de ilustres o influyentes logró conseguir. Entre quienes le respondieron alguna vez se cuentan: Pablo Neruda,[2] Juana de Ibarbourou, Vicente Aleixandre, Miguel Ángel Asturias, César Tiempo, María de Villarino, Nicolás Olivari. Guardaba esas cartas como se guarda un documento capaz de garantizar una identidad, en este caso, el aval de su condición de escritora. Así como en el siglo XXI las redes sociales permiten que cualquiera pueda tener la chance de acceder a alguna celebridad con solo mandarle un mensaje, en el siglo XX se estilaba enviar los libros recién publicados por correo y sentarse a esperar una respuesta que muy frecuentemente llegaba. Era costumbre de escritores y escritoras responder amablemente a cada envío. Así es que no debe sorprender ni se debería sobrestimar la colección de firmas que ostenta. Son cartas tan elogiosas como formales, que luego ella incluye en solapas y contratapas, que le dieron una alegría fugaz, un orgullo que no se le fue nunca pero que no lograron romper el largo anonimato.

12
¡No quiero tus malditas flores!

Si existe una catacumba donde la ciudad de La Plata, famosa por sus misterios, resguarde también sus escándalos más bizarros, allí tiene que estar la rivalidad entre dos de sus ciudadanas ilustres, dos mujeres que nacieron el mismo año y con solo un día de diferencia, compañeras de curso en la escuela secundaria y ambas poetas integrantes de la mítica generación del 40.

Una de clase acomodada, la otra no. Una escandalosamente bella, la otra no tanto. Una conservadora, la otra peronista. Una consagrada como «la dama de la poesía», la otra ignorada sistemáticamente. Aun hoy, en la ciudad donde las dos nacieron, los bandos están dispuestos a dividirse en contra y a favor de Ana Emilia Lahitte y de Aurora Venturini.

Ofelia Venturini reconoce la existencia de esa rivalidad entre su hermana y la otra poeta admirada por todos: «Yo me he encontrado con Ana Emilia en alguna reunión y ella me ha dicho: "Francamente no sé qué le pasa a tu Aurora. A veces, cuando presento un libro, me manda flores. Y otras, me da vuelta la cara o directamente me insulta en público". Yo le he respondido: "Ana Emilia, no hagas caso, Aurora es así. A veces, por alguna razón que es imposible averiguar, decide que está ofendida por algo y nada la saca de eso. Y así como le viene se le va"».

Pero todo indica que nunca se le fue lo que haya sido que tuvo. El anecdotario que los testigos recuerdan de aquella rivalidad incluye peleas a muerte, orquídeas embrujadas, anónimos homofóbicos, escándalos públicos y una serie de dudosas reconciliaciones. También hay quien sugiere que existió entre ellas una pasión prohibida. Lo que queda, en concreto, son fragmentos suficientes como para alimentar conjeturas. Por ejemplo, se conserva parte de una correspondencia gentil y amistosa[1] que se remonta a cuando las dos tenían veinte años. Son cartas que se encuentran en el archivo de Ana Emilia Lahitte, quien encabeza una de ellas diciendo: «Mi épica Aurora: Habiendo recibido tu estremecida epístola, pletórica de fugitiva ternura, te invito a dirigir hacia mi domicilio terreno tu sandalia contaminada por el polvo vil de las carreteras humanas». Es un material que por alguna razón su dueña decidió conservar, prueba de un tiempo en que las dos se consideraban poetas y jugaban a hablar como tales. Después llega el momento en que una asciende en el estatus literario y la otra no. Una gran mayoría de testigos opina que la que fomentaba los encontronazos y la que sufría las consecuencias siempre era Aurora. Dicen que la Lahitte, gran referente y anfitriona de poetas nóveles, ni siquiera registraba los berrinches de la otra. O es muy posible que gozara de un amplio margen para fingir indiferencia.

Pero uno de los gestos más escandalosos de su parte, ocurría ante las demostraciones cordiales de Aurora. Porque también se dice que, cada vez que Ana Emilia presentaba un libro y le acercaban un obsequio, al encontrarse con la tarjetita «con cariño» firmada por la Venturini, exigía ampulosamente que se lo llevaran lejos porque, según ella, venía embrujado. Aparentemente tenía sus razones. Ya había recibido de parte de su «amiga» una caja de bombones con un sapo muerto adentro y también una muñeca con alfileres clavados en el corazón.

La secretaria número tres, María Paula Salerno confirma lo de las brujerías: «Parece que Aurora mandaba hacer gualichos en los regalos que le hacía llegar a Ana Emilia. Esto me lo han contado muchas personas que entrevisté cuando hice mi estudio comparativo entre las dos».

Marta, su primera secretaria, entiende que llegó el momento de hacer algunas revelaciones: «¿Las malas lenguas dicen que hacía brujerías? Y bueno, lo que te puedo decir, porque yo misma la he acompañado, y más de una vez, a ver a una bruja muy conocida por todo el mundo aquí, es que ella creía en todo eso. Dicen que encargaba trabajos para protegerse, o gualichos para conseguir cosas. También iba a ver a la Mai Peggy de la religión umbanda, en quien confiaba muchísimo y le consultaba a veces. Aparte, que yo sepa, ella había aprendido y practicaba algunas cosas, como por ejemplo el juego de la copa para convocar espíritus. ¿Poner objetos en el congelador para inmovilizar a alguien? No sé... Medir la huella de la pisada para "hacer algún trabajo" se decía, sí, rumores. Lo que te puedo confirmar es que en su biblioteca había muchos libros sobre el tema. Y los había leído todos».

«Lo del juego de la copa no es ningún secreto», sigue Salerno: «una vez organizó en La Plata una sesión espiritista pública en la que, según decía ella misma, convocaba al fantasma de François Villon, el poeta medieval cuya biografía acababa de publicar. Este acto se llevó a cabo en una dependencia cultural del municipio y tuvo su eco en los periódicos de la ciudad. De hecho, se conserva el candelabro utilizado durante la sesión, que porta símbolos de muerte, de tradición católica, de magia, brujería, cielo y nocturnidad.»

La sesión existió, como existieron otras que otros testigos recuerdan, pero no hay confirmación de que fuera Villon efectivamente quien esa tarde acudió a la cita. Es cierto, hay libros sobre las artes de lo oculto en su biblioteca, pero no son manuales para hacer gualichos. Aurora es una estudiosa de los temas que rondan la magia negra, la génesis de los aquelarres y el espiritismo. Pero es completamente inofensiva, es una lectora. Es curiosa. Le gusta asustar. Y le encanta provocarse sustos a sí misma y salir airosa. Entre esos libros que han asombrado a su secretaria figuran: *Historia de la brujería* de Frank Donovan, *El retorno de los brujos* de Louis Pauwells y *La doctrina secreta* de la teósofa rusa Madame Blavatsky.

Esa bibliografía es una guía de sus búsquedas y de sus intentos de emparentarse con los poetas malditos que admira. Es por esto mismo que Monsieur Le Diable siempre estuvo con ella. Este personaje que la atormenta en *Los rieles* y lucha con el cura exorcista por llevársela al otro mundo ya había aparecido unos veinte años antes en su novela *Me moriré en París, con aguacero,* donde acosa a la protagonista desde el primer capítulo titulado: «La presencia inesperada de Monsieur Le Diable». La narradora, que se identifica con la autora, anuncia allí:

> Hace mucho quiero describir al diablo que vi durante el corto viaje, notando que, cuando me decido, algo se interpone porque el Monsieur conjura: «De mí no vas a contar un ápice». Pero está muy equivocado. Ahora me dispongo a descifrar los rasgos increíbles de Satanás, gran legionario, pero acaba de caer una manzana de oro del cielorraso.

Echando mano de lo que Aurora aprendió del padre Mancuso, la narradora, Alma, se libera del maligno rezando el rosario:

No he podido identificarte para delatarte, describirte y pintarte. No te vi entero, pero me has magullado. En mi cuerpo grabaste tus pezuñas, has caminado mi cuerpo y astillado mi tobillo. Te has devorado mi nombre: ALMA. Si estás satisfecho no volverás. Si no lo estás volverás pero no temo tu mojada estampita de legionario anticuado de sexo nunca ahíto. Tengo poco que darte. Buscá por otro lado.

Guillermo Pilía cuenta que a su vez a él se lo contó Haydée Bambill, la amiga y fotógrafa oficial de la intelectualidad platense, que esta relación, o este interés de Aurora por otras religiones era un motivo de fuertes peleas con Fermín Chávez, quien, como se sabe, era muy pero muy católico. Había sido seminarista cuando era joven y estudioso de la Biblia y de la vida de santos cuando decidió dedicarse a la historia. La aparición de una imagen pagana en la casa, algún «rezo» de dudosa procedencia, o alguna alusión a sus visitas a videntes o brujos, generaban grandes discusiones. Haydée aconsejaba siempre no contradecirla. «Hay que dejarla que cuente sus historias, escucharla y no preguntar mucho, porque Aurora va... pero siempre vuelve.»

A la misma estrategia de «dejarla correr» solía recurrir, reconoce, el padre Mancuso, su consejero y a veces confesor. El sacerdote recuerda que cierta vez ella fue a verlo muy preocupada porque había sentido que una fuerza externa e invisible la había empujado contra una pared. ¿Sería un demonio? ¿Sería una muerta que volvía para vengarse? Confiaba en que un cura exorcista podía entenderla. Y el cura, efectivamente, la comprende y «la deja correr»: «Ella es una mujer de una inteligencia muy destacada. Es muy capaz y muy equilibrada, de modo que cuando ella dice: "A mí me empujan", no hay que tomarlo como delirio. Yo le quito importancia, porque si no, es agregar leña al fuego.

A mí me da la sensación de que Aurora tuvo esa experiencia una sola vez y yo lo que aconsejo es "No se haga problema. Si no la afecta, siga viviendo y quede en paz"». Ese personaje que la empuja da título a una novela, *El empujón de un ánima celosa,* donde desarrolla su teoría de que la primera esposa de Fermín Chávez llegó como una Rebeca inolvidable a hacerle la vida imposible.

Si bien muchos la toman por loca, excéntrica o mentirosa, hay alguien que, además, le cree. Ese alguien es Ana Emilia Lahitte, que toma sus recaudos y rechaza los regalos que considera embrujados sin siquiera preguntarse qué traen cada vez. O tal vez fuera un modo bizarro de ejercer la humillación.

Pilía recuerda haber presenciado escenas memorables de esa lucha: «No era de una sola parte la rivalidad. El distanciamiento era mutuo. Es cierto que Aurora le mandaba ramos de flores a la casa en ocasiones particulares. Era una casa que tenía un gran pasillo recibidor, y es cierto que Ana Emilia, en cuanto las veía llegar pedía a los gritos que no dejaran que esas flores traspasaran la puerta. Es cierto también que corría la voz de que Aurora practicaba la magia negra. En realidad, ella misma había hecho correr ese rumor, pero yo creo que formaba parte de su construcción de escritora excéntrica. Yo, por ejemplo, me llevaba bien con las dos. Pero esto no era lo habitual. En los ochenta había recibido un premio de la SADE con mi primer libro de poemas, y en el jurado estaba Aurora, así la conocí. Ella era muy generosa con los poetas jóvenes que le parecían buenos. Con los que no, era lapidaria, capaz de decir en la cara: *Que este no escriba más y que se dedique a otra cosa.* Pero es verdad que las tertulias de Ana Emilia, los lunes a la tarde en su casa de la calle 53 entre 10 y 11, eran un clásico. No había poeta joven que no quisiera pasar por su taller de lectura buscando su bendición, porque lo cierto es que sin el visto bueno de ella era prácticamente imposible ingresar al circuito de la poesía platense. El taller tenía, además, una publicación, *Sudestada,* que llegó a más de trescientos números y donde todos queríamos estar. Entonces, ¿qué pasaba? Sabiendo de la rivalidad, muchos evitaban acercarse a Aurora».

Otro poeta platense, Carlos Raúl Risso, también recuerda haber recibido el espaldarazo de Aurora para sumarse a la SADE: «Marzo del 82, aparece mi segundo libro, *De Sangre Pampa.* Fue en una de sus tertulias sabatinas que Aurora me dijo: *¿Presentaste tu libro a los Sellos de Honor de la SADE?* No —le digo—, es un libro de poesía gauchesca, ¿quién lo va a jurar? *Lo tenés que presentar,* un tanto imperiosamente me respondió. Para hacerle caso, primero tuve que afiliarme a la institución. Pasaron los meses y los medios platenses dieron la noticia: mi libro había sido distinguido. Pero con un inesperado agregado en la noticia: uno de los jurados pidió hacer expreso su voto en contra. El día de la entrega, que fue en el salón de la Peña de las Bellas Artes, hicieron uso de la palabra la presidenta de la institución, Matilde Alba Swann, y por el jurado, Aurora Venturini». Cuentan que ella misma se encargó de organizar la ceremonia de modo tal que quien entregó el premio al ganador fue la misma persona que había votado en disconformidad. Pequeñas maldades y una fama de bruja bien ganada.

Esta puja y reparto de la bendita Faja de Honor es uno de los mecanismos de ascenso en un circuito doméstico que Aurora conoció, promovió y donde quedó atrapada. Cuantos más participantes aliados, más votos a favor a la hora de tomar alguna decisión. Pero las cuentas nunca cerraron. El nombre de la Lahitte siempre pesaba más que el de ella. En 2003, como parte de esta misma cruzada contra el anonimato, lanzó el certamen literario Biblioteca Aurora Venturini con un primer premio en efectivo de 1.000 pesos y con base en la Biblioteca Central de la Provincia. El primer premio le tocó a Carlos Raúl Risso. Este intento tampoco resultó. Nunca consiguió el prestigio de la publicación de su enemiga ni tampoco supo cómo buscarlo.

¿Cómo habrá empezado la rivalidad entre las dos? Pudo haber sido en los días de escuela cuando eran compañeras de curso. Lo que pude averiguar es que cuando estudiaban en la misma secundaria, la que vivía a tres cuadras llegaba en un auto con chofer, mientras que la otra venía caminando o en tranvía desde la zona rural de City Bell. Acá en La Plata esas diferencias pesan muchísimo. Esto me lo confirmó una asistente de Ana Emilia: me dijo que la escuchó varias veces comentar que Aurora en la escuela siempre tenía guardapolvos gastados, que siempre le faltaba algo...

El origen es la humillación. Un sentimiento, un castigo que persigue a Aurora desde la cuna y desde que decide «ser alguien». Su compañera de curso[2] y del «arte del bien decir» comienza la carrera en la misma línea de partida pero llega mucho más lejos y más rápido. Ha nacido con las herramientas elementales para circular en sociedad. Aurora no las tiene y si se las prestaran no las sabría usar. El triunfo apabullante de su amiga es uno de sus primeros contactos con el límite. Resulta que las cosas no dependen de una, que no era tan fácil como escribir, esforzarse y publicar. Ella es siempre una extranjera, una recién llegada, apenas una mención. El triunfo apabullante de su antigua amiga es leído como una traición, y sus habilidades como tretas. Mientras la otra, según circula en testimonios y habladurías, no pierde ocasión de señalarle públicamente la falta.

«Pero no termino de comprender en qué momento se produce esa rivalidad», se pregunta la secretaria número tres, «por ejemplo: Lahitte tiene un buen gesto al incluir a Venturini en una antología de poetas platenses y, del otro lado, Aurora, en su *Antología personal*, incluye una foto donde se la ve con sus compañeras de secundaria. Con dos círculos señala a Ana Emilia y a ella. ¿Por qué? También cuenta que nacieron con solo un día de diferencia y se refiere muy elogiosamente a su poesía. ¿Buscaba prestigiarse nombrándola? ¿No estaban peleadas todavía? ¿Se habrían amigado?»

Pilía tiene una respuesta para esa pregunta: «Nada de eso. Para esta foto hay una respuesta muy sencilla y se trata de una aviesa intención de Aurora, típica de ella. Porque Ana Emilia nunca decía la edad. Era un tema tabú, tanto que a nadie se le ocurría preguntársela. Al señalar que habían sido compañeras en el mismo curso, estaba revelando la fecha de nacimiento de la otra».

Aurora da pistas de una cadena de oprobios en sus notas donde habla de sí misma en tercera persona, en tren de convertir la experiencia sufrida en parte de ficción: «Sus compañeras tenían libros nuevos y ella tenía alguno comprado en la Bolsa del Libro, rezagado y poco utilizable. Pilchas pobretonas. Veía a las otras bajar de sus automóviles enjoyadas y con zapatos último modelo. "Jodete por invadir terreno ajeno", se dice. Vestían guardapolvo de tabla ancha de Gath & Chaves, y las pobretonas, de tabla angosta, de la Tienda San Juan» (AAV).

Y en conversación con su secretaria número dos, recuerda una escena que se enlaza perfectamente en esta cadena de pequeñas humillaciones: *Estoy en el año 1939 de graduación en nuestros magisterios. Habría fiesta. Habría un acto en el cine Astro. Me encargaron que hiciera un soneto de despedida y lo publicarían en la invitación, junto con las entradas; lo escribí y fui al acto con un trajecito de pollera plisada, blusa de seda, zapatos de taco y un sombrerito tirolés. Fue un regalo que me hizo mi madrina de bautismo. Al baile en el Jockey no me invitaron, aunque de todos modos no iría por carecer de vestido largo y demás adornos y fruslerías para lucir, dada la importancia de la fiesta.*

Una ostenta displicencia; otra, atolondramiento. Venturini, desde los dieciséis años hasta su último día, se lanza a publicar absolutamente todo lo que produce. En 1937 ha publicado en *El Día* su primer poema, «Los marineros imagineros del mar», inspirado en sus dos tíos. Lahitte, en cambio, es una defensora pública de la mesura: «Recuerdo que sufrí horrores cuando, sin mi consentimiento aunque con las mejores intenciones, me dieron la sorpresa de publicarme uno de mis primeros poemas, "Lluvia". Conservo los recortes de las críticas que sobrevinieron, los primeros premios y una serie de testimonios, ya históricos, que documentan el bautismo de fuego de una no buscada proyección hacia un terreno ajeno a la intimidad de mi mundo verdadero».

Es una mesura que consigue invitaciones a congresos, cargos oficiales, becas, viajes, entrevistas, publicaciones pagas, admiración. Como respuesta diferida, Aurora propone una escena de tan dudosa modestia como la anterior: «El poeta Juan Ramón vino al país y específicamente a la ciudad de La Plata. El encuentro fue en la Sociedad de Escritores. Ella se sentó en la primera fila. Le llamaron la atención sus ojos tristes, sin brillo, como carbones apagados. Lo acompañaba su esposa, Zenobia Camprubí Aymar. De pronto, se le echó encima. "¡Déjeme, por favor!", dijo el poeta, y la mujer deshizo el abrazo. Según mentas, lo había visitado en Buenos Aires luego de conseguir una entrevista por medio de una recomendación y se creyó con derecho. Hablaba Juan Ramón y yo lo miraba desde mi juventud romántica, y él de repente me vio frente a los grandes, entonces me sentía disminuida. Cuando el poeta fijó su mirada en mí, sentí desbarrancarme. Todos le preguntaban algo y yo no preguntaba nada. Él contestaba manteniendo sus ojos fijos en mí. De pronto entreabrió los labios y me dijo: "¿Tú no me preguntas nada?". Yo temblé: "No"» (AMLFB).

En la vida más real, Juan Ramón Jiménez escogió a otra integrante entre las poetas del Bosque para una residencia en París: María Elena Walsh. Mantuvo un intercambio epistolar con la Lahitte, a quien nombra como «Musa Ana Emilia Lahitte» o «Preciosa Ana Emilia Lahitte». Y no hay prueba de otro contacto con la Venturini más que aquel «No».

Según la secretaria número tres, uno de los últimos cuentos de Venturini, que escribió especialmente para el suplemento *Soy* de *Página/12,* es un retrato de su archienemiga. Allí se reitera la escena de la humillación,[3] pero además la protagonista, que se llama María Aurelia, es una mujer fálica, trepadora, «asidua visitante de la isla de Lesbos». Es un retrato cruel y escatológico. Un cuento que destila un odio «infantilodide» para usar terminología Venturini.

> María Aurelia se presentaba en Buenos Aires en salones excéntricos de Barrio Norte y diarios importantes elogiaban sus cuadros; a ella la motejaron María Aurelia al Cotorrazo Limpio. [...] Se puso un cinturete con un pene rojo que se movía igual a los penes humanos; con voz de mando ordenó: «Date vuelta». [...] La inmensa mole visitaba a menudo la isla de Lesbos;

preciosa ínsula greca frente a Turquía de donde le llegan sones de Eros y de Venus a cuyas finezas trata de corresponder la Gran Cotorra. Había entre las lesbias una vieja erótica musicóloga, que emparejaba con ella.

¿Cómo puede estar tan segura la secretaria número tres de que María Aurelia «es» Ana Emilia? «Lo sé porque ella me lo dijo. Mientras me lo dictaba, muerta de risa me decía que estaba escribiendo un retrato de Lahitte.»

De ser así, mientras la figura de hermana rival pasó a sus ficciones encarnando la monstruosidad, esta némesis elegida por fuera de la sangre encarna en la figura de la lesbiana manipuladora e irresistible que vuelve una y otra vez en sus relatos como ardor y pavor. La «machorra», trepadora que, paradójicamente, enloquece a los hombres, usa adminículos para sodomizar a varones poderosos, incautos, enamoradizos. Llama lesbiana o hermafrodita a una figura de mujer exitosa que disfruta y saca rédito sodomizando a quienes la ayudan a llegar a los lugares donde Aurora no puede acceder.

Pero, a esta altura de las habladurías, se me ocurre consultar... ¿Lahitte era lesbiana? ¿Venturini lo sería? La pregunta en voz alta escandaliza a poetas, allegados y académicas platenses con los que me voy encontrando. ¿Era un escrache? ¿O el lesbianismo era la calumnia elegida para desprestigiarla en tiempos en que valía como insulto? Hay quienes, luego de comentar «no se sabe nada de su vida amorosa, si es que la tuvo», piden apagar el grabador para ampliar el testimonio: «Dicen que se decía por allí que, como acostumbraban las lesbianas en aquella época [sic], en realidad se había casado ya pisando los treinta años con un italiano, Bruno Calligaris, pero como pantalla y para poder tener un hijo, y que luego se habían separado». Por eso, Aurora, en el cuento al que hace referencia Salerno, la retrataría engatusando a un «pobre tano». Algunas alumnas del taller de la Lahitte dicen que se sintieron «no acosadas, eso jamás, pero deseadas podría ser...». Testimonios todavía más desorbitados leen en sus poemas donde el goce, el cuerpo y la libertad aparecen, para el *modus pudorosus* de su tiempo, escandalosamente celebrados, un manifiesto lésbico poco encubierto. Recitan, como prueba, por ejemplo, «Tigre»: «Dicen / que el territorio de las hembras / es menor. // Pero el olor a hembra atraviesa el verano / y el celo / es territorio prometido / para tigres / y albatros». Definitivamente, todo esto no significa nada más ni nada menos que «lo que se dice» en las catacumbas platenses.

Lo que se sabe es que el 23 de junio de 2004 en un acto de homenaje a los poetas Francisco López Merino y Almafuerte, horas antes de este encuentro donde una de sus oradoras iba a ser la Lahitte, Venturini, que no había sido invitada, se encargó de empapelar los alrededores en pleno centro de La Plata con unos carteles confeccionados por ella misma junto con su marido. ¡Es posible imaginar la adrenalina que habrá corrido desde que pergeñaron el «atentado»! Estos carteles, que todos los testigos aseguran que fueron pegados a plena luz del día por la pareja, tenían una inscripción armada con letras de diferentes tamaños recortadas de revistas, como en los anónimos de las películas, donde se lucía una palabra: «Hermafrodita». ¿Era un insulto? ¿Era un escrache? ¿O la amenaza de develar públicamente un secreto compartido?

«A ese episodio lo recuerdo muy bien», interviene Pilía, «porque yo era uno de los invitados para hablar esa tarde. Aurora no había sido invitada y, evidentemente, quiso boicotear el acto. Así que, tal como te cuentan, confeccionó y mandó imprimir esos carteles y los pegaron por las calles aledañas, ella y Fermín. No decía "hermafrodita", que yo me acuerde, creo que decía algo relacionado con la orientación sexual de algunas personas que participaban del evento. Con ese argumento instaba a no asistir. Los pegaban ellos personalmente. Muchos los vieron. Recuerdo haber pensado entonces: qué mal y qué sola está Aurora...»

Otros asistentes recuerdan que el director del evento, a pocas horas de empezar, mandó quitar todos los carteles pegados en los postes de luz aledaños a la Biblioteca. Algunas personas, comprendiendo que estaban ante un evento de injuria histórica, los conservaron, así es que aquí es posible reproducir el texto que formaba «Comando Almafuerte»:

> Platenses:
> No queremos visitas de gorilas
> hermafroditas.
> Sí poetas conocidas,
> no cachuchas invertidas.

Ana Emilia Lahitte, enterada de semejante escena, a último momento, decidió no asistir al evento.

«Un día que, como todas las semanas, fui a su casa», recuerda Salerno y se estremece como si la escena estuviera ocurriendo ahora, «sin hablarme y sin mirarme abrió un libro justo en la página donde había una foto y un poema de Ana Emilia Lahitte. Le había dibujado bigotes, cuernitos y otros garabatos. No pensé en brujerías cuando vi esto. En realidad, me recordó a mi abuelo, que hacía eso mismo en el diario con gente que no le gustaba o también lo hacía para matar al aburrimiento. Al margen de algunos poemas había escrito acotaciones del tipo "qué estupidez", o agregaba versos satíricos, en tono de burla siempre. En esta foto decía: "Novia de Pedrito Aramburu, general fusilador". "Maestra de jardín de infantes y declamadora." "Monstruo."

»Me preguntó: *Decime, ¿vos estás escribiendo sobre esta?* Le dije que sí, le recordé que ya se lo había avisado en nuestra primera entrevista, que estaba haciendo un trabajo comparativo para mi tesis de doctorado, y que ella había estado de acuerdo. *No serás vos también una de esas tantas que pretenden hacerse famosas a costa mía, ¿no?* Desconoció que hubiéramos tenido aquella primera conversación y en ese mismo momento, me echó de su casa. Me dijo que no volviera nunca más.»[4]

13
Los tres sabios de la psiquis

—*Si siempre tuvo tan claro que quería ser escritora, ¿por qué no se inscribió en la Facultad de Letras?*

—*¡Porque escribir ya sabía! Yo quería entrar en las cosas misteriosas, siempre me gustó el ocultismo. La psicología, en parte, es eso, ¿o no? Me anoté en la Facultad de Humanidades de la Universidad Nacional de La Plata, donde me recibí de profesora de Filosofía y Ciencias de la Educación porque quería aprender sobre los misterios de la mente. Hay casos maravillosos que exceden cualquier intento de investigación o comprobación, por ejemplo, el de una pequeña brutalmente golpeada y abusada por sus progenitores que constantemente piensa en un tigre que se los devora... Y un amanecer, luego de una noche tormentosa, ambos aparecerán destrozados por una fiera que no podrá ser descubierta. La psicología y los test nos permiten a los especializados acercarnos a los bosques más incendiados sin quemarnos.*[1]

El profesor de Psicopedagogía de la Mary O. Graham ya en la primera clase había detectado en su alumna de cuarto año una imaginación fuera de registro. «La imaginación en su aspecto más simple nos da la realidad ausente», ha escrito en el pizarrón el doctor Alfredo D. Calcagno y todo lo que siguió diciendo sobre el rol vital de la fantasía fue interpretado por esa chica como una invitación a explorar la imaginación pero «en su aspecto más complejo»... Sigue explicando en clase el profesor: «La gradación de las diferencias individuales es grande porque las cualidades que acompañan a esta forma de la imaginación, en grados diferentes, son: la *vivacidad* de la representación de las imágenes, la *rapidez* en presentarse, la *selección* de las mismas imágenes, y la *actividad* combinatriz de construir el cuadro mental con el conjunto. Ahora bien, todos los sujetos no poseen estas cualidades, igualmente, ya en totalidad ya sea separadamente. Pero quien las posee a todas tiene uno de los mejores medios para la reproducción artística, sea lo que sea la imagen que se represente». Ella levantó la mano y dijo de memoria un poema propio como respuesta a la pregunta «¿Quedó claro?».

Para entonces, Calcagno es una eminencia de la psicopedagogía argentina, lidera la famosa Escuela de La Plata, caracterizada por el lugar central que ocupa la producción de datos, test y cuestionarios en la evaluación de las aptitudes en niños y niñas. Hay que abrir la mente, diseccionarla, porque la mente se puede medir. Calcagno lleva inventados más de treinta instrumentos para medir la percepción. Con el hafiestesiómetro mide el tacto. Con el osmiestesiómetro mide el olfato. Expone sus conclusiones en clase para las alumnas de la Escuela Normal: «El índice y el pulgar por sí solos disponen de un territorio cortical casi tan extenso como el de toda la región de la piel. La agudeza táctil es igual para todos los sujetos, excepto los casos de patologías psiquiátricas o neurológicas». La alumna levanta la mano. Pregunta por las líneas de la mano. ¿Hay un destino? Efectivamente, esas líneas hablan. Y hay más: con un cuestionario pergeñado por el profesor, es posible arrancar de la oscuridad los recuerdos más rebeldes de la infancia.

«Confieso que lo único que yo amaba: mis estudios y aprobar con sobresaliente... En Humanidades trabajaba Pedro, un viejecito nervioso que nos leía el puntaje obtenido en los exámenes. Se acostumbraba silenciar el nombre del aplazado. Yo exultaba de goce fenomenal cuando don Pedro leía mi nombre en la lista: sobresaliente... "Sobresaliente con felicitación de la mesa." Y el universo era para mí una enorme boca sonriente. Me acuerdo de Introducción a la filosofía. Rendíamos escrito y oral, siendo difícil aprobar debido al exigente mal humor del catedrático, a su pose dictatorial que no le encuadraba por el estado de invalidez pendulando entre dos muletas. Juzgué que nos odiaba por nuestra juventud y hermosura. A cierta edad todos somos bellos. Me hallaba en capilla. Mi compañera, Alicia Alsina, rendía oral sobre los presocráticos. A los tres profesores no se les movía un músculo de la cara ni de ninguna parte anatómica, eran tres parcas afilando sus guadañas. Cloto, Láquesis y Átropos elaboraban sus faenas controlando a la tremulante Alicia que había estudiado a fondo y aprobado con suficiente su monografía. Yo obtuve distinguido. Pero creo haber merecido sobresaliente porque amaba a Emanuel Kant y a su *Crítica de la razón pura,* y además sé redactar.» (AMLFB)

A partir de este momento, a las tres Auroras —la niña rural, la poeta de cenáculos y la peronista de primera hora— se les superpone «la psicómetra». Ingresa en 1940 a una facultad famosa por ser sede de una cumbre de sabios dedicados a perseguir y atrapar los misterios de la mente.

Ha perdido un par de cuatrimestres debilitada por una herida de amor, pero retoma el rumbo y sale de allí en 1947 con su diploma y la convicción de que «los test de inteligencia y de personalidad constituyen la aritmética del psicoanálisis.»

Declara en una entrevista para el libro *La maldita:* «En psicología tenés que saber todo. No era psicología de diván la nuestra... esos son unos charlatanes. Soy psicómetra. Nosotros trabajamos con los test y la matemática. Anotamos el puntaje, los niveles, vemos los rasgos de la personalidad. A los chicos míos de quinto año yo les enseñé algunos test. El Rorschach no, porque es muy dramático. Porque si lo aplicás como se debe, queda el tipo como hipnotizado y te cuenta hasta lo que comió. He tenido cada confesión... y después no se acuerda de lo que dijo. Es tremendo. Rorschach lo hizo de casualidad, se le cayó un tintero, dobló la hoja y quedó la figura duplicada».

La elección de esta carrera prueba hasta qué punto tiene encendido el radar para la agenda política de su país. En diciembre de 1920, el Consejo Superior de la Universidad Nacional de La Plata había aprobado un nuevo plan de estudios para las carreras de su facultad, que pasó a llamarse Facultad de Humanidades y Ciencias de la Educación. Bajo la tutela del filósofo Alejandro Korn, empezó por ser una modesta sección pedagógica, semejante a una Escuela Normal, y sin abandonar este carácter pasó a ser Facultad de Ciencias de la Educación. La psicología en sus formas aplicadas se volvió el eje para formar técnicos de magisterio. La psicología experimental tuvo dos centros universitarios: Buenos Aires y La Plata. La primera cátedra de Psicología se abrió en la Facultad de Filosofía y Letras en 1896, no dejó de ser apenas una materia hasta que en 1958 se creó la carrera de Psicología, que recién en 1974 se independiza de Filosofía y Letras. Todo esto para decir que Aurora Venturini es psicóloga antes de que la psicología existiera oficialmente.

La infancia, que desde el siglo anterior se había vuelto un asunto de Estado, de pronto requiere especialistas para medirla, protegerla y ubicarla. Aparecen las pruebas para detectar desvíos y excepciones. Por primera vez en la Argentina, las maestras se forman para administrar pruebas psicométricas y cuestionarios psicológicos. Aurora es una de las encargadas de difundir estos saberes. Ni la familia ni el niño son aptos para saber algo de sí mismos ni elegir la profesión o el oficio adecuados. El talento y la minusvalía son asuntos medibles y el Estado es el encargado de hacerlo. Los expedientes del Tribunal de Menores (creado en 1939) dan cuenta de la cantidad de personal experto en las instituciones que intervienen en el proceso judicial, que ahora busca sustituir castigo por educación. Hay dos infancias en foco: la del «niño en peligro», a quien se intenta proteger en la familia y en la escuela, y la del «niño peligroso», destinado a «reformarse» en institutos de corrección, colonias agrarias o de oficios. La psicómetra peronista se tomará muy en serio el trabajo de rescatar a los aptos de ese segundo destino. Se irá topando con las fallas del sistema, lo siniestro de la burocracia abusadora, mentirosa y pedófila. «Menores»: una identidad marcada por el déficit. «Menores»: materia prima de la factoría Venturini.

Entre el positivismo y el ocultismo, entre la disección y el experimento, ninguna criatura fuera de la norma tendría el lugar que tienen en su literatura si ella no hubiera pasado una temporada en el sótano del Museo de Ciencias Naturales entre momias y vísceras como alumna del neurobiólogo alemán Christofredo Jakob; si no hubiera recibido de manos del psicoanalista húngaro Béla Szèkely las manchas del test de Rorschach y si no hubiera conocido al profesor Calcagno, que le presentó a los dos. Es en este capítulo cuando descubre que existe algo más que la realidad, «la psiquis», que el inconsciente no es solo oscuridad, represión y trauma. También lleva, como una semilla mágica, la posibilidad de una revancha simbólica.

Cuando se trata de hablar de qué es lo que estudiaba en aquellos años y qué es lo que aplicaba en sus pacientes, toma otro tono su voz, y como poseída por un saber que ya no existe, explica lo que aprendió: «La psiquis, dominadora del soma, puede desarrollar fuerzas poderosas en un sujeto débil; existen sucedidos, de este tipo de desborde, sorprendentes. Hay hechos maravillosos que exceden nuestra capacidad de sorpresa. No es cuestión de afirmar que son imposibles, sino de aceptar estas circunstancias y tratarlas médicamente. La ciencia psicológica nos prepara para hacer funcionar la batería de test que pondrá encima de nuestra mesa de trabajo, luego de su interpretación, aquello que el sujeto oculta o tal vez atribuye a posesiones y otras arbitrariedades. Como psicóloga he comprobado que el escritor se siente desubicado al perder en oficios y trabajos ajenos a su *metier,* los tiempos que el mismo *metier* le exige, coincidentes muchas veces con el arribo del tema aparentemente inesperado pero inmanente en su naturaleza».

Entre 1946 y 1956 ejerce como psicóloga y psicómetra en la Dirección General del Menor de la Provincia de Buenos Aires. También es asesora del Instituto de Psicología y Reeducación del Menor. Conoce aquí a toda una población nacida para descarte o reciclaje, que dos décadas más tarde encontrará asilo en su literatura: los idiotas, las bobaliconas, las morochitas de ojos aindiados, los enanos, las superdotadas, las ninfómanas, la gente con olor rancio, las niñas abusadas por sus propios padres o por los jueces que las tutelan.[2]

Cuando el gobierno argentino le propuso a Christofredo Jakob (1866-1956) dejar su país para refundar aquí la escuela de neurobiología, dirigir el Hospital Nacional de Alienadas (hoy Moyano) y despertar a la comunidad científica local, no preguntó por las condiciones contractuales como habían hecho otros colegas: quiso saber de cuántos cráneos dispondría para su disección. El médico Domingo Cabred, profesor titular de Clínica Psiquiátrica de la Universidad de Buenos Aires, le respondió que tendría trescientos cerebros por año a su disposición.

El doctor Jakob, que a sus veintinueve años ya había publicado un gran atlas del cerebro humano normal y del patológico, se embarcó hacia Buenos Aires con su familia fuera lo que fuera ese lugar perdido en el mapa. Compró un diccionario alemán-español para poder comunicarse con los nativos. En su país apenas le permitían abrir entre dos y tres encéfalos por año. Su objetivo era avanzar en sus estudios comparativos sobre el aparato nervioso de humanos y animales; buscaba, igual que Aurora, una explicación para «el misterio del pensamiento». Consiguió mucho más que eso. Para resumir la importancia de su presencia en este país, diremos que el 17 de julio, fecha en que se hizo cargo del laboratorio argentino, se conmemora el Día del Investigador Neurocientífico.

Las autopsias se practicaban en un baño abandonado del Hospicio de las Mercedes (hoy Hospital Borda), donde fue nombrado director (1899-1910) y donde en poco tiempo —diccionario alemán-español mediante— levantó el laboratorio más importante de Iberoamérica. Una foto de archivo lo muestra en un día de sol, con su guardapolvo blanco, cortando un cerebro a mano alzada en la balaustrada del laboratorio. Fue el primer catedrático titular de Biología de la Facultad de Filosofía y Letras de Buenos Aires, y de Biología y Sistema Nervioso y Anatomía y Fisiología Patológica de La Plata. Modeló a generaciones de neurólogos y psiquiatras, además de cirujanos, médicos y curiosos: desde José

Ingenieros (1875-1925) y Alicia Moreau de Justo (1885-1986) hasta Aurora Venturini, que pertenece a una de las últimas camadas de estudiantes que cambian Latín y Griego por la optativa Antropología para conocer a este maestro de ochenta años y fama de genio aterrador que, además de todo el currículum conocido, viene a proponer un nuevo enfoque para los estudios psicológicos.

«La materia Antropología estaba a cargo del profesor-doctor Christofredo Jacob. Este señor, natural de Baviera, Alemania, a pesar de que nos rebajaba a la minúscula minusvalía estatural de una hormiga, enseñó a los escasos sobrevivientes del aula a ver más que a mirar, a opinar más que a hablar, a pesar de las consecuencias que de tales composturas devinieran. Entre huesos, huacos, fierros, vasos, vasijas, pieles, momias y expectantes desde sus órbitas secas que colgaban junto a nosotros asistiendo (aunque jamás dijeran ni opinaran ni mu), tomábamos apuntes sigilosos, interrogábamos sin conseguir respuesta; Jacob solo contestaba cuando el argumento valía la pena según su caletre. Y nos callábamos mohínos, con el interior magullado y a un mismo tiempo grato de estar frente a un sabio.» (AMLFB)

Las clases se dictan en el sótano del Museo de Ciencias Naturales, donde estudiantes de diversas disciplinas llegan para conocer sus revolucionarios métodos de estudio. Se rumoreaba que no dormía nunca y que nunca daba señales de cansancio, mientras que el menor signo de fatiga o distracción en el alumnado era motivo de expulsión. Quien no cumpliera sus normas, que eran muchas e imposibles de cumplir, recibía primero su desdén y luego una humillante despedida. Pero en cuanto advertía constancia y humildad, dicen que se podía conversar con él de cualquier cosa, como lo hizo con Aurora más de una vez.

Cuando vea al profesor Christofredo Jacob le contaré mi aventura con Jorge Luis. «¡Oh!», exclamó. Habló luego con acento germánico porque nació en Baviera: «Usted no debió ser tan débil y accesible, y se ha dejado deslumbrar por uno que se las sabe todas... No insista en la tontería, nena, vuelva a ser usted misma y a otro capítulo de otra historia». Le hice caso. Me encaramé a la colina de un orgullo desmedido que será mi ánima (en *Los rieles).*

Res non verba era el lema que practicaba y exigía en clase. De otras cátedras venían a verlo dibujar en el pizarrón partes del cuerpo humano, órganos o especies botánicas. Esos dibujos con los que llenaba cuadernos y libros son considerados por sus discípulos piezas de arte-ciencia imposibles de superar. Mucho menos por Aurora, que se considera una «minusválida manual» y que pide ayuda a compañeras de clase para que el profesor no lo note.

Jakob inventaba palabras. Hablaba muy bien el castellano, no era una dificultad con el idioma la razón de sus neologismos. Sus biógrafos argumentan que para ciertas ideas y conceptos faltaban términos que tuvo que salir a buscar. Es una licencia que su alumna trasladó luego a su literatura. La alumna se queda hasta muy tarde, sale de la clase cuando el museo ya está cerrado al público. Se comenta que «tiene algo con el profesor Jakob». No tiene nada, pero la fama ganada con el *affaire* Hirschi la seguirá hasta que se case y siente cabeza.

«Me fascinaba al verlo entrar a la gran aula, y con el transcurso de las clases él también se fascinó conmigo, todo esto dicho desde un nivel intelectual absoluto. Jacob se anunciaba desde los pasillos altos, luego bajando la escaleríta de hierro y latón que asomábase con pesados pasos. Nacido en Baviera, no pudo ser sino alemán... Señor muy fornido y poderoso. La falta de tiempo para dedicar a su presentación en público lo convirtió en una gran trama peluda, de la cual la cabellera que dejaba deslizar largos rulos dejaba, en la cara, fulgurar dos estrellas ardorosas que miraban entre una tremenda hirsutez. En su mano derecha faltaban dedos: pulgar, índice y el del medio, y una fracción lineal de la palma. Arrastraba un banquito y señalaba inmensidades de una insigne antigüedad cruel que ponía de manifiesto nuestros bestiales y tristísimos orígenes. Con sarcasmo solía añadir al señalamiento: "De esta porquería salimos".» (AMLFB)

Jakob propone una psicología asociada a los estudios biológicos. Ha publicado artículos en revistas e incluso fue miembro de la Sociedad de Psicología de Buenos Aires. «No buscamos», dice el profesor, «una psicología en el aire de la fantasía, sino en la tierra firme de los estudios biológicos modernos. Y si para eso existen grandísimas dificultades y oscuridades insuperables todavía, eso no debe ser sino un estímulo más para el espíritu humano, para quien las dificultades existen para vencerlas.»

«Un anochecer, en el límite del macadam con la callejuela, Jacob me conminó a que me graduara y él vería la posibilidad de conseguirme una pasantía junto a su cátedra. Recuerdo que me dijo: "Usted va a tener posibilidad de dictar cátedras de Ciencias de la Educación y Psicología, y no reducirse a las clases de Antropología, que son muy exigentes y de ahí, muy peligrosas". Le pregunté el porqué de tal peligrosidad... Dijo: "La antropología absorbe el seso y el sexo". No llegué a captar de qué monstruosidad me estaba tratando de salvar, este señor cauto y medido en la totalidad de sus actitudes y expresiones. Igual, no insistí. Resolví rendir. Obtuve sobresaliente y felicitación de la mesa. Fui ayudante de la cátedra junto al doctor-profesor Christofredo Jacob. En más de una ocasión me quedaba a dormir en el Museo donde me atrapara la sueñera. Al amanecer de esas noches, salía disparada a mi departamento a ducharme y desayunar. Además, conseguí horas de Psicología en escuelas secundarias y planeaba un viaje a Europa. Cumplía veintisiete años que no significaban ni mucho ni poco; significaban un apenas marginal en una existencia desaforada de ambiciones. La confianza con Jacob llegó al punto de que me sumara a las bestias maltratadas, no con crueldad física; con sacudimientos psíquicos. Yo amaba profundamente al sabio y lo hubiera puesto encima de un trono, pero solía advertir que vivía expuesta a sucumbir ante la soberbia de su voz tonante, a la fiereza de su accionar de mando, al genio tedesco.» (AAV)

Christofredo Jakob aparece en el cuento «Laura Laínez», que transcurre en el aula del profesor, donde vuelve casi con las mismas palabras la escena de la despedida.

> Un anochecer, en el límite del macadam con la callejuela, Jacob me conminó a que me graduara y él vería la posibilidad de conseguirme una pasantía junto a su cátedra. Recuerdo que me dijo: «Usted va a tener posibilidad de dictar cátedras de Ciencias de la Educación y Psicología, y no reducirse a las clases de Antropología, que son muy exigentes, y de ahí, muy peligrosas». Le pregunté por qué tal peligrosidad... Dijo: «La Antropología absorbe el seso y el sexo». No llegué a captar de qué monstruosidad me estaba tratando de salvar este señor cauto y medido en la totalidad de sus actitudes y expresiones. Igual, no insistí. Creo que fue la noche de despedida con el beso mentado por Laura. Beso en la mejilla que no dejó sino la huella de una caricia peluda y áspera.

Todo lo que se dice del profesor en la ficción coincide con sus datos biográficos, salvo un detalle. La discípula cuenta en su novela *Nanina, Justina y el Dr. Rorschach* que «un buen día, cansado, el anciano se fue, se volvió a morir a su país». En la vida real, murió a sus noventa años en el barrio de Belgrano en Buenos Aires y, como veremos más adelante, fue ella la que renunció a la vida académica. No se registran trabajos de tesis firmados por Venturini y tampoco aparece nombrada entre los y las estudiantes que realizaron proyectos supervisados por el maestro. Todo indica que fue una alumna aplicada, que utilizó lo aprendido en las instituciones donde trabajó y en todo lo que vino después.

«¿Qué ve usted en esta lámina?» Esta es la primera pregunta que formula la psicómetra Venturini a la persona que se dispone a examinar. Así lo manda el protocolo que trajo a la Argentina su maestro, Béla Szèkely el tercer sabio de la psiquis en esta cadena de influencias. La profesional siempre tiene enfrente a un niño o una niña internado en un instituto. Le informa que se le presentará una serie de láminas, pero no dice la cantidad. La consigna es sencilla, la interpretación no.

«Son muchas variables que deben tenerse en cuenta para la interpretación del test de Rorschach, no es un test de pacotilla de los que salen en las revistas, es un arma precisa y peligrosa.»

La psicómetra le explica a su paciente que puede focalizar en la figura completa o en partes de ella, observarla en el mismo sentido en que se presenta o hacerla rotar. «¿Qué ve usted en esta lámina?» La pregunta se repetirá diez veces. La psicómetra anota cada respuesta y luego reitera lo dicho en voz alta de forma tal que la persona examinada pueda corroborar o reelaborar la respuesta. Esta es la «prueba de realidad». Luego se analizan las respuestas teniendo en cuenta si la persona examinada ha visto movimiento, color, textura, forma o sombreados.

Encuentro cumbre. «Por entonces me vi frente a un psicólogo tremendo, Béla Szèkely. Venía este ser ilustre acompañado por el doctor Alfredo Calcagno. Nos conectamos mediante el tratamiento de menores internados en institutos dedicados a proteger la infancia abandonada. El ilustre ser reciente me introduciría en ánima entera en el psicodiagnóstico derivado de la interpretación de las diez manchas del doctor Rorschach.» (AMLFB)

Ahora sí, la estudiante está a punto de alcanzar su momento académico más alto. Se convertirá en la asistente del maestro.

Szèkely había nacido en 1892 en Transilvania, entonces territorio húngaro, y desde 1918, rumano. Filósofo, sociólogo, psiquiatra y psicoanalista, realizó una brillante carrera académica en Europa hasta que, ante la desaparición de su país y el avance del nazismo, emigró a la Argentina. Se supone que adquirió sus conocimientos sobre psicología en forma autodidacta, y se sabe que no era médico. Quienes intentan su biografía se encuentran con muchas lagunas, por momentos no se sabe dónde ha ido ni qué hace. Se registra un primer libro publicado en Budapest, *Del niño al hombre* (1925), guía psicopedagógica para padres, madres y especialistas con un enfoque en el desarrollo y las necesidades infantiles. Según los archivos, llegó a la Argentina en 1938 en la diáspora judía posterior a los campos de concentración nazis, enseguida aprendió castellano y en 1939 ya estaba dando una conferencia en la Sociedad de Psicología de Buenos Aires sobre «La mujer como un fenómeno psicológico» y divulgando sus trabajos sobre la aplicación del test de Rorschach. Funda el Instituto Sigmund Freud para el tratamiento de la infancia, donde aplica las teorías educativas de Adler junto con sus lecturas marxistas y también conceptos de Wilhelm Reich, entre otros cruces no convencionales. En 1942 llega a La Plata invitado por Calcagno y allí es donde este «analista a la deriva», como lo define Germán García, se encuentra con Aurora, una de las contadas alumnas que se apasionan con sus propuestas.

La pionera del psicoanálisis en la Argentina, Marie Langer (1910-1987),[3] recuerda en sus *Memorias:* «En Buenos Aires supe de un húngaro, Béla Szèkely, que por entonces era famoso en los círculos de la psicología. Cuando lo conocí, me invitó a su Instituto de Salud Mental, que era financiado por la comunidad judía. Me mostró lo que estaba haciendo y me preguntó si quería trabajar psicoanalíticamente con él. Szèkely afirmó ser el único analista serio en Buenos Aires. Era poco probable. "Si quiere trabajar de forma creativa", me dijo, "quédese conmigo, pero si quiere hacer análisis ortodoxo y ganar dinero, vaya a ver al doctor Garma"».

Claramente, Langer no aceptó el convite. Otros tantos y tantas no aceptaron y en pocos años el autor del libro *Los tests* (un verdadero *best seller* de la época editado por Kapelusz) fue quedando aislado, «a la deriva», por fuera de la «familia psicoanalítica nacional» (llámese APA).

A instancias de Calcagno, Szèkely funda la Clínica de Conducta Víctor Mercante e introduce la aplicación del psicodiagnóstico de Rorschach en el Instituto de Minoridad, departamento del Ministerio de Salud donde trabaja Aurora, que, muy lejos de Marie Langer, está interesada en «trabajar de modo creativo». Se somete ella misma al test y comienza a aplicarlo recién cuando Szèkely la considera apta.

«Aprendí a fondo a manipular las láminas de manchas atroces; me humillé. Otras me atosigaron, desorientaron, y todas me obligaban a dejar en descubierto los más desteñidos lastres de una gaveta secreta y azarosa. Antes de testear, fui sometida al test a fin de no sumar mis espantos a los ajenos. Rorschach significa una pala mecánica rasurante y dominadora. Nadie podría negarse a sus tremendos interrogantes, a un poder magnético que fluye de esos cartones, aparentemente sosos e infantiles. Tras un rostro de ángel solíase asomar el peor suburbio del valle de la culpa, lo inesperado, lo sublime, los sacrificios, las ambiciones, la muerte querida y la muerte odiada; las herencias malditas. El Todo. Los humanos nacemos dispuestos y resueltos a nuestra propia autodefensa, barrera que rompe la prueba con la interpretación de los repulsivos colores, que mirados por encima del hombro, asemejan pétalos de rosas rojas... En ocasiones, pensé dejar de testear. Béla insinuó: "Prosiga usted, está muy dotada...". Proseguí para bien de muchos. Para mal de alguno que, al verse desnudo reflejado en el espejo, no soportó la imagen y se suicidó. Mi especialización en materia psicológica me introdujo en instituciones dedicadas a la salud integral de la persona humana, es decir, a los lugares donde se estudia al sujeto integralmente: psicosomáticamente. Y fui a los manicomios y a los hospitales. Szèkely nunca estaba conforme con la teoría sin práctica. Decía: "Usted estudia la letra y luego le pone la música", y como conocía bastante de la tercera posición política de ese momento, decía: "Mejor es hacer que decir". Estudiar y manos a la obra.» (AAV)

Las clases de Szèkely no responden a ninguna convención. Enseña a aplicar los test, pero además enseña otras mil cosas. A sentir, a analizar el sentir, a hablar en público. Aurora aprende una batería de técnicas infalibles de oratoria que luego pondrá en práctica en cada una de sus apariciones públicas. El profesor invita a combinar una retórica coloquial con los saberes complejos aprendidos en clase, encadenar tonos y registros, buscar en lo más alto y en lo más hondo: «Las formas y circunstancias de una conferencia implican: palabra viva, una verdadera transferencia, en el sentido psicoanalítico, entre el orador y el público. La palabra se ablanda, se suaviza, pierde su agudeza, su exactitud. La transferencia hace de la conferencia una obra colectiva».

Cuando considera que la discípula está lista, la conmina a dejar aula y libros por una tarde. Salir a la calle. Los métodos de Szèkely resultaron ser tan extremos como los de Jakob. La primera prueba es en un hospital público y el trabajo práctico consiste en presenciar un parto. *Le dije que no pensaba tocar el feto, y me dijo: «Usted lo que tiene que hacer es observar».* Si quiere ejercer como científica de la mente, ella, que jamás ha soñado con la maternidad y se espanta ante la idea de un cuerpo modificado durante nueve meses, tiene que entrar a la sala de partos y observar. Se coloca frente a la parturienta, que ya está con las piernas enganchadas a unos pedales de metal mientras una partera con delantal celeste hace sus maniobras. Registrar, describir y evaluar lo visto y lo sentido, esa es la consigna.

La discípula informa:

> Entré a la maternidad. Es un gris hospital estilo antiguo, demasiado amplio y llano. Desértico páramo de baldosas blancas. Se oían los gritos de la rusa (lo supe al instante) parturienta. Nos introdujeron a la sala y vi de repente dos patas callosas delante de mi cara; las patas significaban pies de dos piernas muy gordas cubiertas de pelos colorados, abiertas, encimadas en una camilla con sábana azul. En medio de las piernas tremulaba una cotorra coloradísima. Encima y atrás, elevábase una montaña rusa rugiente. No pude desde mi puesto ver la cara de la mujer rusa, colorada y parturienta; oí que le reclamaban voz en cuello varias mujeres y un médico: «Puje... puje... puje...», y la doña obedecía al punto que se le soltó una lofa feroz como las que se tiran los caballos del campito

de don Zaba, en City Bell; tras el pedo que se habrá escuchado en estampida hasta en la localidad de Berisso (de ahí era ella), empezó a salir algo oscuro y oloroso que dijeron se trataba de un tipo de diarrea común en casos de fuerza mayor, y que no nos inmutáramos porque ya salía la cabecita. Imaginé un sorullo. Y no, fue el feto fato muy orondo navegando el río maternal de caca líquida. Salí al patiecito a vomitar lo que no había siquiera comido. Béla espetó: «Ahora usted sabe cuánto sufre una mamá, y una psicóloga tiene que saber lo más posible del género humano con el cual confeccionará sus pruebas, y el porqué de ciertos desarraigos, hábitos, fatigas, euforias, etc.».

Entre la exposición del caso clínico y el chisme, la científica Venturini cultiva un registro por fuera de la convención, el mismo que usan las psicólogas que ejercen en casi todas sus ficciones cuando redactan veredictos clínicos —María Assuri en *Nosotros, los Caserta*— o cuando explican lo que es el sexo y el alma a las niñas que preguntan —como en *Las primas.*

«Podía enredarse en las lianas de la lírica como chapotear entre insultos de borracho», había notado Leila Guerriero en conversación con ella, mientras que Mariana Enriquez definió su estilo como el de «un Kafka soez». Al adoptar a François Villon[4] como su poeta maldito, forajido y ladrón que desde la Edad Media le ha marcado el camino a los malditos que siguieron, su boca sucia encontró su poética. Aurora, traductora y biógrafa de Villon, en su trabajo sobre él destaca estos versos:

> Soy François y el nombre me duele, / nacido en Pontoise, cerca de París, / y balanceándome al cabo de una cuerda, / sentirá mi cuello lo que mi culo pesa / [...] Mas si amanece y

no aportó dinero, / ¡ay de Margot! Entonces enfurezco. / No puedo verla, degollarla quiero / [...] Pero vuelve la paz, se tira un pedo.

En la clase siguiente deberá presentarse en un asilo de ancianos para registrar los últimos minutos de un moribundo. Szèkely la conmina a quedarse todo lo que sea necesario observando y sintiendo el último suspiro, propio y ajeno.

Muchos años después, en 2002, Venturini publica la novela que da cuenta de su paso por estas instituciones. *Nanina, Justina y el doctor Rorschach* es la historia de una psicóloga que aplica el test de Rorschach en dos internadas de Minoridad y que, en su afán por sacar a la luz lo reprimido, comete un error. Los tres sabios de la psiquis aparecen aquí como personajes centrales.

Entre la rienda suelta a la subjetividad y la observación participante, la narradora presenta un fracaso de la misma ciencia que venera. Ha aplicado el test, ha logrado descubrir el trauma, y su paciente, Justina, que había llegado sola pidiendo refugio a los doce años, ahora que ha cumplido dieciséis bajo su tutela se acaba de suicidar.

Bautiza a sus protagonistas con referencias literarias. Justina es el personaje de Lawrence Durrell que da título a uno de los tomos de *El cuarteto de Alejandría*.[5] Nanina viene a homenajear —o lisonjear— al prestigioso psicoanalista Germán García,[6] quien responde al convite y escribe el prólogo para la edición de Editorial Dunken. García reconoce en esta novela un testimonio vivo de los comienzos de la psicología en el país: «Se trata de un documento de época, de un momento en la constitución de una disciplina. Y de un fracaso... El relato de su caso no se parece a un historial clínico, sino a la puesta en escena de una vida, de un lenguaje que la narradora comparte con lo narrado. Un ángel ha muerto, se evoca su historia como la huella de esa ausencia, de esa presencia singular que ahora falta en el mundo».

La protagonista de *Nanina, Justina y el doctor Rorschach* es una psicómetra de Minoridad que aprendió la aplicación del test de la mano de Béla Szèkely. ¿Alguna coincidencia con la vida real? La autora declara en entrevistas que se ha ocupado de narrar aquí esta horrenda experiencia que culminó con el suicidio de un paciente. Su narradora-psicómetra dedica un capítulo a explicar el test de Rorschach para lectores y lectoras no legos. Gran oportunidad para escuchar a la profesora Venturini dando cátedra:

> Sugiero que la imaginación está presente en todo momento, hecho, acto, etcétera, de nuestra existencia. En Suiza lo aplicaron de esta manera hasta que en 1930 lo hace suyo la escuela norteamericana y en 1939 es incluido como «prueba proyectiva», significando valiosas las respuestas abiertas a lo creativo imaginativo, al constante movimiento de la psiquis que supera cualquier otra dinámica y que es imposible de apresar en una página. La personalidad volcada en una mancha exhuma increíbles maravillas, crea escuelas interpretativas: fenomenologista, cognoscitiva, psicoanalista. El doctor Exner despoja del cerrado y oscuro cientificismo a Rorschach y lo convierte en prueba de libre —aunque— lógica interpretación; es decir, las respuestas serán la fotografía de un interior más o menos refrenado. Pero hay que cuidar cómo se aplica y luego nos sorprenderemos del resultado por manifestaciones del testeado, averiguaciones, etcétera. Lo cierto es que Rorschach, prueba de comportamiento, funciona. Las cinco láminas en blanco y negro (grises) y las cinco coloreadas, suman diez llaves que

bien insertadas en las cerraduras anímicas exploran en el sombrío interior del humano el síndrome de una duda, inquietud, miedo. Sería interminable mentar hasta dónde llega el escalpelo y libera lo más dulce o lo más amargo del ánima-psiquis. Es útil para sugerir tratamientos de toda índole, en cuanto a la psicología de la salud, campos forense y judicial. No es mi propósito enseñar, en este relato, sobre la aplicación de la prueba. Solo intento concatenar la aplicación en adolescentes —Justina— y el resultado, por cierto doloroso e imprevisto. No obstante, el diagnóstico precoz ha detenido la decisión de numerosos suicidas.

Johanna Hopfengärtner, en su trabajo *Apuntes para una biografía de Béla Szèkely (1892-1955),* alerta a sus colegas: «A pesar de su vasta actividad periodística y académica, son escasos los datos que el psicoanalista, periodista y psicólogo Béla Szèkely dejó acerca de su vida personal y profesional. La reconstrucción de su biografía parece un rompecabezas con piezas procedentes de diferentes fuentes, que más de una vez resultan contradictorias. Cabe señalar que las descripciones de su vida que aparecen en la novela *Nanina, Justina y el doctor Rorschach* (2003), a las que la autora atribuye valor testimonial (y que fueron citadas por varios autores), tienen que ser tratadas con extrema precaución. Para dar un ejemplo, carece de cualquier fundamento histórico cuando sostiene que Szèkely y su mujer habían huido del campo de exterminio de Auschwitz, y que su mujer había enloquecido por el duelo de un hijo perdido».

Es hora de reconocer que cuando una persona real con su nombre y apellido entra a sus ficciones puede pasarle cualquier cosa. Puede decir y cometer acciones que jamás hizo en vida.[7] Sus personajes, tomados de la vida real, son siempre instrumentos de una causa mayor: la ficción. Pueden aparecer con su apellido mal escrito, como ocurre con Chirstofredo Jakob, que para ella es siempre Cristofredo Jacob. No escribe en tiempos de corrector automático. En el caso de Szèkely, es evidente que la autora ha decidido privilegiar la construcción de los judíos perseguidos y para eso elige inventar la pérdida del feto y la subsiguiente fijación de la mujer en el ovillo de lana. En la novela lo cuenta así:

> La pareja había sido descubierta hacía unos meses por el doctor Calcagno en el puerto de Buenos Aires. Decía que le habían llamado la atención aquel extranjero fornido que hombreaba bolsas y la mujer sentada en el suelo siempre tejiendo. [...] Dormían donde podían, sin separarse del paquete misterioso. La tejedora, junto a su esposo y otros judíos, había sido apresada en Budapest y entre una multitud de húngaros, empujada con punzantes horquillas de juntar pasto al interior de vagones del interminable tren aullador rumbo a Auschwitz. Iba con un embarazo de ocho meses y en el horror del amontonamiento, aplastada, expelió aquello que llevó entre los brazos hasta que los vagones expulsaron en Auschwitz el contenido de la desgracia y ella, sin desprenderse de los pedazos de lo que debió ser un niño, cayó al pantano. Béla Szèkely, que a su vez traía un paquete enorme de papeles y a su Mujer/Penélope que tejía constantemente, aun estando de pie, con la lana que subía de un canastito al que de cuando en cuando mecía como a un bebé.

En el caso de Szèkely, los datos de su vida son tan escasos que la ansiedad que ataca a quienes escriben biografías ha llevado a tomar los recursos literarios de Aurora como datos de la realidad. Entonces, ¿el problema es de ella o de quien la lee? Ante esta pregunta de teoría literaria, quienes defienden la verdad de su biografiado responden: «En las dos oportunidades en que la autora participó de mesas y congresos donde se analizó su texto, ante la pregunta por la veracidad de lo narrado, ella contestó que todo era verdad».

Una licencia similar se toma en *Eva. Alfa y Omega* cuando afirma que a Juancito Duarte lo mandó a matar Perón y que la familia de Eva lo confirma. Va todavía más allá: «Hace algunos años, Cristina Álvarez Rodríguez, sobrina nieta, contestó la pregunta de ¿cómo murió el tío?: "Lo mandó matar Perón"». Cuando Cristina Álvarez Rodríguez leyó el libro que la misma Aurora le hizo llegar, se encontró con esa declaración que no había hecho nunca en su vida. La autora, en esas mismas páginas, incluía una advertencia con pretensión de coartada: «No soy historiadora. La ciencia histórica deberán ejercerla los historiadores y yo soy una escritora que, aunque requiera del apoyo de algo acaecido en la realidad, crea fantasiosamente».

Nanina, Justina y el doctor Rorschach está dedicada «A mi querido profesor Domingo Calcagno. *In memoriam*».

14
El cottolengo argentino

En las puertas de esta institución no se le pregunta al pobre si tiene nombre, familia o religión, se le pregunta dónde es que siente algún dolor. Y el pobre siempre tiene una respuesta para esto, se supone. Por fin habrá conseguido valor de cambio aquello que se posee en surtido y cantidad. Pero la mayoría de las veces, quien llega de la mano de su madre o con la orden escrita por un funcionario, no sabe cómo responder. ¿Dolor? Vienen a depositarlo entero, al niño o niña con defectos, y a todo el dolor del mundo.

Las encargadas de abrir esa puerta parecen sopesar, como los viejos anticuarios de San Telmo, las fallas. Las monjitas del cottolengo se alegran al reconocer la merma en alguno de los cinco sentidos o ante un comportamiento fuera de registro. Dan la bienvenida.

Aurora, recién recibida, consiguió trabajo. El trayecto desde la Facultad de Humanidades hasta el cottolengo de Claypole se pasa rapidísimo mientras va repitiendo en voz baja el rosario húngaro que ella misma se ha inventado: *Para esto tuve que ver y oler el comienzo de la vida, la larva pringosa saliendo con pinta de salamín de una masa partida al medio y en río de excrementos, sudores y desgracias. Para esto, ver reventarse las venas de una frente sin pensamiento ya, ni sangre.* Tenía razón Béla, ninguno de los cuerpos que la esperan en el cottolengo representa mayor horror que ese principio y ese fin que ya conoció en sus horrorosas visitas al hospital. Hace cincuenta años, si una familia tenía un niño con alguna discapacidad, el médico aconsejaba: «Llévenlo al cottolengo». Se escribe con doble *t* en honor al sacerdote italiano Giuseppe Benedetto Cottolengo, que fundó uno de los primeros y que fue la inspiración de otro italiano, don Orione, que fundó el suyo en la Argentina.

Quien abre la puerta no siempre puede ver al que llega, pero ha aprendido a reconocer el silencio, los pasos y a dar la bienvenida. La recibe una monja. Aurora advierte en esa monja el detalle de los ojos que no ven y hace como si nada. Tiene experiencia, dice. Ha conversado un par de veces con Jorge Luis Borges sentados los dos en el banco de la plaza Moreno, y ambos han sabido pasar por alto el detalle de la ceguera. Don Orione, recién a comienzos de los cincuenta, ha permitido la incorporación de monjas ciegas.

Como en una alfombra roja, desfilan ante la experta, sus criaturas: la chica incapaz de leer la hora en los relojes pero que repite de memoria las patentes de los vehículos que pasan por la calle que se ve desde la puerta. El niño que habla con sonidos de pájaro. *¿Sabés dónde he encontrado poesía y me ha dolido mucho? En los manicomios y cottolengo cuando trabajaba como psicóloga... ¡A mí me han dicho cada cosa los locos! Hay clarividencia dentro de nosotros. Sí...*

Las niñas masturbadoras, las jóvenes con seis dedos, las enanas, los cabezudos, los minigenios de sus novelas primero estuvieron en los formularios de la institución y luego fueron sometidos a sus testeos. «Yo iba a trabajar al Cottolengo de don Orione, porque era parte de mi trabajo en Educación y Minoridad. Es un lugar donde hay cosas tremendas. Atendido por monjas. Había una sirena, una chica con las dos piernas juntas. A mí me atraían esas cosas. Los chicos que están pegados, que son siameses. Los que se arrastran. Qué espanto eso.» (AMLFB)

Pero el original movimiento de la literatura de Venturini es que en ningún momento se propone «darles voz» a los seres diferentes, sino ser ella misma, la que escribe, una más de ese montón. Y es un movimiento que no implica descender sino todo lo contrario. Habla con autoridad desde allí. Con su experiencia de una infancia desdichada, las experiencias de los poetas malditos y de su amiga Leduc, consigue volverse, y creerse, un auténtico monstruo. *Soy una minusválida física y mental, una especie leve de lunática.* Tiene su propio diagnóstico y está orgullosa de tenerlo.

¿Cuál es la diferencia entre un lunático y un demente? Aurora comienza a trabajar en esta diferencia meses antes de recibirse. Va practicando sus lecciones sobre la marcha. Como se ha expuesto en clase, un diagnóstico válido de retraso mental debe basarse en tres criterios: nivel de funcionamiento intelectual, nivel de habilidades adaptativas y edad cronológica de aparición. Simplificando, aunque hay matices, «idiota es quien no sabe contar más de tres ni diferencia una moneda de un centavo de una de veinticinco. Alguien que no puede decir quién fue su padre o su madre, ni cuántos años tiene o qué día es hoy».

Todas estas personas, por más extrañas que parezcan a quien las lea, tienen el sello y la bendición de don Orione y han sido testeadas por la profesora Venturini. Aquí aprendió que el prejuicio debe quedar afuera de la puerta y que no hay nadie que no merezca, como en el cuento de la Cenicienta, probarse el zapatito de la dignidad. Cumplirá su horario y al salir volverá a poner el cristal en su carterita de charol. El retraso mental es una categoría definida arbitrariamente, concluye. Desde ese momento, intentará sacar conejos como un mago de la misma bolsa donde han ido tirando personas ciegas, epilépticas, enanas, pobres, esquizofrénicas, criminales, sordomudas, huérfanas, feas y rematadamente locas.

En su archivo guarda un texto inédito con reflexiones sobre un «caso» del cottolengo que ha alcanzado carácter de escándalo en la prensa local. Aurora resume en estas pocas líneas su impotencia frente a las instituciones de las cuales es parte y la amorosa ambigüedad de su punto de vista hacia las diferencias: «Noticias: extraña población de extramuros. Se describía el aspecto terrorífico de uno de sus habitantes sorprendido en el techo de una vivienda de un secretario de la fiscalía. Del comentario del dueño de casa, se desprendía entre miedo, curiosidad y admiración hacia sí mismo por haber enjaulado a esa bestezuela en algo caritativo, dado que se trataba de alguien adolescente o joven aceptando esos ciclos existenciales en entidades fuera de lo común, aún incalificadas. El cachorro era algo nacido para andar a los saltos como los sapos o las ranas. Pies palmípedos. La cabeza humanoide con facciones vagamente diseñadas por un grabador o dibujante poco diestro. El bello cutis desafiaba al horror que recubría a punto de derrotarlo. El ente temblaba en la jaula opresora y la vocecita sonaba a campaña de mañanitas del rey David. Sentí que la suma del espanto a la suprema armonía daba un corolario de encuentro sublime y original. La criatura gimió su encierro, el tosco ambiente de la comisaría barrial contrastando con la suavidad del ente me significó oprobioso y decadente, ignorante de lo diferente del ser. Vinieron médico, psicólogos y camilleros, enguantaron sus manos, con guante agarraron la rosa sedosa y sin pecado mortal ni venial, solo pecaminosa por no ser común y corriente. Lo ataron a la camilla» (AAV).

—*¿Había un protocolo especial para tratar a los internos en los centros de reclusión que visitaba? ¿Usted tenía su método personal?*

—El cariño. Había chicos que habían matado. Comía con ellos, charlábamos de cosas. Y los viernes, los dejaba salir. Nunca me falló ninguno. Porque sabían que era verdad lo que les decía: «Si no venís el lunes, yo pierdo todo». Si se enteraban de lo que hacía, me mataban. Ellos siempre me cuidaron. Había maestras, preceptores, médicos. Si alguien llegaba a tocar a un chico, yo lo dejaba cesante enseguida. Evita me ayudó mucho con esto. Los chicos ahí tenían una familia y, sobre todo, comían bien. Hasta los médicos comían ahí con ellos.

—Recorría escuelas, institutos de menores... ¿También centros de reclusión...?

—Ellos fueron mis mejores amigos, nunca me dieron trabajo, yo tenía los peores, como dicen, porque eran los asesinos, los del Almafuerte. A ellos los manejaba muchas veces con palabrotas. Me recibí de profesora a los veinticuatro años. Evita Perón me dio las horas de clase en la Escuela N.º 1. Ahí me dieron el peor de los cursos, un quinto año donde los chicos tenían entre dieciocho y diecinueve años. Eran chicos que los habían echado de todas partes, había expulsados hasta del Colegio Militar, eran tremendos. La directora me dijo: «Si aguanta, va a seguir». Sí, le voy a aguantar. Imaginate que ya venía baqueteada de haber trabajado con los del instituto desde los veinte años, así que estos pavotes para mí no significaban ningún terror. Aquellos eran peludos, con uñas, estos eran pues... bueno... Yo fui con un vestidito color té con leche, con zapatitos lindos, bien peinada; cuando entro, uno hace «fiu fiu». Empezaron a tomarme el pelo, entonces dije yo: «¿Quién fue el pelotudo que chifló?». Casi se mueren, se miraban uno a otro diciendo qué es esta bruja. Se portaron bien toda la vida, fuimos amigos. Hace poco, a uno de sesenta y siete años lo encontré por la calle, y me dijo: «Cuando usted nos dijo eso, no lo olvidamos nunca, porque era como nosotros, una chica, y nos dejó duros, ¡y cómo la respetamos!». Mirá, todo por una palabrota en la boca menos pensada.[1]

15
Únicos privilegiados

La noche del 24 de febrero de 1946 encuentra a la poeta flamante y futura psicómetra sentada en la confitería de Bellas Artes golpeando la mesa con una mano, un cigarrillo en la otra y cantando al ritmo de la mayoría «Viva Perón». Así se espera el triunfo en las elecciones. Y el triunfo llega.

Pero ella no votó por el peronismo: todavía no existen el peronismo ni el justicialismo ni el padrón femenino. Estas elecciones presidenciales serán las últimas en que las mujeres no puedan votar y la palabra *peronismo* no circule en la Argentina en toda ocasión de emitir voto o no poder hacerlo.

Mientras celebra que el Partido Laborista llegó a la presidencia con la fórmula Perón-Quijano, los tres sabios, sus amados profesores, están a pocos días de perder sus cátedras. El gobierno va a intervenir en la política de la facultad y al año siguiente exoneran a Calcagno por su filiación radical, desmantelan la cátedra de Biología del Sistema Nervioso de Jakob, y Szèkely queda más a la deriva que nunca. La dilecta alumna se dispone a aplicar lo aprendido con ellos en dependencias del mismo gobierno que los acaba de expulsar.

En 1947, título en mano, pide audiencia con Elena Caporale, la esposa del coronel Domingo Mercante, compañero de armas del presidente y ahora gobernador de Buenos Aires. Evita lo llama «el corazón de Perón». Los diarios opositores —*La Vanguardia*— la llaman a ella «la Presidenta», mientras que la Caporale es «la Gobernadora». A «la Gobernadora» se la puede ver desde hace rato en otros diarios —*Democracia, El Argentino* y *El Día*— inaugurando hospitales, escuelas, recibiendo donativos y dando discursos. Años más tarde, además, se rendirá a la tentación de portar rodete rubio...

Pero Aurora prefería trabajar con la número uno, a quien le ha escuchado decir cosas que le gustan mucho, como por ejemplo que «en mis hogares ningún descamisado debe sentirse pobre. Por eso no hay uniformes denigrantes. Todo debe ser familiar, hogareño, amable, los patios, comedores, los dormitorios. [...] He suprimido las mesas corridas y largas, las paredes frías y desnudas, la vajilla de mendigos. [...] Los dormitorios son los menos amplios que se puede [...] a fin de que los internados no se sientan como en un cuartel».

La Caporale accedió a presentársela.

> Elena susurró: «Hoy tiene un día espantoso». Yo pensé: «No sé si podré soportarla». Entonces sus ojazos redondos y algo melancólicos se posaron en mí y dijo: «¿Qué pasa por ahí?». Estuve a punto de responder: «Pasa el pánico, la confusión, la esperanza de conocerla, el temor a no querer hacer todo». «Vamos, vamos», apuró (en *Eva. Alfa y Omega).*

¡Acaba de encontrar su lugar en el peronismo! ¿Qué clase de peronismo es el de Aurora Venturini? El peronismo de Eva Perón, donde las universitarias y profesionales sensibles tanto como las enfermeras recién recibidas ocupan un rol fundamental, por necesario, por femenino y por estratégico. La Fundación comienza en 1948, y si bien es un ente autárquico, no es autónomo, tiene una comisión directiva donde intervienen funcionarios de los diversos ministerios y sus tareas exceden el famoso reparto de víveres, medicamentos, juguetes y becas que caracterizó la obra de la acción social hasta el momento. Eva trabaja rodeada de un grupo de expertas: psicólogas, asistentes sociales, médicas, enfermeras.

«La seguimos hasta un recinto conectado con un patio exterior, repleto de seres anhelantes, golpeados. Se acercó la celadora:

»—Señora, la abuela dice que la sopa no le gusta.

»—¿Es tu abuela?

»—No, señora.

»—¿No tiene nombre?

»—Sí, se llama Águeda.

»Evita probó la sopita de cabello de ángel, expresando, entusiasta, que estaba riquísima. Y Águeda la sorbió, del todo de acuerdo. Continuamos por largos corredores donde había algunos niños a los que les preguntaba: "¿Dónde está el osito que te regalaron ayer? ¿Y la bici? ¿La muñeca con la medalla de la Virgen?". Así todo el día, todos los días... Y me di cuenta de que aunque hubiera días que terminaba exhausta, sí, iba a poder soportarla.» (Crónica en el diario *Clarín)*

A Eva no le interesan esas macanas de la psicología. Pero en ese primer encuentro, además de presentar título y currículum, la nueva colaboradora, veintiséis años por cumplir, lleva una lista de nombres. A casi todos les falta el apellido. Ha detectado un grupito de niños y niñas que por su coeficiente intelectual merecen salir de los institutos. ¡Lo han dicho los test! Le presenta la lista y asegura que hay más. Eso será psicología o lo que sea, pero suena interesante.

En una entrevista para *La Otra Cara,* Aurora recuerda: «Le caí bien. Había algunos chicos que eran una maravilla, uno que fue un gran poeta del 40, un día se lo llevé y le dije que no tenía apellido, el chico quería tener uno. Eva me dijo: "¿Y vos no conocés a ningún solterón, algún hombre que no sirva para nada...?". Entonces había uno que era cocinero, fui y le dije que Evita lo quería ver y el hombre se emocionó cuando le comenté. Luego firmó y le cedió su apellido. El chico terminó siendo un gran poeta, se llamaba Héctor Apolinario Sosa, lo puedo nombrar porque ya falleció. Teníamos pensionados para los chicos superdotados que se articulaban con las casas de admisión. Se les hacían los test a los chicos, yo era psicóloga encargada de hacerlo, y a los que estaban en condiciones de estudiar se los sacaba de los institutos y se los mandaba a una pensión e iban a las escuelas normales sin decir que eran de Minoridad para que no se les hiciera un vacío. Así surgieron muchos abogados, contadores, escribanos, maestras y maestros que venían de ahí, ningún médico, no sé por qué».

De todas las celebridades que había alardeado conocer la noche de diciembre de 2007 cuando recibió el premio por *Las primas,* Eva Perón fue la que más intriga sigue provocan-

En cada rincón de su casa hay alguna imagen de Eva Perón.

do. *Nadie me maltrató tanto como ella,*[1] *a nadie quise más.* Ese contacto la convertía, a comienzos del siglo XXI, en una embajadora del más allá, una sobreviviente que podía decirnos algo nuevo sobre el mito.

En nuestra primera entrevista, en su casa, le pedí detalles. Recordó a Juancito Duarte, lo había conocido en una de esas reuniones que hacía María Granata. *Buen mozo, simpático, un desperdicio.* Es evidente que Aurora se las arregló enseguida para hacerse amiga de la familia. Evita casi no tenía amigas ni tenía tiempo. En cambio, con doña Juana y con Blanca la relación fue mucho más constante, y por momentos, estrecha. Aurora se ofreció, ostentando su reputada experiencia en viajes a Europa, a acompañarlas cuando fueron a España a buscar el cuerpo de Eva y también a recibirlo en La Recoleta. Fue la siempre lista para lo que hiciera falta, desde las visitas al casino con doña Juana hasta las charlas telefónicas sobre la vida y la política en general con Blanca.

—*Sin bulla ni propaganda, Eva resolvió el problema de los menores que luego del test de intelecto y vocación llegaban a un nivel normal o superior. Abrió pensiones para estudiantes.*

—*¿Cómo era el mecanismo de la elección de los chicos y chicas más aptos?*

—*Las Casas de Recepción, por listado, enviaban las nóminas de todo lo seleccionado inscripto en los establecimientos. Había orden de no identificar al alumnado de Minoridad a fin de evitar discriminaciones. Conseguimos universitarios. Abogados, escribanos, contadores, profesores, y hubo más cantidad de maestras que maestros.*

Evita, apenas dos años mayor que Aurora, era la autoridad, la voz de mando. Probablemente ese trabajo codo a codo haya sido la primera y única vez en la que se sintió reconocida sin tener que recurrir al trabajo de exagerar y sin tener que creérselo sola. Superior ante sus propios descamisados; inferior ante su jefa. Magnánima y sumisa. Se había autoimpuesto una misión que coincidía con el proyecto político que acababa de triunfar. Al mando: la mujer más importante del país. A su cargo: los grasitas.

En aquella primera entrevista para *Radar,* hizo referencia a que *no nos olvidemos de que ella era una actriz.* Aludía a su naturalidad para moverse en público, pero también a su falta de formación. Las dos habían sido educadas bajo la idea de que ser actriz, para la actriz, significaba «ser alguien» y, para la gente decente, «una cualquiera».

—*Yo la veía moverse y hablar entre nosotras, y pensaba... la verdad que tiene una muy buena dicción porque es actriz, tiene voz pero le falta letra. Había que verla de cerca. Frases cortas para no perder tiempo, a veces órdenes y otras veces insultos. Lo de ella era distribuir las urgencias y no escuchar lo que le decían. ¡Esto lo quiero para mañana! Y había que correr. En el trato diario podía ser insoportable de tan inmediata. Me ofrecí a ayudarla con los discursos. Yo siempre supe redactar. Me daba cuenta de que salía al balcón sin preparar lo que iba a decir. No me respondió ni sí ni no, así que más de una vez le acerqué una redacción.*

—*Entonces, ¿podemos decir que algunos de los discursos de Eva Perón fueron escritos por Aurora Venturini?*

—*¡No! Jamás me aceptó nada. Ni siquiera los leyó. Ella era un milagro: una chica común, igual a tantas, que se encendía hasta transformarse en alguien absolutamente excepcional en contacto con el pueblo. Se asomaba y podía verle un temblor de posesión, cómo se estremecía, y yo y la gente nos estremecíamos al escucharla. Jamás he escuchado nada igual. Cuando terminaba quedaba agotada, hasta parecía más flaca, demacrada, sufría un desgaste de amor.*

Cada vez que se producía un silencio, la secretaria se sentía con la obligación de intervenir, aunque en voz muy baja: «¿Y por qué no le contás la anécdota de los dientes? ¡O lo del chico de las moscas! Es muy triste... Si no, contale lo de las embarazadas...».

—*Ah, sí, eso es de cuando ya estábamos en la Fundación. Si hay algo que Evita no podía ver era gente sin dientes. Enseguida les decía: «Che, vos tenés mal el comedor, te faltan sillas». Una vez, estábamos ahí, y se aparece un viejo de acá de La Plata, le faltaban casi todos los dientes. Evita, en cuanto lo ve, inmediatamente lo manda a arreglarse la boca. En la Fundación había de todo, mecánicos, dentistas, así que enseguida el viejo tuvo su dentadura nueva. Pasaron unos meses que no lo veíamos y entonces yo le dije a Evita: «Lo voy a ir a ver». Cuando llego a la casa, me sonríe y veo que está igual que antes. «¿Cómo es posible que siga sin dientes, hombre?», le digo: «¿Qué pasó con la dentadura?». Y entonces me señala con el dedo la pared. ¿Vos podés creer? El tipo los tenía colgados de recuerdo. ¡Los había enmarcado!*

—*¿Y el chico de las moscas?*

—*Yo la había acompañado a una recorrida por las barriadas pobres. Por entonces, las villas eran buenas, se podía entrar, no había violencia, solo pobreza, mucha pobreza. Se nos acercó un chico que tenía la cabecita completamente negra... eran moscas. Evita no se contuvo y se largó a llorar, después pidió que lo lleváramos al hospital donde se curó, pero a ella nunca se le fue la impresión. Esas cosas le daban una rabia. Lo de las embarazadas fue una escuela de niñas de Magisterio. Supe que se había pedido un facultativo por cierto problema. La directora me dijo que el doctor había encontrado tres vientres embarazados. Escandalizada, la anticuada docente resolvió exonerar a las dueñas de los incipientes embarazos y a una educanda que noviaba con un divorciado. Aclaro que las chicas estaban en quinto año. Faltaba poco para fin de año y para recibirse. Por mi cuenta y riesgo, llevé el caso a Evita. «Marcame el número de esa escuela», me dijo.*

—*¿Habla la directora?*

Siguió. Siguió.

—¿A vos te gusta que te cojan? A las chicas, también.

Volviéndose a mí:

—Ya está.

De más está contar que nadie exoneró a nadie. La novia del divorciado se casó con él. Ambos, poetas, fueron felices, comieron perdices, tuvieron varios hijos, uno de ellos hoy ilustra los libros de poemas de su mamá. La escritora es amiga mía; él falleció hace años.

El peronismo que la tiene en primera fila; las clases de la facultad donde se saca sobresaliente; los libros de poemas que reciben premios de la SADE; algún amante cama afuera y un pretendiente que la invita a pasear a caballo; el encuentro con Eva Perón y su trabajo en Minoridad consiguen rebalsar el vacío que ha dejado el profesor de Higiene. Le abren las puertas a una vida propia. Lástima que será una vida breve. Toda esta enumeración quedará en la nada cuando en junio de 1955 «la fiesta peronista» termine en cáncer, bombardeo, persecución y destierro.

La primera señal llegó en enero de 1950. La Señora se desmayó y se sometió a una apendicectomía, pero, a pesar de que padecía de anemia por sangrado vaginal, no se sometió a otros exámenes médicos hasta mucho después.

El 22 de agosto de ese mismo año se volvió a desmayar durante un acto organizado por la Confederación General del Trabajo en la avenida 9 de Julio. Fue solo unos minutos.

En mayo de 1951 me dice que no había más trabajo en la Fundación. «No vengas tan seguido, Aurora.» Me dice que descanse porque me veía demasiado apasionada con el asunto de los chicos pobres. Me consiguió unas cátedras en la Mary O. Graham. Me dijo: «Quedate en tu cátedra porque esto se viene abajo».

El 31 de agosto de 1951, en un mensaje por cadena nacional, renuncia a la candidatura. El cirujano George Pack viaja en secreto dos veces, primero para estudiar el caso y luego para operarla. Ni ella supo que la intervenía un médico estadounidense.

En mayo de 1952 el laboratorio Pack envía el primer citostático para la quimioterapia del cáncer, la mostaza nitrogenada. Para entonces Eva tenía metástasis pulmonar. Fue la primera en recibir esa medicación, que no logró ningún efecto. Murió el 26 de julio de 1952.

Mirá, nena, Eva fue un ser extraordinario, fue única.[2] *Yo perdí todo por ella. ¿Entendés? Me echaron de todas partes, me hicieron la vida imposible, me rompieron el alma. Fui cesanteada de todos mis cargos como docente, sufrí, me persiguieron, hubo delatores que provocaron mi prisión y mi exilio. He pagado muy caro estar cerca de ella. Lo pagué pero valió la pena.*

16
Pasaporte al día

Lo bautizaron «el Corrientes». Era el barco argentino con mayor capacidad para el transporte de pasajeros y «en tal carácter fue visitado en 1949 en el puerto de Buenos Aires por el Presidente de la República Juan D. Perón y su esposa. Al pie de la escalinata esperaban, entre otras personalidades, don Alberto Dodero y los miembros del Directorio de la empresa armadora. Perón y Evita recorrieron todo el barco, hecho lo cual el Presidente dijo estar muy complacido por las características "que constituyen un alarde de buen gusto y confort"», publicó la revista *Marina* en marzo de 1949.

Cuatro años más tarde, en el verano de 1953, Aurora Venturini se embarca nada menos que en el Corrientes, ahora convertido en barco de flota nacional. Recala en el puerto de Génova y desde allí comienza el primer viaje de su vida a Europa, el único que hará por mar, de aquí en adelante, pasajera frecuente de Air France.

Es un viaje de placer, un viaje de chicas ricas, un gesto imposible de solventar sin endeudarse y sin la ayuda de su abuelo, gran protector y proveedor hasta la muerte. Lástima que muere pronto.

«Fui siempre itinerante y esto me recuerda un relato de mi abuelo paterno que entre vaso y vaso de vino patero de la isla Paulino me contaba que su madre, mi bisabuela, era montenegrina como la reina Elena, su reina. Y que al ser montenegrina llevaría sangre magiar en sus venas, y que esta dama, cuando él se vino a América, le echó una maldición: "Se va a morir solo". Y ocurrió, porque mi abuelo murió solo, pero no por abandono de parte mía, que lo visitaba todos los días, sino porque yo tenía exámenes en la Facultad y dejé de visitarlo medio día, y esa noche falleció y lo encontré frío a la mañana siguiente, y este es un dolor que llevo, herencia de maldición gitana, tal vez...» (AMLFB)

Había que remontar el duelo por la muerte del viejo, la muerte de Evita, huir de una situación política cada vez más densa, y de paso, hacer un gesto mundano para el doctor Hirschi, que no acusó recibo. La comitiva estaba conformada por compañeras y compinches del Hípico y de las tardes en la confitería de Bellas Artes: Ana María Bachini, Mireya Etcheverry, Coca Penas, Polo Franghi, Lito Nievas y las hermanas Roberts Alcorta.

Un mes para llegar; unos meses para recorrer capitales y museos; un mes para volver. Poco antes de su regreso a Argentina, aparece la primera señal de alerta de este lado del mar.

El 15 de abril de 1953 el presidente se disponía a dar un discurso convocado por la Confederación General del Trabajo cuando dos artefactos explosivos estallaron en plaza de Mayo. Murieron seis personas. La justicia identificó y juzgó a los responsables, todos militantes de partidos de la oposición que muy pronto fueron indultados.

Junio de 1953: Venturini ya está en La Plata y presenta su libro de poemas *Peregrino del aliento*, donde las loas a la muerte joven y a los paisajes bucólicos han sido remplazadas por

Solía utilizar sus fotos de viajes para ilustrar las contratapas de sus libros. Con esta cierra *Lieder* (1999).

el desencanto y la denuncia a las trampas de la moral burguesa. Su poema «Mansión» sintetiza ese estado de alerta.

> Llegan los personajes a la mansión vecina
> que tiene verjas altas y patios enlozados.
> Ellos son los parientes y son los aprendices
> de un futuro marido y un futuro cuñado.
> Hay luces fulgurantes de espejos intranquilos.
> Imagen de la forma trasnochada que alienta
> entre los pensamientos de los futuros hijos
> y la muerte total de futura conciencia.

16 de junio de 1955: bombardeo en plaza de Mayo.

16 de septiembre de 1955: Marina, Fuerza Aérea y Ejército se sublevan. Durante cuatro días se produce un despliegue militar sin antecedentes. El segundo gran foco de enfrentamientos se produce en Ensenada, donde las unidades sublevadas de la Escuela Naval cruzan el río Santiago con el objetivo de tomar la ciudad de La Plata. La avanzada es resistida por los mismos habitantes de esa localidad obrera y peronista junto con la Guardia de Infantería de la Policía provincial. El almirante Isaac Francisco Rojas ordena bombardeos a la destilería y tomar La Plata. Previamente le ha enviado un telegrama a Perón pidiéndole la renuncia.

Septiembre de 1955: «Durante este tiempo romanticé algo con el doctor e historiador José María Rosa. Nos encontrábamos en la calle Maipú y solía quedarme en su departamento. Recuerdo algún movimiento revolucionario. Ambos compartíamos la misma idea. Él fue a parar a la cárcel de Caseros y yo, al Departamento de Policía. John Cooke ya estaba en Caseros. Me viene a la memoria que los sanitarios del baño de Pepe estaban rotos por los golpes de la policía» (AMLFB).

Octubre de 1955: publica *Lamentación mayor,* uno de sus últimos libros de poemas, donde aparece la palabra *destierro* y el dolor por una muerte romántica es remplazado por el de una muerte política: «Con la memoria alerta, como un perro, / en carne viva / como perro herido. / Huyo de la ciudad y de su ruido. / Por clara voluntad, voy al destierro».

Fines de 1955: se desata una implacable persecución a los muchachos y muchachas peronistas. Ya instalado el gobierno de facto, se difunde un folleto anónimo con el título *Pax. Epitafios,*[1] con «coplas por la muerte de un rebaño de traidores» destinadas a personalidades de la cultura identificadas como peronistas —Leonardo Castellani, Fermín Chávez, Arturo Cancela, Armando Cascella, Nicolás Olivari, César Tiempo, José María Fernández Unsain, León Benarós, Luisa Sofovich de Gómez de la Serna, Juan Oscar Ponferrada, Ángel J. Battistessa, y una larga lista de miembros de la SADE—. Circula el nombre de Venturini en panfletos injuriosos. «Aquí yace una alcahueta que se creía poeta.» El discurso gubernamental alienta a la asociación entre peronismo y barbarie rosista, incultura, la segunda tiranía. Se organizan comisiones investigadoras en los campos educativo y cultural para detectar «impresentables». Hay personas y palabras prohibidas. Escritores y figuras del campo artístico quedan marcados por su adhesión al peronismo.

«La Libertadura fue libertadora de las porquerías, porque sacaron a todos los chicos a la calle, aunque les faltaran pocas materias para recibirse, cerraron los pensionados y se robaron todo lo que había en la Fundación. Una tarde me dieron una gran paliza, me durmieron a gomazos y me tiraron en un baldío. No sé cuánto tiempo estuve. Al despertarme, empecé a caminar con la ayuda de nada, apoyándome en mi dolor hasta llegar a un lugar con árboles, donde empecé a sostenerme de los troncos y llegué a un barrio. Llamé a la puerta de una casa y una señora apenas entreabrió, me alcanzó un sánguche y una frazada. Cerró, de improviso. Con la frazada bajo el brazo detuve el paso y comí el sánguche. Me sentí mejor. Era joven y brillante y muy valiente. Todo esto me pasaba por mi amistad con Evita. Y me dije: "Lo que vale cuesta". Es todo lo que puedo contar de aquella época nefasta. Con dinero que me prestó mi amigo, el doctor Diego Bernard, que me compró un pasaje por Air France, me fui a París.» (AMLFB)

En este capítulo se termina una vida posible y brillante de Aurora Venturini. Tiene 34 años y se acaba de clausurar su carrera universitaria, ha perdido su cargo en Minoridad y ya no ejercerá nunca más como psicómetra. Le queda despedirse de la poesía y volverse a inventar. No hay chance de regresar a la casa paterna y tampoco fondos como para exiliarse los veinticinco años que habría querido quedarse en París. La dejan cesante con sumario en el cargo de la escuela secundaria que le había conseguido Evita. El mismo profesor Calcagno, entre otros viejos amigos, al recuperar su lugar en la universidad confirma la filiación peronista de su discípula a los encargados de la ejecución. Las delaciones han ido y venido de un lado y de otro. No hay rencores ni modo de escapar. O tal vez sí.

Volvió a viajar. Quiso exiliarse en París. Vivió allí un tiempo. No hay documentos que testimonien la etapa que ella define como «mi largo exilio». Conversa con Simone, va al cine con Jean-Paul Sartre, tiene una fugaz historia de amor con Ionesco, quien además pone en escena una obra de teatro escrita por ella, se reúne después de tomar clases en la Sorbona en un antro donde canta desnuda Juliette Gréco...

Le pregunté si había guardado algún recuerdo de esos años y de esas amistades. Le molestó la pregunta, que dejaba traslucir mi incredulidad. Respondió que no había fotos ni cartas. Contó una anécdota de Violette Leduc, su compañera de cuarto: *Después de cada tropezón amoroso lloraba: «Hágame una taza de chocolate caliente». Yo replicaba: «No llores sobre la taza porque vas a salar el chocolate». En el departamento había dos habitaciones, un recibidor, una cocina cómoda en la cual también almorzábamos y cenábamos. Cuando venía el novio oía desde mi pieza bufidos de rinoceronte (aunque ignoro si esos animales bufan cuando cogen). El olor axilar oscurecía el ambiente. La enamorada me aseguraba que el olor la excitaba.*

Mientras tanto, a juzgar por el tamaño del archivo que abrió ante María Paula Salerno para que hiciera su trabajo de investigación, es evidente que desde muy temprano se había ocupado de guardar, sin clasificación pero sin pausa, todo lo que consideraba importante en su carrera de escritora: recortes plastificados de notas y publicaciones, cuadernos manuscritos, diplomas, premios, cartas y fotos de gente importante... Ningún[2] *souvenir* de sus amigos franceses.

Un librero y anticuario de La Plata tiene entre sus tesoros una carta manuscrita que la prohibida y cesanteada Aurora Venturini le manda al poeta Fermín Estrella Gutiérrez. Él es un escritor muy reconocido en aquellos años, claramente antiperonista y prácticamente olvidado en la actualidad. Es uno de los que la han señalado y la dejaron fuera de juego. Aun así, la autora que está a punto de despedirse de la poesía, le ha mandado, como ha hecho hasta el momento, un ejemplar. El texto de esta carta, que seguramente ha llegado traspapelado en algún libro al que el destinatario no ha dado importancia, habla por sí solo de lo que estaba sintiendo en aquellos años de proscripción y el modo que tenía de enfrentarlo. Una carta breve y formal que habla del dolor, el

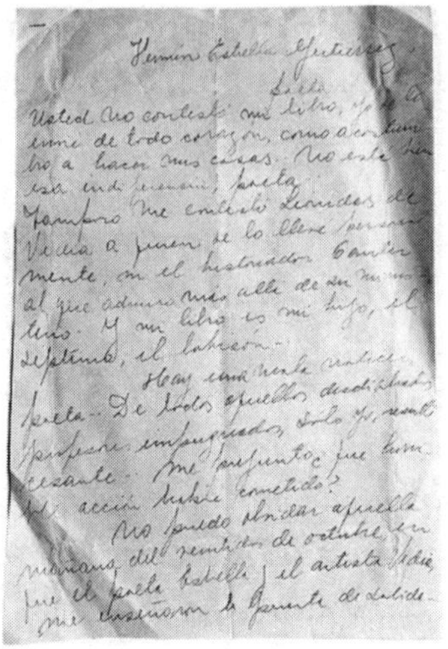

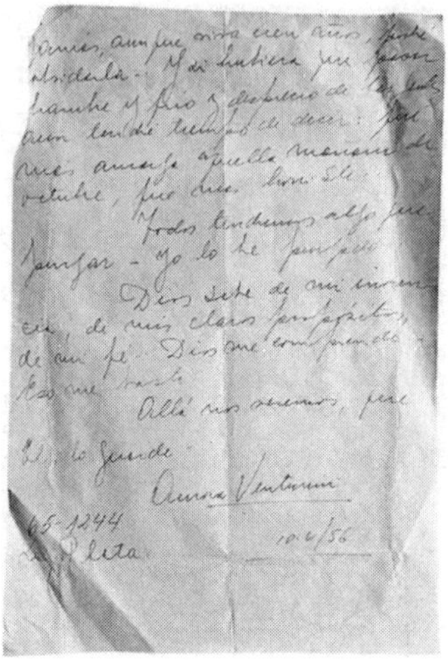

honor, la perseverancia en lo que sea —el error o la certeza— y muchas otras cosas que los «pacientes lectores» encontrarán sin mi ayuda. El vocativo «poeta» presenta su capacidad de volverse un insulto. La ira de Dios, la amenaza más certera. Y el lobizón, una leyenda popular, como el peronismo, que vuelve.

Fermín Estrella Gutiérrez, poeta:

Usted no contestó mi libro. Yo se lo mandé de todo corazón, como acostumbro a hacer mis cosas. Tampoco me contestó Leónidas Vedia a quien se lo llevé personalmente. Y tampoco el historiador Cantu a quien admiro más allá de sus misterios. Y mi libro es mi hijo, el séptimo, el lobizón.

Hay una mala noticia, poeta. De todos aquellos desdichados profesores impugnados, solo yo resulté cesante. Me pregunto: ¿qué horrible acción había cometido?

No puedo olvidar aquella mañana en que el poeta Estrella y el artista Vedia me enseñaron la puerta de salida. Jamás, aunque viva cien años, podré olvidarla. Y si hubiera que pasar hambre y frío y desprecio de las gentes, aun tendría tiempo de decir, que más amarga aquella mañana de octubre, que más horrible.

Todos tenemos algo que purgar. Yo lo he purgado.

Dios sabe de mi inocencia, de mis claros propósitos, de mi fe. Eso me basta.

Allí nos veremos. Dios lo guarde.

Aurora Venturini
La Plata, 10, 2 1956

Fue a París. Volvió a La Plata. No le respondieron sus cartas. No era nadie ni tenía nada. ¿Qué mejor cárcel para salir de la cárcel que un matrimonio como Dios manda?

En Berlín. Bromeando sobre su capacidad de hacer las paces con el enemigo y abrazar a un gorila.

Me casé al regresar del exilio por causas políticas y mi esposo, abogado, juez y radical, convivió conmigo treinta años entre viajes a Europa y la quinta de City Bell. Habitaba una quinta hermosa. Recuerdo la pared al este, cubierta de una hiedra espesa que despertaba unas flores de enredadera entrecruzada, despertaba al anochecer flores de tiernas corolas y las abejas libaban de los pistilos florales y semejaban lábiles hadas o sibilas del aire y en los fondos, árboles frutales, crecían violetas y las achiras coloreaban la quinta que debió representar un ayer divino. Pero no.

17
La bastarda

«Su infancia desdichada empieza a hartarme», le dijo Maurice Sachs a su amante Violette Leduc.

Mujeriego y homosexual, cómplice de los nazis, pésimo ejemplo pero excelente consejero, siguió: «Esta tarde, usted tomará su canasto, un cuaderno y una lapicera, se sentará bajo un manzano y escribirá todo esto que me está diciendo a mí. Cuéntele su infancia al papel». Violette obedeció y ese mismo día de 1945 escribió la primera frase de su primera novela, *La asfixia:* «Mi madre nunca me dio la mano». Con recomendación de Simone de Beauvoir y Camus, la editorial Gallimard publicó ese primer éxito que en Buenos Aires tradujo José Bianco y que Aurora leyó, subrayó y adoptó como mascota. Estuvo en París, recorrió las calles que recorrió Violette, y asegura que vivieron juntas una temporada.[1] Observa y copia.

Pero además, Aurora, que conoce la anécdota, sigue el mismo consejo que no le ha dado nadie. Ya en Buenos Aires a comienzos de los años sesenta le cuenta su infancia a un papel.

Escribe y publica *Cuaderno de Angelina, Cuentos para las tías viejas, Jovita la osa.* Un mismo elenco de parientes circula por sus ficciones intercambiando el protagonismo según la trama, pero siempre son los que son: la madre maestra, el padre ausente, el buen abuelo, el hermano enfermo, la hermana deforme, las tías ridículas, la dominadora lesbiana, los hombres rapaces, la asistenta ingrata, las psicólogas que interpretan, las amigas que se van.

Su infancia está en *Nosotros, los Caserta* y en *Alma y Sebastián,* hasta que en 2007 vuelve de un modo extraordinario en *Las primas. Las primas,* como *La asfixia,* comienza con un retrato nada favorecedor de la mamá.

Como señalan Claudia García y Karina Elizabeth Vázquez en su artículo *Una libertad conquistada: Aurora Venturini y la pregunta por el (ser) humano:* «La madre en sus relatos siempre es un ser cruel, copartícipe del abuso sexual paterno en los cuentos "El marido de mi madrastra", "Náuseas", "Nicilina" y en la novela *Nanina, Justina y el doctor Rorschach.* En el mejor de los casos es una incompetente, como en el cuento "La niña Chole". O es inconsciente de los peligros que acechan a la hija, en "El bultito de Mangacha Spina"».

En *Los rieles* la define así:

> Delatora, mentirosa, sin meta que no fuera el acto sexual, enemiga del agua y jabón en invierno y en verano: la dueña. Su goce máximo: llevar cuentos al dueño sobre mi conducta.

Cuando en las entrevistas le preguntan por su madre, elige siempre las mismas dos escenas, donde por la vía de la castración *esa maldita vieja disciplinadora* intenta poner coto a la imaginación, al orgullo y al deseo sexual.

«Escribí mi primer poema en la escuela primaria. Estaba dedicado a mi mamá. Las maestras se asombraron y la llamaron para felicitarla. En lugar de alegrarse, les dijo que no me creyeran, que seguramente lo había copiado de *El Día,* que siempre estaba leyendo la sección literaria. ¡Qué maldad! Después yo escribía bajo las sábanas con una linterna. Mamá decía: "Mirá qué pavadas hace". Creía que las escritoras eran unas locas. Tenía razón.»[2]

Sigue en *Los rieles:*

> Esta situación se repitió mucho tiempo después en ocasión de una reunión de escritores. Invité a mi mamá y asistió nerviosa como si tuviera otro compromiso más importante; desde entonces no volví a invitarla. Fue un 19 de noviembre en el Círculo de Periodistas, estaba representada la generación del 40 y a tope. Los Ponce de León, Alberto y Horacio, María Elena Walsh, Roberto Saraví Cisneros, Gustavo García Saraví, María Dhialma Tiberti, María Mombrú, María Granata, otras Marías,[3] hasta Horacio Rega Molina, que ya era maduro y consagrado. Ocurrió el desastre durante el lunch. Expresé a viva voz: «Ahora colaboro en varios diarios...». No pude terminar la frase, mamá salió al vuelo: «No sé en qué diarios, si en el único que saliste fue en *El Día*». Vieja de mierda, me ridiculizó delante de una pléyade hambrienta de escandalete y envidia, porque ya Borges me tenía en cuenta.[4]

Violette Leduc cargó toda su vida con el estigma de ser una bastarda, se lo gritan sus compañeros de Arrás y se lo dice la vergüenza de su madre soltera. Aurora Venturini, que no comparte ese origen, decide adoptar el estigma. En el colegio es la más pobre de todas y su madre es la peor.

> Sus compañeras tenían libros nuevos y ella tenía alguno comprado en la Bolsa del Libro, rezagado y poco utilizable. Pilchas pobretonas. Veía a las otras bajar de sus automóviles enjoyadas y con zapatos último modelo. «Jodete por invadir terreno ajeno», se dice. Vestían guardapolvo de tabla ancha de Gath & Chaves, y las pobretonas, de tabla angosta, de la Tienda San Juan. («El empujón de un ánima celosa»)

Decía Simone de Beauvoir de Leduc lo mismo que podría haber dicho de Venturini: «Leduc no quiere gustar, no gusta y hasta aterroriza». Reconcentrada en su experiencia, y confesional hasta el extremo de autoadjudicarse un delito, Leduc fue pionera en narrar un aborto clandestino cuando la ley condenaba a prisión a quien lo dijera. Se ganó el desprecio de la crítica académica, que no le dejó pasar lo autodidacta, lo delincuente y lo lesbiana. Años después, las feministas retomaron su gesta con el famoso «Yo aborté», pero si bien participó con su firma de prócer, no se puede decir que haya conformado un programa orgánico de ningún orden. Hablaba de los nazis como «los malos», cuenta Simone en el prólogo para *La bastarda.* Esta misma ambigüedad (o libertad) en el modo de entender los conflictos sociales y movimientos como el feminismo también está presente en la obra de Venturini, capaz de justificar una idea reaccionaria con una idea progresista y viceversa. Dice en una de sus novelas inéditas:

> Era una preceptora de una institución de menores a quien conocí donde yo ejercitaba mi condición de psicóloga, acudió a mí porque se sintió deprimida y solicitó mi ayuda. [...] La infeliz había cedido a los arrumacos de Nacho Vélez siendo aún inmaculada. Para el necio ella era una conquista y esclava favorita de su harén. Entre las confesiones de ella sobresalía: ¿por qué no me embaraza? [...] Me admiraba una soltera tan emancipada como para ser mamá soltera. Pensé que era una estúpida. Alguien opinó que tengo la mente torcida como un canotier calzado en la cabeza. Porque creo que sería mejor abortar antes que parir soltera. Nuestra sociedad es y será siempre de

un cierre insobornable ante esa problemática, a pesar de las leyes protectoras de los bla bla bla en cámaras legisladoras.

Aurora puede hablar del mal olor de los grasitas, de la monstruosidad que engendran ciertas clases sociales y de Perón como un viejo verde. Se esfuerza por encajar y por desencajar en el mismo movimiento. Quiere que la crítica la considere una escritora culta y de culto, pero si no lo hace, no duda en declarar: «Un crítico boludo comentó que escribo a partir de frases hechas y no es así; recomiendo al crítico que vaya a lavarse las bolas al Río de La Plata, para disminuir con el fresco la hinchazón de entrepierna y de las manos».

Es posible que de su hermana Leduc no solo haya heredado a esa madre desamorada, sino también su obsesión por las relaciones lésbicas. El personaje recurrente de la lesbiana —que aparece mucho antes de que en el siglo XXI comience a circular con naturalidad por la literatura y las series *on demand*— es uno de los puntos más intrigantes en la obra de Venturini. Llama la atención para una autora que no se identifica como tal ni se postula militante de la causa LGBTI ni mucho menos, detractora. Sus narradoras gozan expresando «no lo puedo entender».

La lesbiana de Venturini es un peligro, acosadora y poderosa. Las niñas vulnerables y los viejos débiles quedan a merced de estas mujeres masculinas e irresistibles. Pero también hay muchachas alegres que andan juntas por ahí, como Fulvia y Flavia en *Las amigas*. Y hay otras tantas, solitarias, que huyen de los hombres y que parecen no haber recibido el telegrama. Mientras tanto, no existe ni rastro de un fragmento amoroso en su obra, no hay muestras de una intimidad heterosexual por fuera de la desconfianza, el pudor o la violación.

Una excepción: en *Nosotros, los Caserta,* la tía abuela Angelina, dueña de un linaje que Chela quisiera poseer, inicia a la protagonista en los amores sáficos, remanso y huida de una familia asfixiante. El encuentro se produce en Caserta, Italia, a miles de kilómetros de La Plata, una suerte de isla de Lesbos sin la tutela de nadie. Chela, la narradora, al comienzo de la novela, con total naturalidad confiesa haber amado dos veces. Primero a un hombre y luego a una mujer: «Ese hombre ha sido el único humano que amé como pareja normal. Porque también he amado apasionadamente a mi tía abuela». Esta pieza de erotismo y ternura protagonizada por tía y sobrina recuerda —por no decir que cita— a aquellas escenas entre las dos adolescentes en la cama del internado en *Thérèse et Isabelle,* que a Leduc le valieron prontuario de desviada y una censura.

Quien quiera encontrar lesbofobia en la obra de Venturini tendrá ejemplos; quien busque todo lo contrario también. Esta escena pertenece a estos últimos:

> Ella se mudó definitivamente a mi desván y nos olvidamos del mundo, ignorando el día y la noche y alumbrándonos todo el tiempo con velas de sebo y del amor que nos profesábamos. Ella me ha nombrado Francesco, yo la he nombrado Luis. Así nos hemos proporcionado insospechadas, inconfesables alegrías, que hoy me crispan y marcan como a la res el hierro al rojo. Aquellas infamias sucedían en un clima de complacencia infantil, y el mínimo dragoncillo me dio el amor que todos me negaron. Concentrándome en ella poseía todo aquello que quise y no se me dio, así, cumplíamos una para con la otra misión de amor y de amar enamorándonos de nuestros sueños, vigilias, fracasos y soledades, y ejercitando, como dos

espíritus desgraciados, el soberano acto de dar y recibir en un esfuerzo ya sin esperanza. Más allá del acto amoroso, nada nos interesaba. De estar en mi país, Sara me hubiera gritado: «Sucias, ¿por qué no se bañan?». Ágata, en cambio, susurraba: «Está tan calda la mañana que sería bueno nadar en el estanque». Bajamos, y yo nadaba como un pez; ella parpadeaba molesta bajo el quitasol. Yo tenía treinta años que parecían veintidós desnudos sobre la rocalla. Ella acariciaba mi piel pegada al esqueleto como cota de malla, y un ambiguo sabor de amor nos encrespaba. [...] «Nunca he amado a nadie como a ti.» Y nos conjugábamos en lo prohibido como dos ramas del árbol podrido. Huérfanas, desprendidas y caídas en un lodo blando y tierno que nos estrechaba hundiéndonos, como un sexo viscoso y adorable, como un pozo turbio de anguilas penetrantes y sagaces en el acto de satisfacer nuestros espantosos apetitos contenidos.

18
Vilcapugio y Ayohuma

Nunca se casó con un hombre llamado Silvio. Ninguno de sus dos maridos es Silvio Silvano. La carta que se transcribe abajo está firmada por Ánima Bendita, protagonista de su novela inédita «Sin novedad en la mansión Umbro». Silvio, el destinatario, es un personaje de ficción. Sin embargo, el pedido de divorcio que aparece allí admite —o ruega— ser leído como un manifiesto de Venturini contra la institución matrimonial. En su vida ingresó allí dos veces, por civil y por iglesia ambas. Y aunque no quiera reconocerlo en público, las dos veces por amor.

Silvio:

Después de casi un año sin saber nada de vos, te escribo a fin de solucionar una situación endeble, fluctuante entre enojos y olvidos; preferiría lo segundo mentado.

Te hago presente que fuiste vos quien me dijo, una tarde otoñal a la salida de la Facultad de Humanidades: «Yo quiero casarme con usted».

Acepté, mis veintinueve años y tus treinta y nueve podían armonizar o no, la famosa pareja humana. En nuestro caso resultó «no».

De no habérteme declarado aquella tarde otoñal, hubiéramos seguido caminando juntos las veredas y los parques sin consecuencias ni responsabilidades.

Acaso no debí aceptar. Mas, cuando las proposiciones vienen de sopetón, allá...

Reconozco que merecés otro tipo de mujer. Una mujer entrada en carnes y con ovarios ardorosos. Sobre todo, una mujer sabia en artes culinarias.

Sé que durante los últimos meses, aunque tu naturaleza delicada te impidió manifestarlo, hubieras preferido que te aguardara en el hogar con la mesa puesta. No sabés cuánto siento ignorar lo que significa un hogar. Nunca viví en uno. Siempre viví apresurada por mi trabajo, comiendo en restaurantes, sin horario, sin nadie que me esperara.

A los casi treinta años, es difícil variar un ritmo de vida. Vos estabas aquerenciado a tu casa y a tu mamá que te cocinaba y ya casi cumplías cuarenta, lo cual, a su vez, es tarde para variar el ritmo. Lo cierto, Silvio, es que nos juntamos tardíamente.

En cuanto a las condiciones, creo, estuvimos acordes: mantener relaciones con el pene (en tu caso) encondonado, a fin de evitar embarazos. Te expliqué que las panzas exorbitantes de las embarazadas me atormentan de tan solo mirarlas, y que yo explotaría fragorosamente, llegado el caso de. Y no sigo, la idea de tal deformidad por nueve meses y lo difícil que será recuperar un físico agradable, después del hecho, erizaban y erizan mi naturaleza, puedes calificarla como mejor te parezca, pero a vos nunca te vi en situación paternal. Ambos nacimos para la soledad, en compañía ocasionalmente.

Silvio, una vez intenté «cocinarte» guiso de conejo. Vos me contaste que la carnecita suave de ese animalito consistía ser tu predilección dietética, dado que no engorda. Conseguí en la carnicería un conejo trozado. Leí en el libro de doña Petrona las indicaciones cocineriles requeridas por el mencionado guiso.

Te manifiesto que esa tarde deseaba llegarte al corazón, vía estomacal.

Y aunque fatigada luego de dictar siete horas de clases, puse los trozos y las verduras en la olla a presión y encendí el gas.

A poco, el contenido de la olla a presión asemejaba las volteretas desesperadas de un animalito vivo puesto a las llamas, igual que cuando los inquisidores de Ruan expusieron a la hoguera a la santa Juana de Arco. Otras visiones me aguijonearon y destapé la olla.

¿Te acordarás de las vendas en mis brazos y piernas que atribuí, por vergüenza, a un accidente en el micro? Eran quemaduras.

Dejo asentado que algún sacrificio realicé a fin de conformarte.

Esto carece de importancia, Silvio, pero quiero que sepas, buena voluntad nunca me faltó, pero mi vida es de papel, sí, Silvio, de libros y cuadernos.

Espero noticias tuyas, ya sea por carta o por teléfono, o como te resulte más cómodo.

Por último, te aviso que a la cocina la convertí en biblioteca. Desconecté la heladera y ahí ubico los libros más voluminosos. En la mesada, hay dos máquinas de escribir y demás enseres propios de escribanías escolares.

Esto te alejará de aquí. Y así debe ser. Preferiría que no te conectaras directamente conmigo. Acostumbro a borrar el pasado. Pero existen compromisos que deshacer, los mismos que hicimos en un ayer, ya muy distante. Te deseo lo mejor y que estés contento.

Mi primer matrimonio fue de condición abierta. Él por un lado y yo por otro. ¿Por qué me casé? Ay, qué sé yo, estaría aburrida...

Y después, cuando me casé con Ayohuma, entré en una sociedad inaguantable para mí por razones que no interesarían a nadie. Eso es lo que puedo decir. Y no se agregue más.

El día en que me dijo esto —mayo o junio de 2009— me había invitado a almorzar, quería regalarme un libro, dijo. En realidad quería que habláramos del libro que la semana siguiente le iba a presentar a su nuevo editor. *Lo busqué en Internet a este Marcelo Panozzo, che. Es italiano, se llama como Mastroianni, parece que es un capo en Mondadori.* Necesitaba hacerse una idea maravillosa de las personas de quienes dependían sus libros. Así es como tanto yo, como su agente como sus posibles editores gozábamos de una imaginación que nos volvía artistas de cine, miembros de la realeza, seres mitológicos. Tenía una pila de manuscritos preparada para regalarle a su editor.

Preparó la mesa en la cocina. Comeríamos ahí unas empanadas o unas medialunas, compradas especialmente para mí. Daba lo mismo. Ella tomaba un té y trataba de no mirar la comida. Probó la mitad de algo y, más que su pose negligente frente al alimento, me llamó la atención la cantidad de libros que tenía en la heladera. Eran las novelas de Roger Peyrefitte: *Las amistades particulares, Las embajadas, El fin de las embajadas.* Le pregunté si le gustaba particularmente ese autor, un *bon vivant* francés, uno de los primeros autores gays que se atrevieron a narrar historias homoeróticas con púberes, y que pagó por ello. Conocía el escándalo, pero, como siempre, hablaba de la cuestión gay como si no hablara. Su modo de referirse a la homosexualidad parecía tan prejuicioso como celebratorio. Me contó, como si hablara de un pariente cercano, que a sus 57 años, Peyrefitte se había enamorado perdidamente de Alain-Philippe Malagnac, quien por entonces tendría apenas doce. *¿No leíste* Muerte en Venecia? *¿Y* De profundis? *Tenés que leerlo, tremendo, hermoso.*

La pasión está también escrita formidable en varios relatos de Peyrefitte... En «Nuestro amor» y en «El niño de corazón». Siguió el relato: *En 1980, y para financiar diversos proyectos económicos de Malagnac, Peyrefitte vendió sus colecciones de monedas, libros raros y esculturas antiguas. Poco después el chico se casó con Amanda Lear. Y un tiempo después murió quemado en un incendio, a tres meses de la muerte de su viejo protector, Roger Peyrefitte.*

Aurora, señalando los libros en la heladera, cerraba la historia diciendo: *El amor es fuego.* Y yo pensé en ese momento que sería por eso que tenía todos esos libros del escritor acusado de pederasta y pornógrafo tan cerca de los cubitos de hielo...

En la biblioteca que está en su escritorio, un cuarto pequeño donde tiene la máquina de escribir eléctrica con la que escribió *Las primas,* hay todavía más lomos: John Steinbeck, Wilbur Smith, Dostoievski, Stendhal, Flaubert, Kafka, Almafuerte, Neruda, Mika Waltari, Mujica Lainez, Miguel Ángel Asturias. *Entrevista con el vampiro,* de Anne Rice, *Los cortejos del diablo,* de Germán Espinosa, y *El fracaso de los brujos.* En la cocina, más libros.

Me regala *El cuarteto de Alejandría* de Lawrence Durrell, todo subrayado y con anotaciones de pulso nervioso en los márgenes: *Tomá, llevátelo, si vas a escribir sobre mí alguna vez acá vas a encontrar mucho material. Lo iba leyendo cuando iba y venía de San Telmo a La Plata, cuando todavía vivía con Fermín... No quiero hablar de ese matrimonio, pero lo que quieras saber está todo contado aquí.*

Efectivamente, en casi todas las páginas había palabras o frases, a veces exclamaciones y lamentos, que no guardaban relación con la lectura. Era un diario íntimo escrito al margen. Pude interpretarlos como sus «cuadernos de Ayohuma» mucho después.

Cuando se estaba por producir el encuentro entre la autora y su editor, Panozzo me pide que lo acompañe hasta La Plata. ¿Aurora daba miedo? ¿Intimidaba? «Un poco sí.» No discriminaba entre alguien con poder o sin poder, un editor o una secretaria, siempre estaba a la defensiva y midiendo la capacidad de resistencia. Eran seres extraordinarios pero tenían que pasar por el fuego de la conversación. Yo acepté, quería evitar que ella le entregara absolutamente todos los manuscritos que había estado escribiendo el último año. Había muchos, a mi juicio, fallidos, tal vez no terminados completamente por el apuro de publicar. Me sentía responsable de lo que este nuevo editor pudiera pensar de ella, quería evitar que pudiera ser juzgada como un invento, una escritora de un solo libro, fruto de la casualidad. Allí fuimos. Con una batería de gestos e interrupciones en la conversación conseguí que Panozzo se fuera de esa casa solamente con *Nosotros, los Caserta* y unos cuentos que luego fueron parte de *El marido de mi madrastra,* dos pruebas suficientes de que todo prejuicio que rondaba en ciertos círculos sobre esta escritora burra y flautista era infundado. *¿Y todas esas no te las llevás?* No recuerdo con qué excusa logré que Panozzo se llevara solo esos dos libros y prometí pasarlas a buscar la semana siguiente.[1]

Primer matrimonio: Eduardo Varela. Juez platense, radical y antiperonista, unos cuantos años mayor que la novia. Lo conoció en círculo de amigos, artistas y escritores. Se casaron en 1957, hicieron fiesta, asistió encantada la familia, y los testigos dicen que, aunque ella no lo quiera reconocer, porque tiene la costumbre de quedarse con la última escena de todas las historias, se casó enamorada. Vivieron treinta años juntos, hasta la muerte. Él se enfermó de diabetes y sufrió la amputación de un pie, un brazo, luego una pierna. Corre el rumor, que habría echado a andar la misma Aurora, de que los miembros amputados fueron enterrados bajo un olivo en la quinta en que vivían, como un modo de despedirse en partes de un cuerpo vivo cada vez más ajeno. Dejó a su viuda una buena pensión que le permitió solventar sus viajes, sus ediciones y, muchos años después, el premio Biblioteca Aurora Venturini que discontinuó tres años después de obtenido su propio premio.

Segundo matrimonio: Fermín Chávez. Historiador, poeta, legendario militante peronista. Ambos viudos. Él con dos hijos grandes, ella con ninguno. Se casaron en la primavera de 1994, cuando la novia tenía setenta y dos años y el novio setenta. Vivieron en el departamento de San Telmo del novio hasta que a mediados de 2005 ella decidió volverse a La Plata. Aunque haya logrado borrarlo todo, testigos de este matrimonio dicen que los dos se casaron muy enamorados. Quienes los vieron juntos repiten esta frase: «Tal para cual».

Fue feliz. Sufrió, la pasó muy mal. Si en ninguno de los dos casos pidió el divorcio como lo hizo el personaje Ánima Bendita que se había casado con Silvio fue porque creía en el sacramento religioso que dice «hasta que la muerte los separe». Pero se divertía definiendo estas dos experiencias como «Vilcapugio y Ayohuma», las dos batallas que perdió el general Manuel Belgrano en su lucha por la Independencia de la corona española. Vale recordar que sobrevivió a ambas.

19
La señora de Varela

Para quienes egresaron de la Escuela Normal Antonio Mentruyt (ENAM) de Banfield entre 1957 y 1978, Aurora Venturini no existió, conocieron en su lugar a «la señora de Varela». Hasta hace no tanto las recién casadas se quedaban con el apellido del marido en el registro civil, prueba de que habían superado el estatus de «solterona». La profesora no fue una excepción y la escritora pone el tema en boca de su personaje llamado Ánima Bendita: «Lo bueno de todo esto es que mis alumnos me dicen "señora" y zafo de la generalmente expuesta solteronía de muchísimas profesoras». En esos primeros años de proscripción del peronismo resultaba conveniente dejar medio muerto el apellido de soltera.

A comienzos de los setenta, el Mentruyt, junto con la Escuela Normal Superior Próspero Alemandri de Avellaneda y el Colegio Nacional de Adrogué, era una de las escuelas públicas más reconocidas de la Zona Sur del Gran Buenos Aires. Aurora se ha ocupado de estudiar y de dar cátedra siempre en las mejores escuelas. Suele recordar, como una gran humillación, que su madre, bajo el gobierno conservador de la década de 1930, fuera trasladada por su filiación radical de una escuela céntrica a una escuelita de barrio. Los pequeños signos del descenso social o de la imposibilidad de ascender la lastiman de muerte.

En La Plata, se comenta que su primer matrimonio fue una gran desilusión para la novia. «Él era muy mujeriego, la engañaba abiertamente»;[1] «Había peleas grandes, en público y en privado, que se escuchaban en toda la cuadra»; «Se dice que él la ha golpeado». Ya no quedan testigos de su generación, pero Guillermo Pilía cuenta que ha escuchado a su padre comentar las peripecias y los escándalos en esa casa.

Se casaron en la iglesia San Francisco en La Plata poco después de que ella volviera de su breve pero intenso autoexilio parisino. Vivieron en el centro, en un departamento muy elegante hasta que, luego de que la diabetes lo obligara a la amputación, lo vendieron y se mudaron a la quinta de City Bell. Él no quiere que lo vean así. Desde allí la profesora toma el tren que la deja en Banfield, donde conoce al artista plástico Ángel Leonardi, que da clases de dibujo y que se convierte en ilustrador de sus próximos libros y plaquetas.

Ofelia finalmente dice que ahora sí está en condiciones de confiarme su versión sobre la verdad del hermanito que nunca fue: «Bueno, te lo voy a contar. Una tarde yo iba a visitarla a la casa donde vivía con Eduardo. Pero vi algo extraño desde la ventana y por eso no llegué a tocar el timbre. Una discusión, era evidente. La vi a ella ir y venir. Me di cuenta de que no era momento para meterme. Más tarde la llamé, le dije que nos encontráramos, que viniera a casa o que yo iría a visitarla, entonces ella me dijo que no podía salir, que estaba descompuesta. Pasaron unos días. Después le pregunté qué estaba pasando. Ella me sugirió, nunca lo dijo directamente, que él se había negado a continuar con un embarazo... Ella había tenido que obedecer. Esa era la descompostura a la que me había hecho referencia... Creo que no se lo perdonó nunca. Por eso tampoco se ocupó cuando él se enfermó y por eso lo dejó al cuidado de enfermeros. Yo creo que la culpa y el resentimiento por ese niño que no pudo ser le hicieron crear en su fantasía a ese hermanito. Fijate vos cuándo aparece ese chico en su literatura. Es mi opinión».

Ofelia me sugiere que vaya a cotejar las fechas entre lo que su hermana dice en libros y entrevistas con su versión del aborto obligado. Quiere que me comporte como quien coteja las fechas entre la boda y el nacimiento para saber si hubo un casamiento de apuro. Intento hacerlo. Pero aquí me encuentro con una nueva encrucijada venturinesca. La primera vez que se alude al pequeño Sebastián es en *Nosotros, los Caserta*. Según sus propias declaraciones, esta novela fue escrita a comienzos de los años sesenta cuando habría ganado un premio en Italia. Hay entre sus papeles un diploma donde se consigna el premio en cuestión. Sin embargo, la novela no se publica hasta comienzos de los noventa. Es muy poco probable que Aurora guardara tantos años un manuscrito —un manuscrito premiado, además—. En ese diploma no figura el título de ninguna novela. ¿La tendría en su mente durante años y la escribió más tarde? Todo vuelve imposible utilizar el método que me propone Ofelia, que de todos modos, habrá que reconocer, ya era poco confiable.

La de Varela daba clases de Historia Antigua y Medieval en primer año, y de Psicología e Historia de la Educación en cuarto. Al programa oficial le agregaba relatos de sus viajes y una bibliografía extracurricular. Describe para su alumnado el museo donde descansan los faraones en El Cairo y cuenta que el cuidador de la momia de Ramsés II, de tanto que la ha visto ir y venir, ya la reconoce, la saluda y hasta la ha invitado a chupar juntos del narguile. Comparte los efectos del vapor entre los estudiantes de primer año, como una Sherezade del Conurbano: *En aquel ambientado refugio del desierto vi a Horus y a la Vaca Sagrada; a la Luna Encornada; a los Cuervos del Nilo atacando a los pescadores, robándoles los peces de las redes y los ojos de las caras. Gemía en el sitio de Ramsés II, mi primera experiencia egipcia.*

Camina por toda la casa, mueve las manos, hace silencios dramáticos simulando que se detiene ante un cuadro o una esfinge, describe sus salas favoritas del Louvre evitando el clisé de la *Gioconda: He quedado horas, largas horas, en el banco que cruza la enorme sala, mirando ese espectáculo en liso mármol oscuro, y a los ocho monjes capuchinos (¿o serán barones de duelo?) soportando la carga funeral, el féretro que contiene al noble guerrero.*

La profesora, recuerdan hoy sus estudiantes, despliega una guía imaginaria por el Museo del Prado, las hace detenerse frente a Goya y sufre y hace sufrir ante *Las Pesadillas.* También estuvo en Berlín: *Visité el zoológico donde conocí a Tobi. En la época del káiser, fundaron el zoológico que inauguró el gorila llamado Tobi, cuyos restos descansan cerca de su propia escultura de bronce y hierro. Tobi de bronce y de hierro vive en el gran parque como él, viendo las copas de los árboles donde trepaba cuando fue un animal entre los animales de la fauna.*

La mayoría de los testimonios la define como «fascinante», «excelente profesora», «inolvidable persona». Cada vez que se presenta el documental *Beatriz Portinari,* se forma entre el público un grupo de señoras y señores, exestudiantes del Mentruyt de Banfield, en la platea. Tendrán ahora la edad que tenía la de Varela cuando les daba clase, vuelven a su adolescencia con ella.

—Era una Señora, así, con mayúscula, llegaba impecablemente vestida y maquillada. Nunca nada extraordinario, pero sumamente elegante. Su timbre de voz grave y su tono bajo obligaban a hacer silencio para escucharla.

—Yo diría también que muy autorreferencial para dar las

clases, por ejemplo, te contaba con lujo de detalle sus viajes a Europa...

—A los de la promoción de 1969 nos hablaba de un libro, se llamaba *Pogron del cabecita negro* [sic] que nunca encontré en librerías.

—Contaba que le había escrito discursos a Eva Perón, pero que ella nunca los leía.

—Hacía test vocacionales y entregaba sus conclusiones en tarjetas escritas en tinta y letra cursiva. La mía todavía anda dando vueltas por ahí.

—Era muy exigente, y recuerdo que a una compañera (que no voy a nombrar) le decía que tenía un muy alto coeficiente intelectual.

—Yo me acuerdo que era muy cruel con...

—Gracias por recordarlo, prefiero no hablar de ella.

—Es una de las profesoras que más recuerdo.

—Reconozcamos hoy como adultas y como maestras que era media jodidita, sabía muchísimo, sí, pero de pedagógica nada, hoy por hoy, como están «los niñitos y sus padres», no duraba un día al frente de una clase, pero que aprendíamos... ¡aprendíamos!

—Ella me inició en la lectura de Simone de Beauvoir, puedo decir que gracias a ella descubrí el corsé en que nos encerraba el patriarcado. Su nombre fue profético en mi vida: una aurora iluminaba el camino.

—¡Era escritora! Tengo su libro *Carta a Zoraida. Relatos para las tías viejas,* autografiado por ella.

—Me encantaban los anillos que usaba.

—Fue mi profesora en el año en que el hombre llegó a la Luna, recuerdo que decía que la ponía contenta pensar que para nosotros ahora sería más fácil acceder a Europa porque lo costoso desde ese día iba a ser ir a la Luna.

—Nos ofreció prestarnos libros referentes a su materia.

Mi compañera y yo aceptamos enseguida, y fueron muchos los libros que transitaron ese año escolar. Nosotras pensábamos que sus clases eran una especie de ritual mágico, por eso un día se nos ocurrió una travesura: conseguimos un sahumerio de incienso, que no eran muy comunes en esa época, y lo encendimos en el último banco. Ella pasaba como si nada. Ya adulta comprendí que debe de haber sentido el perfume, pero nuestro desempeño en clase la debe de haber convencido de que no valía la pena retarnos. Creo que fuimos sus alumnas favoritas. Tuvimos siempre 10.

—Por su influencia surgió en mí la necesidad de viajar a París para ver en el Louvre *La victoria de Samotracia.* Una locura total.[2]

Uno de estos exalumnos, Julio César Lucia, enterado de la existencia de una futura biografía, decide contactarse conmigo. Tiene algo más para decir. Se reconoce como un adolescente peronista en los setenta[3] en una escuela donde era un peligro definirse políticamente, donde estudiantes y docentes estaban atentos a las señales para reconocerse entre sí y quién sabe si no para armar las listas que terminaron con «una división entera desaparecida» en dictadura. Si bien la de Varela no hacía ninguna declaración, mostraba la hilacha en el modo en que encaraba los temas. Una tarde el alumno confirmó lo que presentía: «Para mí ella era la única profesora peronista en la escuela, así como yo sentía que era el único alumno peronista, hijo de obrero, un chico politizado en un ambiente pesado donde todos eran gorilas o sospechosos. Ese día ella estaba dando su clase cuando entra al aula la secretaria de la dirección, la llama aparte y le dice algo al oído. De golpe, Aurora suelta un aullido. Se toma la cara con las dos manos y se pone a llorar desconsoladamente. Era evidente que acababan de darle una mala noticia. ¿Se le habría muerto un hijo? Nos había contado que no tenía hijos. Se recompuso y ella misma nos lo comunicó: *Ha muerto el presidente Juan Domingo Perón.* Nos daban permiso para irnos a casa».

El comunicado oficial, firmado por el médico de cabecera Jorge Alberto Taiana y los doctores Pedro Cossio, Domingo Liotta y Pedro Eladio Vázquez, se había hecho público unos minutos antes: «El señor teniente general Juan Domingo Perón ha padecido una cardiopatía isquémica crónica con insuficiencia cardíaca, episodios de disritmia cardíaca e insuficiencia renal crónica [...] El día 1.° de julio, a las 10.25, se produjo un paro cardíaco del que se logró reanimarlo, para luego repetirse el paro sin obtener éxito todos los medios de reanimación de que actualmente la medicina dispone. El teniente general Juan Domingo Perón falleció a las 13.15».

No lloraba por el viejo. Lloraba por ella. Pensó que lo había borrado, pero no. Se vio a sí misma en la cárcel como en el 55, pateada por los milicos. «Aparecieron cinco cadáveres en La Plata.» Fines de 1975. Guardó el recorte del diario y pensó dónde esconderse. Dejó de salir a la calle después de las cinco de la tarde, la peor hora, decían en el barrio.

La Triple A era dueña de la ciudad, la masacre aquí duró más que en ningún otro lugar del país. Los velaron... Y eso que hacer un velorio era peligroso porque patrullaban la ciudad con los famosos autos sin patente. Lo hicieron igual. Los velaron.

20
La hormiga de Hiroshima

El 24 de marzo de 1976, a la misma hora en que el Comunicado N.° 1 de la Fuerza Mayor Conjunta anunciaba el golpe de Estado, se inauguraba en La Plata un centro clandestino de detención. Una seguidilla de galpones con ventanas cerradas que dan al Bosque fue el primer paso de lo que pronto se constituyó como «el Circuito Camps». El Ejército, la Policía bonaerense y la Federal montaron este espacio dedicado al interrogatorio y la tortura en dos centros lindantes: la Dirección de Infantería de la calle 1 entre 59 y 60 y el Regimiento de Caballería, en 60 entre 1 y 115.

Aurora Venturini cuenta que ese lugar, y todo lo que pasaba en ese lugar, era conocido ya entonces como «la 1 y 60». También dice que por esos días comenzó a coleccionar muñecas de porcelana.

La señora de Varela en 1976 no se fue del país. Siguió con sus clases en el Normal de Banfield. No intervino en política, no participó en la resistencia. El 24 de marzo de 1976 tenía 54 años, ya no tiraba bombas molotov, no tenía hijos como otras señoras platenses de su edad que luego el mundo conoció como Madres de Plaza de Mayo. Tenía miedo. Estaba casada con un juez cuyo nombre había pesado lo suficiente como para que le devolvieran las cátedras que le habían arrebatado en el 55. Un marido enfermo de diabetes con una condena pendiente de mutilación. Un diagnóstico para la esposa de ataques de ansiedad. Vivían lejos de la gente. Tenía miedo.

«Yo en esa época viajaba poco a La Plata y cada vez que iba me enteraba de las desapariciones y muertes de personas, sobre todo, de adolescentes. La quinta distaba treinta metros del camino General Belgrano, por donde van y vienen vehículos de y para Capital Federal.» (AMLFB)

En la década de 1970, Venturini se ubica del lado más conservador del peronismo, enojada con el líder que vino de España casado con una cualquiera a la que terminara convirtiendo en presidenta de la nación y dominado por un brujo que inventara una máquina de exterminio llamado «Las tres A». *Perón no tendría que haber vuelto. En la masacre de Ezeiza ya estaba todo dicho, ahí se murió una amiga y la hija de una amiga.* Enojada porque el viejo le dio esperanzas revolucionarias a una juventud armada. Resentida con quienes no sufrieron lo que sufrió ella cuando todo se vino abajo con la muerte de Eva y ahora se llaman, tan alegres, peronistas. Es católica y respeta a cada representante de la curia, incluido monseñor Plaza, sobre todo desde que supo que se había entrevistado en secreto con Perón en su exilio. Ahora el obispo se ha vuelto una figura clave en el plan de exterminio que abarca toda la provincia de Buenos Aires.[1] Pero ella no cree en eso que dicen. Cree en el representante de Dios en la Tierra. ¿Y si estos locos trajeran el comunismo? Tiene como libro de cabecera una recomendación que va de mano en mano por esos días: *El Jesuita* de John Gallahue.[2] El libro cuenta la historia real de un sacerdote que se dedica a recuperar fieles en un territorio dominado por el estalinismo. Lo publicó Emecé en su colección de *best sellers* y la traducción es de Estela Canto. El joven Ulanov ha sido elegido para llevar la fe y la esperanza a los católicos que viven más allá de la cortina de hierro, misión en la que otros habían fracasado y perdido la vida. Fantasía de una Iglesia militante y noble, una cruzada del amor frente a la violencia descontrolada de una manga de imberbes, forajidos.

Primavera de 1975. Por las mismas calles por donde había paseado del brazo con su profesor de Higiene cuando ella también era una estudiante revolucionaria, vio pasar la manifestación de jóvenes que reclamaban el boleto estudiantil.

La Plata era un hervor, lo mismo que cuando el Bebe y yo decíamos «orejudos» a los contrarios en los años treinta. Nosotros también perdimos la caridad y nos forjábamos adolescentes bravíos y diferentes. Es una lucha justa, lástima que estos chicos sean un poco marxistas. Lo consiguieron. Les dieron el boleto. Se alegró.

Antes de que empezara la otra primavera, el 16 de septiembre de 1976, grupos de tareas de la Policía bonaerense y del Ejército fueron casa por casa y secuestraron, torturaron e hicieron desaparecer a chicos y chicas de la Unión de Estudiantes Secundarios.[3]

Faltan diez jóvenes. La noticia corre. ¡Es la hija de Nelva! Claudia Falcone tenía dieciséis años ya, la había conocido cuando era apenas una beba. En octubre de 1976 la que no aparece es Pupi, la sobrina de una periodista amiga. Aurora la acompaña a buscar información. Los curas dicen que hay que saber esperar.

¿Qué se puede hacer mientras tanto? Viajar a Buenos Aires, alejarse una tarde entera del hervor para despistar a los malditos. No la persiguen, pero podrían perseguirla. ¿Acaso no lo hicieron antes? *Aquella vez, cuando me agarraron y me patearon, si hubiera tenido algo para decir, si me hubieran pedido que marcara a alguien, yo habría cantado. Comprendo a los que hablaron.* Visita a los anticuarios de San Telmo y compra una muñeca de porcelana. Cree que la siguen. Su amiga muere de angustia unos meses antes de que encuentren el cuerpo de la chica. Nadie la sigue.

Ella no los llegó a ver, habrá sido en otro turno, pero en el colegio se comentó la visita. Unos tipos con pinta de pesados ingresaron al Normal de Banfield. *Eran vampiros,* corrige ella, policías de civil. Se reunieron con el interventor Luis Héctor Bucci y al rato salieron del despacho cargando unas cajas con biblioratos, papeles, carpetas.

Faltó a clase una de sus alumnas. En esa escuela donde trabaja Aurora desaparecieron 31 personas a partir de aquel día. Secuestraron a esa chica en agosto de 1976, la sacaron de su casa, era de noche, estaba durmiendo. Desaparece un chico de otro turno, y otro, y un profesor. Desaparece un cura que ella ha visto trabajar con los pobres en la parroquia Cristo Rey. *Muy simpático y buen mozo, con ascendencia italiana como yo, músico era el barbeta, y acá, que todo se sabe, hacía rato se comentaba que quería colgar los hábitos, estaba noviando con una cantante de una iglesia metodista.* En 1974 el cura Federico Bacchini había empezado los trámites para recuperar su estado de laico, pero el expediente nunca llegó. Se casó igual, tuvo una hija y poco después de su bautismo monseñor Plaza lo conminó a dejar la ciudad para evitar el «mal ejemplo». Se negó y fue advertido de que habría consecuencias.

Hoy se sabe que las cajas que entregó el interventor contenían legajos de estudiantes, exestudiantes y docentes.[4] «Cada uno de nuestros hogares se siente mutilado. Hay una o más ausencias que nadie ni nada podrá jamás remplazar. Vacíos que dejan estos chicos que estudiaban o trabajaban —o ambas cosas— sin ocultar su identidad ni sus movimientos. ¿Qué pasó con ellos?», se preguntan en una carta que hicieron pública padres y madres de más de cien estudiantes desaparecidos. «No tenemos precisión aún de cómo fue fusilado», cuenta la hija del sacerdote en entrevista con la periodista Alejandra Dandan. «El Equipo de Antropología Forense confirma que estaba enterrado en una tumba NN, mezclado con restos de 35 personas, en 25 bolsas. La identificación fue un trabajo titánico porque estaban los huesitos mezclados, han tenido que encontrar huesito por huesito, por eso inhumamos pocas partes de su esqueleto: el cráneo, una pierna completa, la otra no, y un pedacito de un brazo, nada más. Pobrecito. Pero ahora tiene una sepultura cristiana como todo cristiano tiene derecho a tener.»

La señora de Varela, recuerdan sus alumnas, además de su ropa extravagante, su pelo batido y su modo tan particular de hablar, tenía un anillo. Era algo espeluznante. Un cristal transparente que adentro contenía una hormiga. Parecía una hormiga en fuga, desesperada. La profesora les dijo que el insecto venía de Japón, era una hormiga de Hiroshima, no era una hormiga, era un testimonio. ¿Testimonio de la muerte o de la vida?

«Hiroshima tiene muchos jardines y santuarios, y es muy bella para ser bombardeada»; recordaba a la clase ese dicho popular y agregaba: *que no sirvió para un carajo.* «Es evidente que nos hablaba en clave. Ahora lo pienso. Daba su clase, gesticulaba muchísimo y para nosotras era imposible despegar los ojos del anillo. Sin que nos diéramos cuenta nos llevaba de la mano hasta la mañana del 6 de agosto de 1945 cuando los yanquis tiraron la bomba: *Esto pasa cuando unos energúmenos deciden la aniquilación total de una nación.*»

Aurora nunca estuvo en Japón. Es probable que la historia de la hormiga mutante fuera un robo a un clásico de la ciencia ficción de los años cincuenta, *La humanidad en peligro,* inspirado a su vez en las atrocidades de la Segunda Guerra Mundial. La profesora, que siempre citaba de memoria a Rimbaud, ahora les recordaba con precisión maníaca las palabras de Akihiro Takahashi, un sobreviviente de la bomba atómica: «Entre las habilidades de la humanidad, se dice que la imaginación es la más débil, y la capacidad de olvido, la más fuerte. Hiroshima no es solamente un hecho histórico. Es advertencia».

Las alumnas también recuerdan que, en más de una oportunidad, la de Varela salió a dar la cara por ellas. «Tenía conducta y tenía agallas. Después, no se sabe si pidió licencia, si se habrá jubilado, si renunció, pero en los últimos años de la dictadura ya no se la vio por acá.»

Nunca habla de estos años. El golpe del 55 había sido fulminante, lo había perdido todo. Sin embargo, había conseguido volverlo heroico y hasta glamoroso con esa coartada de los veinticinco años en París.

Nunca dice dónde estuvo, qué hizo y qué no entre 1976 y 1983. Pero tampoco se ubica en otra parte del planeta. Tal vez ella misma no lo sepa, tal vez le parezca insuficiente, pero es justamente en esta década infame cuando se produce su exilio más cierto.

Menos espectacular, pero tan existencialista como el exilio francés, el verdadero exilio de Venturini es su mordaza, que se coloca ella misma, a conciencia. La lengua de Venturini se corta el 24 de marzo de 1976.

Porque la misma persona que desde los dieciséis años publica todo lo que escribe y escribe todos los días, durante diez años deja de publicar y de escribir.[5] Estamos hablando de la misma escritora que para cuando ganó el premio con *Las primas* en 2007 llevaba editados más de cuarenta libros entre 1944 y ese año. Y que luego de *Las primas* escribió diez más. La escritora que solo sirve para escribir, que no cocina ni come ni sabe hacer trámites: ya no escribe. Venturini pierde la voz o se silencia a voluntad. Se hunde en sí misma. Habla con los muertos a través de la ouija. Estudia la doctrina secreta de Madame Blavatsky,[6] que la convence de que el universo está regido por fuerzas y poderes inteligentes y semiinteligentes, que quienes no crean que algo pueda existir más allá de su punto de observación y del área limitada de su estúpida mentalidad muestran la misma poca sabiduría que el avestruz cuando oculta la cabeza. Consulta en secreto a Mae Peggy, se hace amiga de las pastillas para dormir, colecciona muñecas.

Como una forense desquiciada, mitad doctor Fausto, mitad niña, juega a devolverles los nombres y las almas a sus alumnas y alumnos desaparecidos en cada nueva pieza donde gasta su dinero. Inventa una ceremonia macabra e inútil. Se vuelve madre por primera y única vez. Solo quien llegue a saber la aversión que le dan las madres podrá comprender el tamaño del sacrificio. Las viste, les conversa, ofrece estos cuerpos de fantasía a quienes ya no lo tienen. Aquí comienzan los primeros síntomas de lo que su secretaria diagnosticó como «agorafobia» y que ella llama de muchísimas maneras.

Me dominaba una extraña obsesión: coleccionar muñecas de porcelana, algunas semejaban criaturas vivientes. Dediqué una habitación de la quinta de City Bell, y ahí las reuní, cuidé con la prolijidad y cariño con que las madres protegen. Nenas y nenes, sus nombres, los nombres de los chicos que iban desapareciendo. Tiempos difíciles que salvaba ofreciendo los cuerpecitos a las almas de los torturados. Era el modo de salvarme de una claustrofobia incipiente que oscurecía más mis horas.

En la casa de City Bell, mientras en una habitación yace un esposo enfermo y al borde del llamado a emergencias, en otra se han instalado unas treinta muñecas antiguas. Aurora las visita todos los días y participa de un ritual mágico —entre la penitencia y la esperanza— que solo ella conoce y no piensa revelar a nadie.

Recién el 11 de enero de 1987 encontramos señales de que ha vuelto en sí, cuando da una extensa nota para *El Día* con título: «Contra hechos crueles del tiempo, Aurora Venturini se atreve otra vez». Declara que dejó de escribir poesía para siempre en 1976, «porque el tiempo y sus crueles hechos asesinan de muchas maneras y a mí me cortaron las venas del ballet interior, el entusiasmo por hacer cosas, sentimiento que ahora voy retomando poco a poco».

Cuenta que recién en 1986 pudo salir a hablar en público, cuando inició un ciclo de charlas en la Sociedad de Escritores de la Provincia de Buenos Aires en la biblioteca Benoit, *donde me arranqué la mordaza y hablé hasta por los codos.* Su último poema, cuenta en esta nota, se llama «Fui»:

> Fui la imagen del ojo de aquel pez errabundo
> acercado a la orilla, esfumado en el agua.
> Fui golpe de una piedra sobre zinc, sobre hierro
> alguien que quiso ir lejos con la palabra. [...]
> Ahora seré el negativo de la enorme boca.
> La carnadura ya no cautiva un esqueleto
> que es un perro de caza, es sentimiento.

Murió su esposo, abandonó la quinta y se instaló en el centro. Regaló la colección de muñecas. El silencio no estaba considerado, y mucho menos por ella misma, como una forma digna de la resistencia.

Muchos años después del éxito de *Las primas,* escribió dos cuentos sobre aquellos años. En el relato que lleva por título, justamente, «La resignación» y que apareció por primera vez en el suplemento feminista *Las12,* revela algo sobre sus trabajos de magia blanca con la colección de muñecas de porcelana. En la ficción, Pupi aparece como apareció en la vida real, pero aquí se sugiere que ha sido gracias a que ella ha ocupado una noche entera reparando una muñeca hecha añicos que compró en San Telmo. Como en toda esta etapa oscura, la sombra de un personaje medieval —*soy medievalista*— la guía en sus trabajos:

> Algo latía en mi bolso de viaje: los añicos de porcelana. Alguien me protegía bajo una capa medieval, la sombra de Cranach. Entendí el mensaje durante la extraordinaria manualidad que me imponía. Trabajé toda la noche. En vela toda la noche con la sombra sentada enfrente, delicada y dramática, y así delicado y dramático mi esfuerzo, con gotitas de pega pega y lágrimas, nació la niña estirando los bracitos, ojitos felices, pies calzados con escarpas doradas, atravesando siglos, nieves, soles, ciudades, gente, y pronunció «upa». Sonó mi teléfono. Pupi apareció. Muerta. Cranach: anticuarista. Pintor de Lutero y de Carlos V, comentarista de la Follie Parle de Holbein en 1523. Sus manos aliviaron mi torpeza.

El otro cuento no tiene título. Son apenas tres oraciones pero allí están el cuerpo, el agua, la muerte, los deudos desorientados en la orilla como perros sin amo. Pero la autora no dice nada de eso. Habla de Virginia Woolf y de su perro.

Este cuento, que ella anuncia como *sobre lo que ocurrió aquellos años,* exige ser leído en clave, como sus alumnas lo hicieron con el anillo de Hiroshima:

> Virginia Woolf salió de su laguna helada y llamó a Flush. El esculturado Flush, así se llamaba, paró las orejillas. Virginia, al borde de su lago helado, nombró a Flush, que corrió al borde del lago, ladró tímidamente sin oír respuesta, solo oyó rumor de olas.

21
Los gauchipolíticos

«Me eligieron testigo del casamiento. No recuerdo exactamente el año, pero debió de ser 1994», cuenta Segundo Rosa, nieto de uno de los historiadores más representativos del revisionismo histórico, José María Rosa, y heredero de una gran amistad con Fermín Chávez.

Aurora y Fermín no se casaron en cualquier iglesia, eligieron Santo Domingo, la de la esquina de Belgrano y Defensa, que guarda las huellas de las invasiones inglesas, la victoria del Virreinato del Río de la Plata comandada por Santiago de Liniers y, en el patio central, los restos del general Belgrano. Además, en el interior, tiene casi una cuadra de trayecto hasta el altar para que la novia se luzca. Y así fue. «Lo que sí recuerdo es lo desopilante que fue esa charla previa entre los novios y el cura. Los hicieron hacer el curso prenupcial, que no sé por qué se hizo en la iglesia que está al lado del Colegio Nacional de Buenos Aires. Aurora no paraba de provocar, preguntaba, por ejemplo, si a ella le estaría permitido, teniendo en cuenta las circunstancias, ir vestida de blanco... *¿Quiere que le diga cuáles son las circunstancias? Las traje anotadas por si me olvido de alguna... Tengo unas dudas sobre la noche de bodas, ¿le podré consultar a usted o acá tienen una monjita a cargo?* Se hacía la novia ingenua que quería pasar por virgen y estaba llena de esperanzas subidas de tono. El cura se iba poniendo cada vez más nervioso y Fermín disfrutaba la escena, se mataban de risa. Eran tal para cual. Cuando fue la ceremonia del civil, la nota la dio él. La jueza da su discurso, le pide que conteste con el famoso «sí, quiero» y Fermín responde con un largo parlamento en quechua. Cuando la jueza pretende detenerlo, él argumenta que está hablando en un idioma que pertenece a la nación, una plurinación, que debe ser respetado como tal. Fue un casamiento peronista. El otro testigo fue nada menos que el doctor Matera. Después nos fuimos a ese bar de la esquina de la casa de Fermín donde iban ellos siempre. Éramos unas cuarenta personas más o menos, esa fue la fiesta.»

Pudieron haberse conocido en 1950 en la Casa de la Empleada. Hay notas biográficas que aseguran que así fue, que el primer encuentro se dio en la Peña de Eva Perón, esa mítica reunión de poetas que se llevaba a cabo allí todos los viernes con presencia de la primera dama y donde se expresaban rimas en su honor. Pero no. Aurora, aunque hacía

Aurora y Fermín, auténtica pareja peronista, participaron de incontables reuniones literarias y políticas.

rato que era poeta y peronista, no formó parte, y si anduvo por allí alguna vez, no ha quedado en los registros. No necesitaba de estas reuniones para acercarse a Eva, ya trabajaba con ella desde hacía dos años. Además, la Peña tuvo mucha fama y vida breve, duró unos meses. Fue la misma Eva quien la disolvió; le habían sugerido que no era momento.

Fermín Chávez, en cambio, había sido uno de los principales poetas de la partida: «Una noche, José María Castiñeira de Dios escribió un poema, hondamente impresionado por un gesto humano singular de Eva Perón. Cuando se lo contó y le entregó el texto, a ella se le ocurrió que venía bien para leerlo durante la cena, en compañía de otros escritores y artistas amigos. Y fue así como aquel poema, titulado "Alabanza", luego impreso en elegante plaqueta, dio origen a la Peña. En verdad, la idea de Evita no fue que las reuniones fuesen dedicadas a ella, sino que sirvieran para hablar "del General" y del Movimiento, pero la comunicación espontánea y sin planes trazados que se dio de inmediato nos llevó a que expresáramos en verso precisamente lo que ella nos había comunicado y lo que de ella supimos de golpe...».

Se conocieron en marzo de 1951. Tres años antes de que se celebrara el primer Festival Internacional de Cine en Mar del Plata, hubo otro gran evento, la Fiesta Nacional de la Poesía. Alta cumbre de vates, mayoría peronistas, donde figuran Gregorio Santos Hernando, León Benarós, José María Fernández Unsain, Enrique Lavié, Alberto Ponce de León, Julia Prilutzky Farny, Alfonso Sola González. Una foto, que Aurora incluye en su *Antología personal,* los muestra caminando por la rambla. Aurora, Fermín y la otra Aurora, la hermana menor.

En aquella ocasión intercambiaron comentarios y direcciones de correo. Desde entonces Aurora se ocupó de mandarle por correo cada nuevo libro que iba sacando, y él no se ocupó, como ella esperaba, de colaborar en la promoción. Años después, en 1991, el novio pide disculpas públicas en el prólogo para *Las Marías de Los Toldos:* «Este mal amigo no fue capaz de escribir ni una línea cuando recibió *El solitario* o *Lamentación mayor* o *La trova,* y después su *Carta a Zoraida. Relatos para las tías viejas* y todo lo demás que es un montón. No sé por qué mantuve esta aparente indiferencia, siendo que tanto me gustaban sus versos y sus trabajos en prosa, donde aparecían figuras tan queridas como la de François Villon».

Fermín había enviudado hacía un par de años, su esposa había estado mucho tiempo enferma. Luego apareció Aurora, estuvieron un tiempo de novios y después se casaron. Continúa Segundo Rosa: «Yo era muy joven y para mí era todo un espectáculo ver a estos dos viejos locos peronistas conversando, hablando de las gestas de otros tiempos... y enamorados. Supe que Aurora había sido muy amiga de mi abuelo, pero a ella la conocí por Fermín. No tengo esa imagen que muchos tuvieron después. Ni irónica ni malhumorada ni daba miedo, todo lo contrario. Yo conocí a una señora muy cariñosa, muy graciosa, muy culta. Era conmovedor verlos en la casa de San Telmo. Ella se mudó enseguida al departamento de él. Vos entrabas y parecía que estabas interrumpiendo algo importante, un nuevo libro. Estaba cada uno en su escritorio, los dos llenos de libros viejos y papeles, leyendo y escribiendo sin parar. Yo pensaba: "Claro, esta es la vida de una pareja de escritores"».

Jorge Rivera, en un artículo para la revista *Crisis,* describe ese ambiente donde Chávez solía recibir a jóvenes y viejos y hacer largas tertulias: «La sala con el balcón entreabierto sobre la calle Chile es casi austera. Una pequeña habitación acogedora en la que rápidamente contabilizo libros de historia, viejos periódicos federales enmarcados, una fotografía poco conocida de Ricardo López Jordán, y bajo el vidrio de la mesa un poema de Ernesto Guevara en Ñancahuazu copiado a máquina».

«Si cuando llegaba a visitarlos», cuenta Rosa, «estaban metidos en alguna discusión —siempre relacionada con cosas domésticas o con "hacia dónde fue y tiene que ir el movimiento"—, era ella la que con mucho estilo y gracia decía: *Bueno, basta, aquí no pasó nada, llegó Segundo,* y salíamos a comer a un bar de ahí cerca donde ellos iban siempre. Creo que nunca comían, no había nada en la heladera, no cocinaban, no pensaban en eso. Leían, escribían y publicaban en la editorial Theoría o en Pueblo Entero, que ellos mismos tenían ahí en la casa. Eran tal para cual.»

El novio, historiador y poeta, tenía mucho en común con la novia peronista de la primerísima hora, biógrafa de malditos desclasados como Lautréamont y Villon, poeta,

Prolífica ella y lo mismo él, escribieron, publicaron y presentaron juntos los libros de su propia editorial.

tan mujer de mundo como mujer del pueblo.[1] Los dos viudos, casi de la misma edad, él militante de Perón, ella, de Eva. Los dos nacidos fuera de la capital, él en Entre Ríos y ella ya sabemos.

«Una pareja militante del campo intelectual que comparte la poesía y la locura por los libros raros», los define el común amigo Ángel Núñez. Muchas personas que dicen haber compartido charlas de café, reuniones poéticas y políticas y quienes los han visto más de una vez hurgando bateas en las librerías de viejo de la avenida de Mayo repiten eso: "Eran tal para cual".»

Podían pasarse horas recordando los días de infancia y la infancia del país.

F. ¿Cuándo dirías vos que nos empezó la desgracia?

A. Para mí, la desgracia empezó una noche, la del 5 de septiembre de 1930. Soy una chica de ocho años que ve que todo se derrumba a su alrededor, ignora que esa desgracia es compartida por una generación entera.

F. Yo me recuerdo subido en una mesa, al borde del camino, con mi padre que me hace gritar «Viva Yrigoyen», mientras que la gente que va a votar pasa en camiones...

A. El 6 de septiembre de 1930 yo cursaba la primaria, la directora era la señorita Emilia Salsá, que nos contaba que su padrino era el presidente de la República Argentina, el doctor Hipólito Yrigoyen. Ese 6 de septiembre oímos el ruido de los caballos de los escuadrones y los soldados gritaban por la calle; había estallado la revolución. Y al presidente lo trajeron a La Plata al 7 de Infantería, donde pidió dormir porque estaba muy cansado. Después lo llevaron a la isla Martín García.

F. En mi casa había una tremenda pasión yrigoyenista.

Me acuerdo como si fuera hoy de la revolución del 30. Al campo no llegaba más que una vez por semana una mensajería que traía la revista *Caras y Caretas,* que en esa época le tomaba el pelo a Yrigoyen.

A. Recuerdo que a la escuela entró un exacerbado y se dirigió a la directora con violencia, y ella perdió el equilibrio y cayó al piso y pude verle sus medias de seda corridas... Por primera vez, creo que en toda su vida, su boca largó un improperio: «Fuera de aquí, orejudos de mierda». Esos años me han enfermado de un pesar gravísimo llevadero dentro de las medias corridas de la señorita Emilia, que sin quererlo me inculcó un vocabulario perdulario que adopté enriquecido de suciedades con los padecimientos y el odio al enemigo de una causa que nunca consideré tan pecaminosa como para desbaratar el ánimo de la señorita Emilia, que yo tenía como espejo y ejemplo. Pronto cumpliría siete años. Mi capacidad intelectual superaba esa edad y leía cuanto caía en mis manos, ya fueran libros o diarios.

F. Mi mamá compraba el *Suplemento* y *Caras y Caretas,* después los dejaba en cualquier lugar y yo los recogía para aumentar mi secretísima colección que despabilaba cuando los grandes dormían. Me salvaron las lecturas. El Lugones de los *Poemas solariegos.*

A. ¡Y los *Romances del Río Seco!* A Marechal lo leímos también: *Días como flechas.* Y los *Poemas australes...* García Lorca y Neruda, además de Miguel Hernández.

F. Aurora, no te hagas rogar más, tenés que escribirle un poema al General.

A. No escribo más poesía. Y mucho menos para Perón, ese viejo verde que nos dejó este desastre. ¿Qué me decís de que también dejó sin reconocer a esa pobre muchacha que anda en televisión? Tuvo una hija. Yo pensé que a Perón no le daba el cuero, como decía Lanusse.

F. Por favor, Aurora, no podés ser tan ingenua, no puedo creer que te vas a hacer eco de esa farsante.[2]

A. Martha Holgado se llama.

F. Tengo estudiado como nadie dónde y con quién estaba Perón en los años en que supuestamente se engendró ese mamarracho. Te aseguro, Aurora, que no dan las fechas, ni siquiera se ocupó de armar bien la historia esa mujer.

A. No voy a escribir un poema.

F. Entonces sos la única poeta peronista que no va a estar en nuestra antología.

En 1997 Aurora escribe «Silva de angustia por mi General» —«Cuando nos bautizaron, compañero, / aceptamos la cumbre y los abismos, / palomas, sierpes y hasta cancerbero»— para ser incluida en *45 poemas paleoperonistas* donde junto con su esposo reunieron poemas de peronistas históricos como Leonardo Favio, Homero Manzi y Oscar Ponferrada, entre otros. No podía quedarse afuera y, para no traicionarse, volvió sobre la palabra peronista que desde un principio le había sonado como una marsellesa nacional:

> Así fue, así será, che compañero,
> nos triza el cretinismo
> de algún aventurero.
> Pero cuando la marcha canta, compañero,
> un chaparrón de cielo nos derrama,
> impregna y nos define derrotero. [...]
> Arrasados, quemados,
> hundidos y faenados, compañero,
> no fuimos derrotados.

Mucho antes de convertirse en Ayohuma, Fermín Chávez fue para Aurora un verdadero «compañero».

La unión con Fermín significó para Aurora un despegue editorial. Desde que se conocieron escribió y publicó novelas, cuentos y una exquisita traducción libre de los poemas de Rimbaud. Editó con su esposo otras antologías de poetas peronistas, escribió sobre los gauchipolíticos rioplatenses, un panegírico sobre santa Rita y otro sobre Ponce de León.

Guillermo Pilía recuerda escenas similares a la que relata Segundo Rosa, pero ubicadas en el departamento de la novia, en La Plata. Iban y venían de una sede a la otra haciendo cosas, dando conferencias, presentaciones de sus libros. «En una ocasión me ofrecieron hacer una gran comida de desagravio, a raíz de un problema que había tenido en la SADE, donde acababa de renunciar. Todo era un gran acontecimiento para ellos, se apasionaban por lo que consideraran una causa justa. Esta vez habían hecho invitaciones especiales (a mano) en unos cartoncitos anunciando el "gran evento". Cuando llegamos, nos dimos cuenta de que el departamento de Aurora era muy chico para la cantidad de gente que habían invitado, tanto que una vez sentados no nos pudimos mover de nuestros sitios. Fermín me recitó unos versos escritos especialmente, se dijeron unos hermosos discursos, pero lo que más nos sorprendió fue que cuando llegó la hora de comer, nada estaba planeado. Fermín se puso a armar un fueguito en el patio y muy tranquilo iba colocando sobre la parrilla lo que iba apareciendo. Es decir, un pedazo de pollo, una papa, un churrasco... Fue una situación adorable e insólita también. Así eran ellos.»

Entre lágrimas contenidas y frases entrecortadas muy difíciles de descifrar, sugirió que cada vez que le hacían una entrevista a Fermín para algún medio, él hablaba como si estuviera solo, como si no se hubiera casado con ella. Me dio *El cuarteto de Alejandría.* Encontré la desesperación, escrita al margen y con el mismo balbuceo de frases entrecortadas. El libro entero estaba intervenido con una grafía complicada por la artritis y por el movimiento del tren que la llevaba a La Plata: «No debo venir con tanta asiduidad»; «No sé si saldré de esto. Pido a mis... santorales ayuda por favor! No hay diálogo»; «Creo que desea algo que intuyo. Ante todo dignidad. Nunca olvides que estás enfermando por cosas que son *merde*».

Entre los papeles de su archivo, apareció un manuscrito que jamás presentó a ninguna editorial. Puede ser leído como una novela, pero también como un diario íntimo. Mucho de lo que cuenta coincide con lo poco que contó sobre aquellos años en que vivió en San Telmo con su marido, pero además termina revelando —o justificando— la razón de su abandono del hogar.

«El empujón de un ánima celosa» empieza así:

> Nos conocíamos, supe que había enviudado dos años antes. Comenzamos una amistad algo amorosa. Comprobé que él mantenía la antigua desprolijidad bohemia con olor a sótano, y juzgué que no llegaríamos a mayores. Solo un flirt. Noté su adhesión al vino. No me importó. Vi sus alpargatas bigotudas. No me importó. [...] ¿Por qué me quedé a dormir en ese piso cuyo balcón da a un callejón feo, a un vecindario conventillero, a la esquina que servía de reunión a vagos borrachos y barulleros? Una vecina salió al balcón a hacerlos callar porque no podía dormir. Ellos gritaron: andá a la cama, vieja mal cogida, la concha de tu madre. Cambié mi dormitorio, mi cama limpia por estas sábanas manchadas de remedios de la difunta y el ronquido del viudo. La definieron desprolijidad... ¿Por qué no se casan?... Él era escritor, yo también. Un periodista le indicó que se alejara de mí porque de otro modo podía salir alguna desprolijidad. Me denigraban.

En el fin de la historia Aurora hace aparecer al fantasma de la primera esposa de Fermín, que la echa de la casa con un empujón.[3] Es un episodio que luego compartió con el padre exorcista por temor a que la mujer se ensañara con ella y la siguiera hasta La Plata. Pero no pasó nada de esto.

¿Cómo es posible —le pregunto a Segundo Rosa— que haya tanta distancia entre lo que amigas y amigos percibieron y la versión de Aurora? En sus últimos relatos, San Telmo es lugar inmundo, ni rastros de esas librerías de viejo donde tantos amigos afirman haberlos visto revolviendo bateas: «Yo creo que tenía el hábito de quedarse con la última escena de una historia, de una relación. Lo último siempre era malo. Si había tenido algún problema con Fermín o no se llevaba tan bien con alguno de los hijos, borraba completamente las cosas buenas que habían pasado antes. Por ejemplo, cuando ganó el premio la llamé, le ofrecí llevarla hasta Buenos Aires. Me atendió amable pero cortante, conmigo no había tenido ningún problema, todo lo contrario, pero yo representaba ese pasado. Me di cuenta de que no quería verme más. En un momento, ante mi insistencia, me lo dijo: "Lo que pasa es que he decidido olvidar, he decidido borrar, borrar, borrar"».

Es lo mismo que dice Yuna al final de *Las primas.* Aurora le estaba robando a Yuna Riglos su método de supervivencia:

> Y pasó diciembre, enero, febrero, en marzo comencé las clases. Me sentía recién nacida, conseguí nivelarme, exponer, viajar. Borré. Borré. Borré todo. Una enorme melancolía invadió mis pinturas y las valorizó porque la gente al verse reflejada en la pena puede consolarse algo. Supe que Betina había fallecido y que el profesor a causa de la existencia miserable exigida de cuidar a la enferma no salía de la casa y recordé que la casa era mía, por herencia, pero también lo olvidé.

22
Parece mentira

«¿Estás escribiendo la biografía de Aurora Venturini? Qué difícil... porque ¿cómo vas a hacer para separar fábula y realidad?» «¡Cuidado con Venturini porque miente!»

La advertencia tan reiterada tiene el peso de una interdicción: no vale creerle. De pronto resulta que todo lo que dijo debe ser puesto en duda. ¿Trabajó con Eva Perón? ¿Era psicóloga? ¿Conoció a Sartre? La palabra de la protagonista que se prodigó en entrevistas y confesiones, materia prima del trabajo biográfico, se ha devaluado a grado cero.

Leopoldo Brizuela, escritor y platense, que la conocía desde mucho antes de que ganara el premio, fue el primero en avisarme: «¡Cuidado con Venturini porque inventa! No solo exagera sobre logros, antepasados ilustres y amistades que no tuvo, también llega a la calumnia si quiere hundir a alguien».[1]

Ese tránsito suyo entre la realidad y sus variaciones, su ambicioso proyecto[2] literario entre el inconsciente y los fantasmas, su estrategia de supervivencia: todo eso fue decodificado como mitomanía. Aurora miente, sabe que miente y sabe que lo saben. Pero ¿qué sabemos?

En la entrevista para el libro *La maldita,* antes de narrar una increíble experiencia sobrenatural que dice haber protagonizado, adelanta: *A mí no me creen nada, pero...* El *pero* de

Venturini no tiene límites. Va de la exageración a la fábula, del recurso estético a la búsqueda desviada de una verdad. Pero, además, responde a sus ganas locas de reírse de la gente y de sus «pacientes lectores».[3] Las mentirosas tienen siempre lugar en sus ficciones, como diciendo: «Cuidado porque somos cofradía, pero atención que no somos todas iguales».

En «Casta diva. Petisos y orejudos», presenta a una niña valiente que logra vengar las atrocidades de la década infame con un superpoder: «A mis nueve años ya era maestra en desapariciones de huellas incriminatorias y en falacias increíbles contadas con tal inocencia que aparentaban verdades». En «Espécimen» presenta a una embaucadora rasa, que a simple vista podría confundirse con ella, de no ser porque Espécimen no hace literatura. Para Aurora, solo quien lee y escribe puede beber de la copa de la mentira:[4] «Espécimen es una pobre vieja con cara de lechuzón de piedra y cultura atiborrada de anecdotario trucho que ella terminó por creer». Esa vieja logra engatusar a «un grupito de personitas jóvenes de La Cámpora» mostrándoles una foto donde se la ve junto a «la presidenta Cristina». En la foto la farsante va vestida de invierno, mientras Cristina va vestida «de primavera» y la narradora nos devela el torpe uso del Photoshop y cierra la descripción con una sentencia cuasi mafiosa dirigida al periodismo: «Espécimen olvidó que los escritores periodistas integramos el cuarto poder que derriba muros, torres y montañas».

Enfrentar falso y verdadero[5] como dos fuerzas puras e interpelar sus contradicciones como aporías definitivas nos deja encerradas indefinidamente en una sala de interrogatorios. Antes que a auscultar en qué momento nos miente, su juego invita a revisar el concepto de mentira reducido históricamente a un acto circunstancial, mero desvío en el camino liso y puro de «lo verdadero».

Por ejemplo, más intrigante que sus «faltas a la verdad» es lo sencillo que resulta pescarla *in fraganti*. El relato de su última secretaria sobre algo que le llamó la atención el día en que se conocieron sintetiza esa relación esquiva que Venturini entabla con «la prueba de verdad»: «Me dio la primera cita en un horario imposible: las ocho de la mañana. Fui puntualmente, me atendió por portero eléctrico y dijo que era muy temprano, que no habíamos quedado a esa hora, que no podía atenderme, que no había nadie para abrirme, que volviera al mediodía. Le expliqué que a esa hora yo estaba dando clase. Creo que la sensibilizó que fuera profesora, como había sido ella años atrás, y por eso accedió a darme otra cita. Cuando por fin nos reunimos, en el momento en que estoy por irme me lleva hasta el calendario que tenía colgado en el comedor y me dice: "¿Ves que no te tenía agendada a las ocho de la mañana? ¿Ves que te equivocaste?". Yo no podía creer lo que estaba viendo. En la fecha de la cita estaba escrito con marcador las ocho de la mañana, aunque visiblemente tachado. A un costado había agregado: "12 horas"».

Quien se tome el trabajo de contrastar los famosos veinticinco años en París, con los años en que estuvo dando clases en la secundaria de Banfield y publicando libros en la Argentina, verá reducido ese exilio a poco menos de un año entre 1956 y 1957.

En conversación con Tcherkaski y Seoane para *La maldita*, afirma que fue una de las primeras en aplicar el test de Rorschach en la Argentina. Es asombroso y, además, es cierto. Luego agrega que fue el mismo Rorschach quien le enseñó a aplicar sus láminas. A los jóvenes documentalistas que la filman en su casa les cuenta que fue una de las fundadoras de Ediciones del Bosque. Es asombroso y es cierto. Luego agrega que fue íntima amiga de Francisco López Merino. Con un solo clic en Wikipedia, Rorschach, que nunca vino a la Argentina, muere en 1922 cuando ella tenía un año. Y López Merino se suicida en 1928.

Este ejercicio impune de la mentira, como el teléfono de línea y los telegramas, debe ser considerado artefacto de una época donde no existía una tecnología de la verdad más allá del detector de mentiras para delincuentes de película. Ni cámaras de seguridad ni archivos *online.* El hábito de chequear datos constantemente no nos libera de las *fake news,* pero le pone un tope a cierto vuelo de la imaginación. Cristina Mucci, en *Las olvidadas,* donde reúne las biografías de tres contemporáneas de Venturini —Silvina Bullrich, Beatriz Guido y Martha Lynch—, da cuenta de esta relación generacional con la mentira. Una de ellas confiesa muerta de risa que cuando tuvo que organizar una muestra con documentos históricos, a falta de un original de Mansilla, lo falsificó y lo manchó con té para que pareciera antiguo. Beatriz Guido, la más célebremente fabulera de las tres, «podía inventar las historias más atroces sobre la gente, pero en algún momento me di cuenta de que esta mujer, que era increíblemente mentirosa, no lo hacía por maldad sino para embellecer las cosas», dice allí Ernesto Schoo. Tenía un modo de dar condolencias redoblando la apuesta. Cuenta Mucci: «Una mañana se encontró con el abogado de Torre Nilsson acompañado de su esposa en la confitería El Águila, donde ella iba diariamente con su hermana. La mujer estaba deprimida porque acababan de diagnosticarle un probable cáncer de mama. "¡Pero no te hagas problema! Yo también, cada vez que vuelvo de un viaje, contraigo un cáncer. Y después desaparece"».

En un artículo para *Clarín* de 1984, Borges denuncia esta obsesión nacional por las apariencias y los esfuerzos argentinos por sostener una buena imagen en el exterior. «Sé de familias que durante los meses de diciembre, de enero y de febrero, vivían escondidas en su casa para que la gente creyera que estaban veraneando en el Uruguay.» Una antigua vecina asegura que Venturini hacía eso mismo: «Puedo asegurarte que Aurora se encerraba en su departamento durante seis meses, primero compraría vituallas para sobrevivir todo ese tiempo sin pisar la calle... Después aparecía y contaba que había estado de viaje. Pero yo, desde mi ventana, la veía que estaba adentro tan tranquila, como un lobo enjaulado».[6]

Sin embargo, hay muchas pruebas de sus reiterados paseos por Europa. Amigos comunes confirman que Fermín Chávez conoció París pasados sus setenta años, gracias a la invitación de su esposa. ¿Habrá llegado al extremo de esconderse en su casa para sumar millas? ¿Hay que creerle a una vecina solo porque hemos decidido dudar de la otra?

Seguramente habría querido viajar más de lo que viajó y aquello que dijo cuando recibió el premio —*Estuve tantos años lejos que a veces, cuando me despierto en mi departamento de La Plata, donde vivo sola, no sé dónde estoy. He visitado tantos museos, he estado en tantos lugares que casi me olvidé del español cuando volví a pisar esta tierra tan dura*— deberá leerse como «el modo Beatriz Guido» de embellecer la realidad.

Pero, además, Venturini comienza a delinear su personaje de escritora en el marco de la crítica hermenéutica clásica que buscaba al autor detrás del texto. Los secretos que eran, por definición, inaccesibles resultaban más interesantes cuanto más difíciles de descifrar. Así es que distribuye a conciencia pistas y despistes entre genio, figura y obra amparada por esta consigna nietzscheana: «No es más que un prejuicio moral el considerar a la verdad como más valiosa que la ilusión».

Elige ser superdotada —*En la escuela primaria me pasaron de grado, porque yo estaba muy adelantada*— y recibir una educación de niña rica —*En esos años mi madre contrató a una institutriz francesa*, que cambia de nombre a medida que se suceden las entrevistas—. En París, efectivamente asiste a clases en la Sorbona —donde las clases son libres y abiertas al público—, se entrevista con Simone de Beauvoir —cualquier turista letrada sabía en qué confitería encontrarla y verla de lejos—, y convierte estas escenas en un posgrado y en una cotidianidad con la parranda existencialista. Considera que tiene que refrendar sus personajes con sus experiencias, y lo mismo en sentido contrario. En las entrevistas, entonces, simplemente se ocupa de sostener el hilo de continuidad. ¿Acaso la entrevista periodística no es una invitación a construirse una imagen pública?[7] «¿Quién dijo que en las entrevistas se dice siempre la verdad?», se pregunta Alejandro Urdapilleta en una nota para *La Nación* ante el pedido de precisiones sobre los años que pasó en Italia: «En esa época, los argentinos en el extranjero nos inventábamos una vida y yo la inventé. Y sigo inventando. Miento todo el tiempo. Eso te lo quería avisar. Aparte no sé por qué la gente puede pensar que lo que uno dice en un reportaje es verdad».

Aurora no se retracta, pero justifica su punto de vista con paciencia pedagógica: «Los juegos a que nos somete la imaginación recuperadora, llamémosla así, tortuosos y reivindicadores, resultan tan comprobables como la misma realidad... Somos una entidad psicosomática en la cual una de las facies dominaría a la otra en procura de la salvación del sujeto humano. Todo viviente es su propio defensor y habrá de asirse a la tabla de salvación más próxima que esté a su alcance y arribar a la orilla de seguridad, si fuera posible de paz» (AAV).

Pero cuando leyó la lista de sus padres falsos en la nota de Leila Guerriero se sintió expuesta, y lo que es peor, expuesta internacionalmente. *¡Salió nada menos que en* El Mercurio *de Chile,*[8] *país tan querido, donde conocí a Neruda... ¿Te conté que me invitó a que me quedara con él cuando mi familia me mandó a Chile para que me olvidara de un romance imposible?*

Entonces a los pocos días me envió un correo *—para poner a continuación, donde hablo de la habitación del padre y la madre—* para agregar a su respuesta sobre mi primera pregunta: «¿Cómo era la casa familiar?»

Una noche de invierno escuché ruido en la habitación matrimonial y no hice caso. Dos o tres noches después volví a escuchar ese ruido y algo que decía mi mamá con acento de llanto. Me bajé de mi cama, crucé la habitación de las estatuas y me asomé al dormitorio y vi al innombrable pateándola. Cuando me preguntan insistentemente por cierto parentesco progenitor, no contesto porque juré no nombrar jamás al sujeto que golpea a su mujer, la tira al piso y la patea. Mi mamá sufría el síndrome de Estocolmo. El sujeto se fue un día porque tenía familia paralela y yo devolví la pistola que me había prestado un primo porque sabía que una noche lo iba a matar. Mi mamá era maestra y trabajaba en una escuela primaria en quinto grado, salía de la casa a las siete de la mañana, volvía tarde, yo la oía trajinar hasta las dos de la mañana preparando la comida para el día siguiente, que calentaría una empleada de servicio, Pila, que además limpiaba. A los diecinueve años me fui de la casa de los dueños. Molestaba en todas partes.

¿Qué buscaría con esta confesión? ¿Finiquitar al padre entregando un episodio verosímil? ¿Es demasiado tarde? ¿Cuanto más tarde la confesión, más cierta?

Cuando poco antes de morir asume que la están tratando públicamente de mentirosa, acepta algo parecido a una rectificación, pero lo hace a su manera. Responde a los periodistas Jerónimo Díaz Ruiz y Cristian Secul Giusti en una entrevista para *La Otra Cara:* «No, *Las primas* no es autobiográfica. Hay algunos personajes que son de mi familia. Lo que cuenta *Las primas* no pasó en mi casa, pero fue parecido. Yo nunca entendí la vida de los otros. Lo único que tengo es la literatura».

Nunca estuvo en Londres, nunca pisó Inglaterra. Cuando joven, por convicción nacionalista; después, por las Malvinas; y cuando todo eso se le fue pasando, porque los médicos no le permitieron viajar. Pero conocía de memoria cada una de las salas del Museo Británico. Una de las atracciones que habría querido ver de cerca es el esqueleto de la sirena. Decían que esa criatura, capturada en las aguas de Japón, había pertenecido al nieto de la reina Victoria y que luego había sido donada al museo. *Es horrenda y es imposible, pero todo el mundo va a verla. Por algo será.* No es ningún secreto que la cabeza y el torso de la sirena pertenecen a un mono al que un taxidermista le adosó la cola de un pez, dando vida a uno de los más grandes fraudes de la historia museística del mundo. La gente se acerca para admirar una sirena que nunca existió. Por algo será. Se acerca para celebrar, como también lo hemos hecho en estas páginas, el triunfo de la fantasía y de su entrañable torpeza.

Acabo de terminar este capítulo cuando recibo este mensaje: «No lo vas a creer, pero acá hay unas mujeres hablando de Aurora y de *Las primas*». Barbi Recanati está en un bar de Madrid haciendo tiempo antes de dar un concierto. Ahora me manda una foto: son cuatro señoras que conversan, una de ellas tiene *Las primas* en la mano. «La que está de frente acaba de decir: "Estoy leyendo esta novela que se la recomiendo, se llama *Las primas* y es de una escritora argentina que ya se murió pero que la escribió a los 85 años y ganó un premio. Es la historia de ella misma, pobrecita, una mujer con problemas en el habla y en la cabeza que tiene una familia con primas y hermanas rarísimas... Cómo me explico... Todas mongólicas. Mongólicas, pero no del todo, mongólicas leves. Tienen que leerla, les va a gustar".»

23
Más allá

Pidió hablar personalmente con el empleado de la funeraria. Marta, su secretaria, había concertado la cita por teléfono el día anterior. Ya en la oficina, ocupó la silla que le señalaron, rechazó con la mano la oferta de un café y solicitó los formularios de cremación. El hombre notó algo extraño en el comportamiento de las dos mujeres. Una, que parecía la dama de compañía, se mantenía de pie, en silencio y mirando hacia un supuesto horizonte que daba contra la pared. La otra, que parecía Don Quijote, comenzó a completar dificultosamente los papeles.

—*¿Usted es familiar del fallecido? ¿Quién se encarga de traer el cuerpo para cremar?*

—*Voy a traer el mío, pero vas a tener que esperar un rato.*

El empleado intentó hacerla razonar. Las cremaciones nunca las contrata el mismo fallecido. *Desconfío de todos,* murmuraba sin levantar la vista del papel. *Antes de morirme pienso pedir mi autopsia.*

¿Cuántos años tendría esa mujer? ¿Ochenta? ¿Más de cien? Todavía no había empezado a escribir *Las primas.* Faltaban días para que su secretaria, con el objetivo de sacarla de estos lúgubres pensamientos, llegara a su casa con el recorte del diario y el aviso del Premio Nueva Novela. Mucho más lejos estaba el maldito 27 de abril de 2011, cuando, volviendo de cobrar su pensión, creyó ver el diario abierto en la mesa del comedor con la noticia de la muerte de Ana Emilia Lahitte. *Bueno, que se embrome, era una persona mala.* Siguió su camino hacia el dormitorio, comenzó a cambiarse para descansar de la salida y de la noticia. A los pies de la cama se enredó con sus propios pantalones. «Caí desde mi estatura, de un metro setenta, al piso de cerámica. Vi rumor de huesos quebrados, huesos astillados, cuando penetré de un solo bajón el ámbito desconocido», escribió un año después en *Los rieles* luego de su paso por el quirófano y el centro de rehabilitación.

Minutos después de la caída, el teléfono sonó en mi casa. La secretaria atinó a balbucear que me pasaba con Aurora porque ella quería decirme algo importante.

—*Liliana, me rompí.*

Parecía un pedido de disculpas, una niña arrepentida reconociendo que sí, que había sido ella la que acababa de romper el valioso jarrón chino.

—*¿Y ahora dónde estás? ¿Voy para allá?*

—*No, en este momento estoy en el piso, en el mismo lugar donde caí. Unos camilleros me están envolviendo en una frazada, dicen que no van a usar camilla porque tienen miedo de terminar rompiendo más huesos de los que rompí yo. Sería una hazaña. Venite mañana después de que me operen.*

Me dijo el nombre del sanatorio y cortó. Fui a las seis de la mañana del día siguiente antes de que entrara al quirófano para verla por última vez. No creí que sobreviviera a la cirugía,[1] no estaba al tanto de hasta qué punto en estos últimos años se perfeccionaron las técnicas de remplazo de cadera. Ella estaba sola en una habitación que parecía un depósito. En los pasillos no había enfermeras ni guardias ni una voz. Nadie me detuvo. Sentí que estábamos en un nosocomio abandonado. Le pregunté si tenía miedo y enseguida me di cuenta de que la había molestado con la pregunta.

—*¿Por qué me preguntás eso?*

Lo que le respondí no lo recuerdo y, de recordarlo, no lo repetiría. Tuvo que haber sido algo completamente fuera de lugar. Me dijo que no tenía miedo y que no había razón para tenerlo. Cerró los ojos.

Cuando la volví a ver, meses más tarde, no me creyó que aquella mañana, tan temprano, hubiera ido hasta La Plata

En la misma habitación donde sufrió el accidente donde se quebró varios huesos, haciendo sus ejercicios diarios con los que logró volver a caminar.

para acompañarla. En cambio, recordaba perfectamente que una mujer misteriosa se le había aparecido minutos antes de la operación para joderla con el miedo.

No sé qué habrá sido eso, nena. Pudo haber sido un ángel o un demonio. Por si acaso, la espanté con mi peor cara y me hice la muerta.

Durante el tiempo en que se sometió a los ejercicios y humillaciones que los terapeutas llaman «rehabilitación», siguió dictando a su secretaria artículos para el diario; protagonizó el documental *Beatriz Portinari;* escribió *Eva. Alfa y Omega,* los relatos reunidos bajo el título *Cuentos secretos* y unas novelas más que siguen inéditas. Tuvo que reconocer que aquella noticia sobre la muerte de Ana Emilia Lahitte había sido una alucinación. Ana Emilia murió en julio de 2013 cerca de la fecha en que ella presentaba *Los rieles,* la novela sobre su última resurrección.

Marcelo Panozzo, Aurora y Liliana Viola en la presentación de *Los rieles* en la Biblioteca López Merino.

Quiso que habláramos en aquella ceremonia Marcelo Panozzo y yo. Allí fuimos en nuestro segundo viaje hacia La Plata, su editor y su periodista de confianza.

«La novela más autobiográfica de todas» comienza con aquel accidente doméstico, sigue con el periplo del cuerpo internado, ratifica la miscelánea dc datos biográficos puestos en duda y sube la apuesta narrando una lucha entre el diablo y el cura exorcista que la salva de la muerte.[2]

La prueba, si la necesitan los que no me creen nada, es que después de todo lo que me pasó —cadera y huesos rotos y una complicación que terminó en otra cirugía—, aquí me tienen, sentada aquí. Dio un largo discurso sobre un tal Belcebú, Demonio o Lucifer que había sido expulsado del cuerpo de una catequista gracias a los trabajos del padre Mancuso, el mismo que la había salvado a ella. *Fue en 1984. ¿Cómo había entrado allí? La chica había comido una torta preparada por su suegra con las artes de la magia negra.* Dijo que ella daba fe porque había conocido a la chica cuando buena, cuando endiablada y cuando volvió a ser buena. *Yo lo vi hacer un exorcismo al padre. El hombre estaba sentado, triste, y el padre empezó a hablar y el hombre empezó a erizarse y le dijo: «Cura cagón». Y se le fue encima y el padre lo dominó. El tipo rugía, pegaba patadas. Y el padre rezaba. Y entonces le sale al hombre una voz finita: «No me hagas daño». Y el padre lo sacude y se sienta. Y el diablo se fue. Espantoso, ¿no? El infierno existe. Yo estuve en el infierno.*

El público escuchaba azorado y conteniendo la risa. Le preguntaron por la muerte y dijo que estaba comenzando a creer que Dios se había olvidado de ella. *No poder morir puede ser algo atroz.* Aplausos. Se estaba dando por terminada la ceremonia cuando desde una de las últimas filas un señor levantó la mano.

«Yo quisiera decir algo... La verdad es que me enteré casi por casualidad de la presentación, porque justo ayer salió en el diario y lo vio mi señora y me dijo andá. Yo siempre en casa hablo de usted. Me vengo desde San Justo para saludarla... No se acordará de mí, pero yo a usted no me la voy a olvidar nunca.»

El silencio fue incómodo pero breve. Dio tiempo a que el público se diera vuelta para poder ver qué aspecto tenía el dueño de la voz. Un hombre de unos setenta años que claramente se había puesto su mejor traje y una corbata para asistir a esta ceremonia. No estaba acostumbrado a dar conferencias, así que fue directo al punto.

«Yo era uno de los chicos del Hogar, tenía doce años cuando usted me hizo los test y me destacó entre los que teníamos, digamos, algunas capacidades... Y por su recomendación me sacaron de ahí y me derivaron a una escuela muy buena. Quería contarle que me recibí de contador. Me casé. Tengo dos hijos que también estudiaron en la facultad. No soy rico, pero tuve una vida muy hermosa, completamente distinta de la que venía marcada en mi destino. Esa vida me la dio usted. No se va a acordar de mí... y claro... éramos tantos... señorita Aurora... soy Juan.»

¡Juanchito!, dijo ella. Y quienes estábamos allí alcanzamos a verla, joven, avanzando por los pasillos del orfanato acicalada dentro de un trajecito sastre de los años cincuenta. *Es que vos eras bueno en serio, che...*

La aparición física de «una verdad» derramó verosímil sobre el resto de las anécdotas en ese instante. Evita, Simone de Beauvoir, «Poroto» Botana, Jorge Luis Borges, el estadio de Estudiantes de La Plata y la derrota del diablo a manos de un cura vinieron a dar fe.

Nos despedimos. No la vi muchas veces más después de aquella tarde.

El 24 de noviembre de 2015, Gustavo Castro, su sobrino predilecto y su apoderado, anunció oficialmente la muerte de su tía. Es una fecha que no coincide con la verdad. Para entonces el cuerpo había sido cremado. Sin flores, sin despedidas, sin velatorio. Ante la pregunta sobre por qué había guardado el secreto, dijo que ella le había ordenado no dar la noticia hasta pasados unos días.

Pero... ¿cuándo le dio esa orden? Su desaparición, tan cerca del día en que tenía que presentar su libro *Cuentos secretos,* dejó una inquietud que no cesa. La fecha exacta y las causas del deceso están guardadas en el secreto familiar.

El 23 de noviembre de 2015, Claudia, su agente, me llamó desde España para darme la noticia horas antes de que apareciera en todos los diarios. «Ha sido todo muy extraño. Había estado en Buenos Aires la semana anterior y no había podido ver a Aurora, no me atendía el teléfono. Llamé a su sobrino, que desde su accidente era el encargado de las cobranzas de sus derechos. Me respondía una y otra vez diciéndome cosas sin sentido. Imagínate que se venía la presentación de su libro y era urgente que me comunicara con ella. Así que un día me cansé, lo volví a llamar y le dije que no me podía tener así rogando información, que me dijera la verdad de lo que estaba pasando. Allí fue cuando me dijo: se murió.»

Luego de esta conversación, la familia dio el comunicado a los diarios. Claudia fue la primera en escuchar esta versión de que se habían cumplido las órdenes de Aurora: esperar una semana para dar la noticia, cremar su cuerpo, tirar las cenizas al bosque. A otra cosa.

Católica, supersticiosa y peronista, es posible que quisiera impedir que le rindieran honores o deshonores a su cadáver y que los comentarios enemigos interfirieran en su camino al más allá. Pero, a su vez, señora platense, escritora consagrada, «nivelada con Manucho», es improbable que admitiera perderse una doble página en *El Día* ante el gran acontecimiento de su muerte.

Algunos días después, no sé muy bien por qué, se me ocurrió escribir en el buscador: «Aurora Venturini + 2015 + El Día + QEPD». Si en la sección «Sociales» del diario aparecía la cadena de pésames, su muerte podía volverse algo real. La búsqueda dio un resultado: cinco avisos invitando al sepelio. ¿No era que no había sepelio? Tardé unos minutos en darme cuenta de que la muerta no era ella.

«ÁNGELA AURORA VENTURINI (Q.E.P.D.). Falleció el 12/12/2015. Su esposo Luis Juan Pedersoli participa su fallecimiento y ruega una oración en su memoria, sus restos fueron inhumados en el Cementerio Parque de la Gloria. Servicio a cargo de Sepelios Alvear, 49 N.º 838 e/Diag. 74 y 12. Tel.: 421-1111.»

Ángela Aurora y Aurora Ángela murieron el mismo año con apenas unos días de diferencia. La muerte de una apareció un día cualquiera, el 24 de noviembre, en la sección de «Cultura». La otra, el 12 de diciembre, en las notas sociales. En 2015 Austral y Boreal se repartieron *El Día.*

Como si una conversación del velorio que nunca ocurrió hubiera quedado pendiente, Claudia me cuenta que en varias oportunidades Aurora le prometió volver para confirmarle la existencia del más allá. *Tengo capacidad de comunicarme con los difuntos, nena. Esto me da la seguridad de que nada finaliza. Lo que cae es solo la envoltura. Tengo para mí que no todos los humanos son psíquicos y que algunos animales tienen alma. Una de mis perritas siguió visitándome después de muerta y sepultada por mí en el campo. Al tercer día de su muerte comenzó a presentarse. Sentí un cuerpo pesado que saltó hacia mí, como hundiendo el colchón. En el cambio de situaciones, mudanzas y otras iniquidades, el ánima del animalito se habrá desorientado porque nunca volvió.*

La agente admite que, aunque nunca tomó en serio lo del más allá, la ha estado esperando todos estos años. Su primera secretaria no puede pasar por la calle del departamento donde trabajó tantos años sin sentir taquicardia y una opresión en el pecho. Siempre pensó que su exjefa no quedaba en las mejores manos. ¿Quién podía protegerla más que ella? La segunda secretaria todavía recuerda el momento en que el sobrino la llamó para darle la noticia. «Me lo dijo cuando ya todo había pasado. Algo se habló de tirar las cenizas, hacer alguna ceremonia, pero nunca se volvió a comunicar conmigo. ¿Qué me imagino? Para mí que se le fue la mano con el Alplax,[3] al que recurría muchísimo para dormirse temprano. Por ejemplo, aquella noche del diluvio en La Plata, el 2 de abril de 2013, ella estaba sola. Se cortó la luz. Quiso ir al baño y cuando tocó el piso, se empapó. El agua le llegaba a la rodilla. Vio objetos flotando. Sus libros. Fue al baño sosteniéndose de las paredes, se tomó su pastillita para dormir y se dijo: *Si vas a venir así, muerte, que no te sienta. Que no duelas.* Y durmió hasta que volvió la luz. Nadie la socorrió. Nadie le preguntó si necesitaba algo... Sola, fuerte, valiente, esperó que el agua drenara. Vio el desastre de sus libros naufragados. Cuando a la mañana siguiente llegó su sobrino para saber si estaba bien, la abrazó y ordenó el desastre de las pérdidas materiales. Pero su tía estaba bien. Había sobrevivido.» La tercera secretaria, la única que tuvo contacto con Aurora pocos días antes de su desaparición, expresa impotencia y muchas dudas: «Yo tenía que verla un miércoles. Es cierto que estaba un poco más débil y algo desmejorada, pero habíamos quedado en que íbamos a trabajar, quería que yo pasara en la computadora un nuevo texto. El último mes me había ido de vacaciones, había dejado a mi hermana como remplazo, pero sé que para ella no fue lo mismo. Cuando volví, esa semana la llamé por teléfono varias veces y no me atendió. Entonces llamé a Ofelia, que me respondió con algo así como "pasó algo, no puedo decirte, no puedo hablar" y me cortó. Nunca más me atendieron. Hay algo raro en todo esto, pero no podemos saber qué es. Yo tenía las llaves de su casa y durante esa semana pensé muchas veces en ir a medianoche, abrir y ver qué pasaba. No lo hice. A veces pienso que tal vez pude haberla salvado».

Pero ¿de qué? Claramente, ninguna de estas mujeres está dispuesta a admitir que Aurora murió de muerte natural. Porque, después de todo, ¿qué significa *muerte natural*? Tenía 93 años,[4] edad de la que se esperan pocas cosas, aunque espectaculares: demencia, franqueza y muerte súbita.

A último momento Ofelia Venturini me escribe y sin que yo se lo pida me revela la fecha exacta de la muerte. «Ahora sos la primera y única que lo sabe». ¿Cómo murió? ¿Estaba sola? ¿Quién se beneficiaría con su muerte? No me atrevo a hacerle todas estas preguntas a la hermana que ha sido tan amable conmigo, que me ha dado las fotos del álbum familiar que aparecen en este libro. Su hijo, Gustavo Castro, no ha respondido a mi primer llamado y yo no insisto, porque «no me gusta pedir». Tal vez para llenar este silencio, tal vez para mostrarme su talento para el canto y el recitado, Ofelia, el mismo día que estoy cerrando este capítulo, me envía un nuevo mensaje: «Hola, Liliana, te mando este audio. Así se fue Aurora. Escuchalo atentamente».

El audio resulta ser una pieza musical, guitarra de fondo y un recitado espectacular de la misma Ofelia, parte de un trabajo que presentará en sociedad en pocos días. «La historia que sigue, que se llama “Cuando morir es una opción”, está dedicada a mi hermana Aurora, a su partida y a esa opción que ella eligió para irse. Con música de Pablo Asnaghi, dice así: Una tarde me dijo “estoy cansada de esta cáscara, arrugado acordeón insonoro”. ¿Qué decís, Aurora? “Sí, esta cáscara que encierra y me priva de la libertad.” Entendí: la cáscara era su cuerpo empequeñecido, encorvado, sin músculo, sin vitalidad, su límite. Presente sin futuro. Tenía razón. Brillaban sus ojitos pícaros aunque nublados, ojos de animal herido empezó a apagar la luz tenue de su luz de noche. [...] Se dejó morir, poca sangre derramada sobre la sábana que la cubría, rojas gotas como cuentas de un rosario que ya nadie habría de rezar. Se durmió en su cama. El cuerpo no proyectaba sombra, no la tenía. ¿Velatorio? Había dejado una nota expresa y la tarjeta de una empresa funeraria donde había tramitado su funeral años atrás. Había pagado su mejor ataúd con la orden escrita: “No avisar a nadie ni publicar la fecha de mi muerte, que la busquen si les interesa saberlo”. [...] Recuerdo cuando un ángulo de madera del ataúd se perdió rumbo al incendio final. Del amor nos legó un anillo que siempre llevaba en su mano, argollita de oro, pacto de amor hecho quién sabe con quién. Yo sé con quién. Tal vez la estaba esperando. Cremación, en tal parte, orden de Aurora. [...] La puse sobre una cómoda, coloqué su foto, la mejor, lucía su linda sonrisa, esperaba el momento para cumplir su deseo. Lugar: el bosque. [...] Mi otra hermana, Petty, Angelita, también añosa, me estaba preguntando: ¿Dónde la tenés a Aurora? En una cajita, Petty, quedate tranquila. La voy a liberar como ella quería. Esta hermana también se enfermó, la internaron. “Está grave”, me informaron. Corrí a la cómoda. Vamos a liberar a Aurora para que no se lleve a Petty. En el bosque donde están los cabezones. [...] Petty murió veinte días después.»

Ofelia revela aquí una fecha exacta de la muerte, un lugar —su propia cama— y una causa —dejarse ir— pero lo hace a través de un texto literario, su obra. ¿Debo tomar como cierto el relato o como parte de la representación? Dicen que quien se mete a escribir una biografía termina dialogando con su personaje, sobre todo si está muerto. No me había pasado hasta este preciso instante. Siento de golpe la voz de Aurora reclamándome: ¿Te das cuenta de que quieren hacerse famosas a costa mía? ¿Vas a permitir que ella tenga la última palabra sobre nada menos que mi muerte? ¿Me vas a creer ahora que somos *Las primas,* que la familia es un infierno? Liliana, fijate quién firmó mi certificado de defunción. Liliana, te aconsejo decir que me mataron. Le respondo que no tengo pruebas para afirmar algo así. La voz de Aurora se calla. De pronto me doy cuenta de que, si estuviéramos en una novela de misterio, la principal sospechosa debería ser yo, que tengo en mis manos un testamento donde me ha dejado en herencia lo más valioso que tuvo: su obra. Nadie tiene toda la verdad. Así es que el secreto de su último día no se revelará en estas páginas. Sostener la pregunta me permite aventurar que, como François Villon, el poeta forajido que desapareció del mapa minutos antes de que lo alcanzara la guillotina, Aurora Venturini también supo huir.

El empleado de la funeraria estuvo un rato dudando entre echar a la calle a esas dos locas o tomárselas en broma. La señora completó los papeles, sacó de su cartera el efectivo y lo puso sobre la mesa. *¿Así está bien?*

Había pagado sus propias ediciones toda su vida, sus viajes, el premio literario con su nombre, sus tres asistentas,

Diciembre de 2007. Pidió sacarse una foto con la periodista que le acababa de hacer su primera entrevista por *Las primas*. Hoy leo en esta imagen su tremenda emoción y advierto que le estoy tomando la mano, tal vez queriéndole decir: esto recién empieza.

¿cómo no iba a pagar para que nadie decidiera qué hacer con lo que quedara de ella? El hombre quiso ir un poco más allá y la invitó a pasar a la sala contigua para que eligiera su cajón.

—*No, mijo, que sea el más baratito, total va al horno.*

Fin del trámite. Se fueron las dos. Una caminando apoyada en un bastón que no parecía necesitar, la otra atenta a cualquier imperfección del suelo que pudiera importunar el paso. Justo enfrente las esperaba un taxi al que se había referido varias veces como «mi chofer particular». Nunca volvieron.

Por si pudiera interesar el dato, el empleado agrega que, antes de irse, la señora pidió una hoja en blanco y redactó una nota necrológica: *Sus restos fueron cremados y sus cenizas, esparcidas en el bosque de La Plata, ciudad a la que amó tanto.*

AGRADECIMIENTOS

A Ofelia Venturini, por sus confidencias y las fotos del álbum familiar.

A las tres secretarias. A Marta, por su confianza; sé que hasta el momento no había querido dar declaraciones. A María Laura, por haberme permitido reproducir fragmentos de sus conversaciones con Aurora. A María Paula, por sus trabajos de investigación, casi todos disponibles online, y que han sido de gran ayuda en la búsqueda de datos y precisiones.

Las bibliotecas fueron mi salvación. Allí encontré los libros inhallables pero además la amorosa colaboración de quienes trabajan en esos lugares. En la López Merino, el texto sobre John William Cooke, y en la Biblioteca Central de la Provincia, prácticamente la obra completa. En el Museo Evita, algunos de los libros que publicó con Fermín. Agradezco los diálogos con la directora de la Biblioteca Central, Gabriela Pesclevi, y con Aída Ocaranza, del Museo Evita.

A Fernando Krapp y a Haydée Bambill, por las imágenes.

A Florencia Cremona, por las exhaustivas visitas guiadas recorriendo La Plata y City Bell.

A María Moreno, que no solo lo leyó entero y me ayudó a sacarle florilegios inútiles sino que aceptó leer las aproximadamente diez versiones muy diferentes del capítulo inicial. Su paciencia me dio amor. Su visto bueno, algo de paz.

A Paula Pérez Alonso, primera impulsora de la colección Venturini en esta editorial y atentísima lectora. A Maitena, por el asombro, por las reflexiones al margen. El entusiasmo de las dos me dio alegría.

A Laura Ramos, por el lápiz negro y los subrayados en una sola tarde, por todas las correcciones que me marcó.

A Ariel Schettini, por su trabajo sobre la poesía de Aurora, que yo no soy capaz de emprender.

A Pablo Schanton, por leer en una noche de miedo y encontrar el lado bueno.

A mi editora, Paola Lucantis, que leyendo entre líneas encontró el título de este libro.

A Clara Izaguirre y Rafael Tonelli, que me dicen, y de verdad lo creen, que al final todo sale bien.

Notas

Macondo

1. En 1958 se publica *La hojarasca,* la novela de Gabriel García Márquez donde por primera vez aparece el pueblo Macondo, que regresa en *Cien años de soledad.* Aurora, quien desde sus primeros relatos intentará una versión propia de lo que llaman entonces «realismo mágico», anuncia este rumbo poniéndole Macondo a su caballo.

2. Sus primeros cuentos aparecieron en 1963 bajo el título *Cuaderno de Angelina. Relatos de infancia.* Recuerda este episodio con Macondo muchos años después en su relato autobiográfico inédito «Mi tío Margaride».

1. Exedra

1. Finalmente, el nombre «Nueva Novela», en contraste con la edad de quien resultó ganadora, fue uno de los primeros y más potentes hitos en la construcción de su personaje. En una de las más recientes reseñas de *Las primas,* el *Star Tribune* la presenta así: «Novelist Aurora Venturini was in her 80s when she was declared "new"» (La novelista Aurora Venturini tenía 85 años cuando fue declarada «una novedad»).

2. Las citas de Aurora Venturini que no tienen referencia corresponden a nuestras conversaciones o a intercambios de mensajes de correo.

3. Por respeto al secreto de Marta, no revelaremos qué personaje estaría inspirado en sus confesiones ni en qué libro aparece.

4. Cuando la editorial Sudamericana reeditó esta novela en 2014, ella le cambió el nombre a ese personaje, que ahora se llama Julia, consciente de que para entonces la Yuna de *Las primas* no admitía tocayas.

5. No se registra ese apellido en su familia. Es un apellido que le

ha inventado Asturias o que se ha inventado ella misma. Si bien en la tapa de ese libro figura como Aurora Venturini, en la contratapa le hace caso a su amigo y se autodefine en tercera persona: «Aurora Venturini della Rovere, platense de la generación del 40, ha hecho poesía (varios volúmenes y premios: Almafuerte Municipal, Provincial, SADE). Pero como piensa que la poesía y el amor son para la juventud, decidió llegada la hora de pisar tierra firme y hacer prosa: "A veces siento que el verso insiste, pero le huyo"».

6. Para más desconcierto, de pronto la narradora empieza a escribir sin signos de puntuación. Lo atribuye a un desorden mental, dice que se marea si pone puntos y comas. Ahora pienso que se trata de un efecto lingüístico ante los acontecimientos que está narrando: es la escena del aborto en una clínica clandestina, la reacción de la familia de esconderlo todo, el miedo, la muerte. Justo ahí, Yuna se vuelve vulnerable a la gramática.

7. Ensayista, escritora, docente. Con su libro *La sangre derramada* gana en 2009 el primer premio en el concurso Biblioteca Aurora Venturini y enseguida se convierte en su segunda secretaria. Marta va los días de semana y María Laura, todos los sábados.

8. «Recomendamos especialmente esta novela. Un relato entre ingenuo, antiguo, crítico de una época, de relaciones familiares y sociales. Una chica que se autodefine como minusválida mental va dando sus impresiones de la realidad (clases bajas de los años cincuenta), que incluye madre, primas, vecinas, escuela, iglesia, hipocresía general. A pesar de lo delirante, lo muy antigua por momentos, lo *freak* (que incluye el dato de que está escrita a máquina), está entre nuestras favoritas. Por loca, por el tema, por cómo lo sostiene, por la voz, por el humor, el horror que describe y porque sale de la abulia general de las novelas que estuvimos leyendo. Es un delirio, lo sabemos y comprendemos que sea más sencillo elegirla en una preselección que en una selección. Puede causar rechazo, pero es innegable que se destaca del resto.» (Jurado de Preselección)

9. Jorge Consiglio, en su prólogo para la reedición de *Cuentos secretos,* detecta un vector de originalidad: «Parece que todo cupiera en esa escritura: los registros altos y bajos, las imágenes líricas, las comparaciones hiperbólicas, los neologismos, las rimas internas, las alteraciones del orden oracional, el quiebre sintáctico, las intertextualidades, los nombres estrafalarios, las citas, las referencias. La escritura de Venturini es omnívora. Se alimenta de todo lo que tiene a mano y lo cohesiona a través de un extraordinario sistema digestivo. [...] Plantada en la osadía, en la aversión hacia la estupidez y en su enorme ingenio, se lleva por delante cualquier eventual idea de solemnidad literaria».

10. Ariana Harwicz, en su prólogo para la reedición de *El marido*

de mi madrastra, escribe: «Venturini no es Puig porque vuelve otra cosa el habla popular. Venturini nos señala, como Osvaldo Lamborghini, como Correas, que todo es una mierda pero que es fascinante. Y que no hay mensaje para la juventud. Arréglenselas solos, che. Aurora escribe contra el lenguaje, contra las convenciones de lo escrito. Hay una oralidad precaria en el sentido de una filosofía donde lo que se precariza es la lengua que es hablada, la lengua del control automático».

11. «Una historia punzante sobre una familia arrojada al descarte. Membresía de todos los desalojos, la niñez "cabecita negra" no es solo un estigma, es un desgarro que opera sobre toda la integridad cuando es colocada en instituciones asilares. Una madre que no puede dar cuenta de alimentar a tantas bocas toma el atajo de distribuir niñas y niños en instituciones "tutelares". Aurora escribió este texto a fines de la década de 1960 y hay que repasar el contexto de agudización de la desigualdad y la pobreza, década tan desenmarcada del Estado de Bienestar y tan propicia de activismo reivindicador revolucionario. Esta novela corta focaliza a uno de los muchachos de la familia, criado en aquellos entierros de la condición de infancia, que se las ha arreglado con todas las artes —sobre todo las malas artes— para sobrevivir en la jungla de la discriminación y la afrenta.» (Dora Barrancos, en el prólogo de *Eva. Alfa y Omega* y *Pogrom del cabecita negra)*

12. En el diario *Clarín* sale una crítica adversa. La tildan de anticuada y peronista. *Pogrom* es la historia de una clase arruinada, hundida en la delincuencia y en la sordidez, que pudo salvarse de no mediar la dictadura que derroca a Perón en 1955. La crítica la inhabilita para continuar como colaboradora. Aurora lo recuerda así: *Seguí mandando artículos a César Tiempo para su diario, que me defendió a capa y espada, como un caballero de izquierda que era, haciendo mención en su estilo machista a que un diario dirigido por una mujer y escrito por un periodista que entró por la ventana había denigrado una obra maestra. Empecé a fumar desaforadamente, lloraba lágrimas amargas sobre el* Pogrom del cabecita negra.

13. Segundo Rosa decía: «Fermín tenía un fantástico sentido del humor, que lo llevó a escribir la Marcha Peronista en latín, "descubriéndola" en ocultos manuscritos para demostrar que la tercera posición trascendía la vida del General, e incluso la de la Argentina misma. Tuve el honor de ser elegido su testigo de casamiento en segundas nupcias con Aurora Venturini, poetisa y escritora platense».

14. «*Las primas:* historia de iniciación ambientada en unos equívocos años cuarenta que despliega el mundo tortuoso de una familia disfuncional de clase media baja de la ciudad de La Plata: las mitologías del barrio, la familia, la sexualidad femenina y el ascenso social a través de la práctica de las Bellas Artes aparecen puestas en escena y desmenuzadas por la voz inconfundible de la narradora, Yuna, una primera per-

sona que contempla el mundo con una mirada salvaje, a la vez cándida y brutal, perspicaz y ensimismada, y lo narra con una prosa que pone en peligro todas las convenciones del lenguaje literario. A mitad de camino entre la autobiografía delirante y el ejercicio impúdico de la etnografía íntima, novela única, extrema, de una originalidad desconcertante, que obliga al lector a hacerse muchas de las preguntas que los libros suelen ignorar o mantener cuidadosamente en silencio.»

2. La Prima

1. Nota hallada en su archivo personal bajo el título *El libro:* «Me siento atacada de sarampión, varicela y cualquier peste cutánea cuando suena mi teléfono. Entonces preparo mis respuestas para el posible periodista o interlocutor: "Por ahora no, veré más adelante". Si insiste: "Hola, hola, no oigo... el aparato anda mal... cerrá", y corto la comunicación. Eso no significa menosprecio al público, sino defensa propia. Odio la crítica adversa que oculta cualquier crítica acorde. Soy malpensada». A partir de aquí, las citas tomadas de su archivo personal figuran como (AAV).

2. La misma escena, según Aurora: «Un día me llama Liliana Viola, del jurado del concurso de *Página/12,* y me dice que estoy entre los diez preseleccionados para el Premio Nueva Novela. Y yo le digo: "Seguro que voy a ganar, mi novela es la mejor, no hay nada que hacer". A los días me llama de nuevo y me dice que vaya. La ceremonia fue una reunión preciosa con gente de la literatura, del cine. Primero leyeron un fragmento de la obra con el tercer puesto, luego otro del segundo. Entonces salió adelante Tina Serrano, una actriz, y empezó a leer: "Mi mamá era maestra...". ¡Ese era mi libro! Lo supe recién en ese momento. Imaginá la emoción. Al tiempo me llamaron de la editorial española Caballo de Troya para saber si yo quería publicar ahí. ¡Pero cómo no voy a querer! España, querida. ¡España! Ahí está la eternidad. Esa publicación se difundió mucho. De pronto tenía tantos mails que no los podía leer» («Libertad bajo palabra», entrevista de Paloma Reaño para revista *Buensalvaje).*

3. Aurora hubiera querido ser ese retrato. Joven y bella. Cada vez que escribía un artículo en *El Día* o respondía a una entrevista, en lugar de mandar foto enviaba esta imagen. La misma fue elegida por quienes diseñaron el afiche del documental sobre su vida, *Beatriz Portinari* (2013).

4. Su amigo, el escritor Gabriel Báñez, había escrito en su blog una elogiosa crítica: «El trabajo de Aurora Venturini —varios años abocada a esta traducción— no se limita al traspaso "literal" de los cantos,

vertiéndolos del francés al castellano y respetando las estrofas en que está dividido cada uno de ellos, sino que incluye un muy apasionante "Anecdotario" a través del cual nos enteramos de que Lautréamont leyó su *Canto Primero* en la provincia de Córdoba a familiares directos —como la tía, Amelia Suárez Ducasse, y sus tres primos—, luego de lo cual y de los escándalos del caso, la mujer se confiesa ante un cura, abomina de las atrocidades que ha escuchado de boca de su sobrino, y el poeta es tratado de "loco, poseso y blasfemo". [...] Una traducción precisa, por demás rigurosa respetando los alejandrinos, que Venturini ha tomado de la edición de Ginebra, de la que hoy solo se conservan en todo el mundo 165 ejemplares».

5. Guillermo Pilía, poeta platense, actual presidente de la SADE filial La Plata y secretario general de la SADE nacional, asegura que, efectivamente, Aurora en los años anteriores al premio no recibía la menor atención del mundo intelectual de La Plata. «Cuando presentamos su libro *Racconto,* en 2005, antología de su poesía editada por Corregidor, estábamos en la mesa ella, Atilio Milanta y yo. En el público no había más de cinco personas.»

6. Aun así, no fue hasta la reedición de su obra en 2019 que comenzó a ser valorada por el mercado internacional, por un público masivo y por la crítica. A partir de la reedición de sus novelas gracias a la recomendación de Paula Pérez Alonso, el trabajo de la editora Paola Lucantis, de las agentes Claudia Bernaldo de Quirós y Sandra Pareja, *Las primas* hoy se edita en América Latina, España, Francia, Italia, Alemania, Estados Unidos, Inglaterra, Brasil, Portugal, Israel, Rusia, Lituania, Croacia, Rumania y Holanda.

3. Dos Auroras

1. En el prólogo para *Mano a mano con el diablo. Crónicas de un padre exorcista,* del padre Carlos Alberto Mancuso, Venturini afirma: «Me consta el poder sanador del padre Carlos. Yo era fumadora de tres atados diarios. Con el pucho a punto de extinguirse encendía otro nuevo y de noche solía levantarme a consumir mi poco de humo mortal: por lo menos dos cigarrillos. Aplacaba con el vicio unas neurosis tensas, un nerviosismo espantoso que bien pudo tornarme disocial. Eran los tiempos de la parroquia San José y allí fui una tarde invernal, horrenda. Me ahogaba la angustia de que debía abandonar el vicio, que adolecía de un poder terminal de algo o alguien que quebrara mi voluntad. El padre Carlos me atendió casi en silencio con las manos juntas en actitud votiva. Le relaté mi cuita, mi desgracia. Siguió atendiéndome y me bendijo sin solemnidad, como alguien que saluda a algo. Y me fui. Ya

en mi departamento advertí el alivio. No he vuelto a fumar desde hace largos años».

2. François Villon (París, 1431-desaparecido en 1463), Arthur Rimbaud (Charleville, 1854-Marsella, 1891) y el conde de Lautréamont (Montevideo, 1846-París, 1870). Estos tres poetas franceses constituyen una clave para descifrar su obra y la imagen de escritora que pretende heredar de ellos. Se identifica con la vida y los libros de los tres. Los estudia, los traduce y los convoca mediante citas, alusiones y, si es necesario, sesiones espiritistas.

3. Tanto las fotos de infancia como las de madurez contradicen esta percepción. Las hermanas eran muy parecidas, con similar tono de piel y mismos rasgos. Petty, como su apodo lo indica, es más petisa. Hay quien llega a decir: «Dos gotas de agua».

4. Esta es tal vez la única de sus ficciones que no transcurre en La Plata. Es posible que el cambio de locación se deba a que, casada desde hace años con Fermín Chávez, vive unos años en el mítico departamento de la calle Chile al 685 con su marido. Elige el cementerio de La Recoleta como su lugar de esparcimiento «tenebroso y culto», así como eligió el de Montmartre cuando en la década de 1950 paró en el Barrio Latino.

5. Consciente de que este texto se inscribe en la línea fantástica de Hoffmann, le hace decir a la narradora: «Maura Bruna representaba ser una muñeca mecánica, de aquellas muñequitas con resortes de los cuentos fantásticos alemanes que me asustaban en mi infancia». Un gesto muy habitual: dejar señales de los autores que está leyendo cuando escribe o a los que admira (Kafka, Dostoievski, Pasternak).

6. Docente, profesora de danzas tradicionales argentinas; cantante profesional, recibida en la escuela de Valeria Lynch. Está casada con el doctor Castro y es la madre de Gustavo Castro Venturini, el sobrino que Aurora reconocía como un artista extraño y bohemio como ella.

7. Venturini visita el doble en infinitas formas. Un ejemplo más: en el relato «Fulvia» *(El marido de mi madrastra),* una mujer llamada así guarda en su interior a Iris, su tía fallecida. Son dos en una y una de las dos vive esperando la visita desde el más allá de la que tiene adentro. Fulvia expone la experiencia de ser dos: «El mundo no entiende... Iris no ha muerto porque he detenido el tiempo y las horas no son las olas heraclianas. Entré en mí a Iris, a mi eternidad resistente a la horrenda vejez depredadora y al triunfo de la muerte. Latimos a un tiempo de ritmo quieto; duele mucho, pero ella huiría de mí si me desconociera. Si viniera por la niña que crio y hallara a una vieja».

4. La infancia minusválida

1. Desde su primer poema recurre a imágenes marítimas, confirmación de esta herencia. El poema «Galeón pintado»: «Sobre mares pintados van a caer gaviotas / y las ondas errantes transparentan naufragios. / En el alma del agua duerme el gris de las cosas / que lábiles fugaron del universo alto. [...] Y uno que está pensando que ha perdido la vida, / que ha perdido la luna que era suya en la infancia, / sube a la nave fiera que el mascarón deriva / a los estriberones ilusos de la página».

2. Lo mismo ocurre cuando en el documental *Beatriz Portinari* la vemos haciendo ejercicios de rehabilitación en bicicleta o dando pasos con un andador luego del accidente en el que se quebró la cadera. Cuenta uno de sus directores, Fernando Krapp: «Nos criticaron mucho esas secuencias, dijeron que la estábamos exponiendo. Pero la verdad es que fue una idea de Aurora y le gustó mucho que la registráramos haciendo sus ejercicios. Ella estaba muy orgullosa de su recuperación y de volver a caminar».

3. La Plata es conocida como «ciudad de los poetas» y se lo debe a una primera generación (Escuela de La Plata) que lidera Francisco López Merino, y a la siguiente, a la que pertenece Aurora, conocida como «generación del 40».

4. Elsa Astete Millán, entonces novia y luego esposa de Borges, vivía en diagonal 80, esquina 4.

5. María Laura Fernández Berro me ha confiado el cuaderno borrador de estos dictados para su reproducción en este libro. Las citas tomadas de su archivo aparecen señaladas como (AMLFB).

6. Sobre la «monstruosidad» en el seno familiar, Juan José Becerra escribe: «La monstruosidad patente de las criaturas de Venturini revela varios secretos. El más importante consiste en sostener, sin decirlo —es el ambiente el que habla—, que los adultos son quienes *hacen* la realidad, un mundo indestructible hasta que sobre él se apoya, para revelarlo, su máximo antídoto: la mirada de los niños y los jóvenes confinados a regímenes de servidumbre económica, moral y sexual pero poseedores del poder de mirar y saber. Marichú, la sirvienta de "Las Vélez", hermosa y brevísima novela que cierra el libro *El marido de mi madrastra,* experimenta en la recepción de las órdenes, en este caso impartidas por una ama en decadencia, una situación de libertad y aventura. Entonces, las órdenes, modelos de actos cerrados y temporizados (hacer esto ahora, aquello mañana y lo otro nunca), se abren hacia los bosques frondosos de la desobediencia y la inspección de los intersticios sobre los que se extiende el poder al que se debe obedecer. La orden será sagrada, pero su cumplimiento es profano» («Pura espuma. La realidad que faltaba», en *Bazar Americano,* 67).

5. El bosque familiar

1. La figura del basilisco vuelve en varios cuentos y novelas. En la aún inédita «Casta Diva. Petisos y orejudos»: «La leyenda asegura que el basilisco convierte en estatua todo lo que mira, pero Casta Diva ama a los animales y habla con ellos. Mentalmente le ruega al basilisco que no la momifique, que ella lo va a ayudar porque viene el invierno y está solo y desnudo. Lo convence. Entonces el basilisco la trepa, ella lo agarra y se lo pone al lado de la pulserita de oro y se confunde tanto que parece otra pulserita ("¡qué asco, ¿no?", me comenta)».

2. En *Jovita la osa:* «Mala época es la infancia. De no ser por Jovita no lo mentaría. "Esta chica es negra como los hijos de los gitanos", decía refiriéndose a mí la gente de la casa. Peinaba entonces dos trencitas delgadas que ataba con tiritas en las puntas, vestía de cualquier manera, con una pollera roja, una blusa amarilla; me veo en verano, en introspección, aunque veo a veces los pedazos de hielo que rompía con el pie descalzo en el zanjón helado. "Miren, a la gitana negra le molestan los zapatos." Oía a la gente de la casa decir entre otras cosas: "Es flaca como las cañas porque no come, rabia solamente como los hijos de los gitanos"».

3. El primer título que pensó para esta novela fue «Los bichos del desván». El altillo, el desván y el sótano son ambientes clave en su narrativa. Siempre alguien sube o baja a encontrarse con algo. Es el lugar del recuerdo, la locura, y donde todo un linaje de mujeres literarias se ubica, como ella, por fuera de los ambientes obligatorios dentro del hogar. Ni dormitorio, ni baño, ni cocina: ¡desván!

6. Esta no soy yo

1. M. P. Salerno: «A mí también, cuando después de haberme despedido me pidió que volviera para remplazar a María Laura en el traspaso de textos, me dijo eso de las computadoras y lo diabólico, pero le respondí que de ninguna manera iba a hacer el trabajo doble. Era una tortura lo que le obligaba a hacer a María Laura; además, escribir a mano y luego pasarlo aumenta el riesgo de cometer errores en el traspaso. Al final aceptó. Ella dictaba y yo tipeaba en mi computadora».

7. Indignación

1. Convocada por el suplemento *Las12* para escribir sobre las fiestas en diciembre de 2007, propuso el título «Nada nuevo» y escribió

una encantadora loa rompefiestas: «Las personas encienden fogatas y estruendan coheterías, devoran y beben cuando el cartoncito marca el 1.° de enero, y los perros huyen espantados, y los miserandos sin poder ni monedas también corren a ocultar que no pueden prender bengalas, ni explotar cohetes, que no pueden manducar el pan distinto y el espumante que habrán visto burbujear en mesa ajena. No hay nada nuevo y tampoco hay año nuevo porque el de ahora es el mismo de hace más de dos mil años y las mesas inervadas de golosinas y regalos siempre se ausentan. Pero dejemos que humanos transiten sus iniciales eneros sin entrar en estas lucubraciones que dañan, aunque menos que un festejo demasiado copioso o un fuego fatuo que se inserta en un ojo, como suele acontecer tan a menudo. Quien escribe estas líneas nunca festeja. Observa desde hace siglos la vacuidad de las regalías de un día calendario. Perdón».

2. Sobre la comida y el acto de comer en sus ficciones: «En algunos relatos encontramos infancias en las que tallarines, ravioles, capeletinis, sorrentinos, albóndigas y tuco a la boloñesa, sopas y buñuelos remiten a un "menú sensorial" cuyos estertores afectivos ambiguos involucran figuras como las abuelas *(Náuseas),* donde el café con leche y los bollitos de anís son un dichoso reparo en medio de la violencia machista y la complicidad materna *(El marido de mi madrastra),* las masitas y el chocolate son señales de mimos y afecto *(El tercer ojo de la señorita Catáneo);* y los manteles bordados, platos finos, vajilla, cristalería y cubiertos funcionan como metonimias de la institución matrimonial en la que los vínculos parentales/fraternales se dirimen en medio de pucheros, vino dulce, platitos con salame y queso, papas, sopas de fideos, parrilla y pata de cordero *(Las primas).* Aunque ofrezcan un respiro circunstancial y precario, las cocinas, el momento de la comida, la figura de la madre e incluso la de la abuela forman parte de un repertorio siniestro donde lo gastronómico funciona como significante englobador de la violencia sexual, institucional y de género» (Karina Elizabeth Vázquez y Claudia García en «Narradora para comer: la comida en la ficción de Aurora Venturini»).

3. María Laura Fernández Berro: «Dos veces la convencí y fui a pasar Noche Buena con ella. Brindamos con *champagne,* que es la única bebida alcohólica que le gustaba tomar, pero no se interesó por ninguna de las comidas típicas navideñas, prácticamente comí yo sola».

8. El hermanito

1. Para esta edición no solo convoca a Pino Solanas, que aparece anunciado en tapa, también adquiere un grabado de Nora Iniesta para

la portada. Toda la contratapa está ocupada con un extenso currículum de la autora. Distinciones, obras publicadas, próximos títulos. ¡Incluye una lista de lugares donde ha disertado! Desde el Jockey Club, pasando por el Círculo de Periodistas, hasta la Casa Almafuerte. Siempre en La Plata. La novela no tuvo críticas.

2. En notas y contratapas anuncia «un cuarteto de novelas». Es una de sus tantas estrategias para asegurarse la atención de la prensa. El «cuarteto», que no guarda relación ni temática ni estilística, se completa con *La Plata mon amour* (1993) y *Me moriré en París, con aguacero* (1998). *Las Marías de Los Toldos* (1991), en cambio, podría formar tándem con su primera novela, *Pogrom del cabecita negra,* dos textos donde el lenguaje y el tema se alejan del «modo Venturini» que conocimos en *Las primas.*

3. «"Estos seres crecen como los vegetales todas las noches. Fíjese de un día para otro día, midiéndolo con la rayita en la pared. Usted sabe que la quiero como si fuera su madrecita." Yo: "Le agradezco su preocupación, pero no podría tener a Sebastián enjaulado en la gran habitación de nuestro desván". La señora Pasternak: "Llegado el caso, usted sería la víctima de un ente descontrolado, impune por ello mismo, y en el desván habría un muchacho que ni siquiera se dio cuenta de la espantosa acción cometida contra un semejante, con el agravante o instancia familiar de que el asesinado no fuera sino la asesinada hermana que lo soportó y lo amó".»

9. Adiós a los hombres

1. «Leía en Verlaine: "Partir es dejar lo que uno ama. Partir es morir un poco". Y yo leía en mi interior: "Partir es nacer de nuevo. Dejar la mierda en pote".» Aurora alude aquí al glorioso día en que deja la casa familiar. La cita está tomada de un manuscrito titulado *100 días con Ulises de Joyce* hallado en su archivo. Luego de que la crítica comparara su monólogo interior de *Las primas* con el de Molly Bloom, Venturini, que no había leído a Joyce, decide hacerlo. Este trabajo, entre crítico, confesional y poético, comienza con una delirante asociación entre tres célebres irlandeses: James Joyce, Oscar Wilde y... ¡Norma Kennedy!

2. Efectivamente, Aurora es la única de las hermanas Venturini que asistió a este colegio de élite.

3. «Para entonces ya leía libros de higiene y sabía qué significaba parto y nacimiento y parto sacrificado en aborto, y que los abortos, cuando son a tiempo, carecen de esqueleto, pero al momento de emerger de la barriga de la madre, ya lo tenían, aunque blandito para no lastimar la vulva materna.» (AAV)

4. Las citas de Aurora en este capítulo forman parte de su respuesta a mi pregunta: «¿Cómo se llamaba su primer amor?».

5. Misma escena en *Los rieles:* «A los tres años de distancia de esa práctica, me nombraron en la Mary O. Graham, en Filosofía, Psicología y Didáctica. Naturalmente, vería al profesor de Higiene, ahora compañero de profesorado, en reuniones, en la sala. Confieso que simulé distracción, porque ahí estaba, saludando al pasar al grupo sentado. El susodicho mordió su pulgar de mano derecha, gesto de nerviosismo, descubierto por mí hacía bastantes años... Mostró facciones rubefaccionadas: "¿Cómo te va?", asestó, y me ofreció un cigarrillo rubio. "Gracias, ya no fumo"».

6. En *Nosotros, los Caserta:* «¿Y en qué resumía todo eso? En buscar algo de Luis en cada uno de los hombres que se me cruzaban: un gesto, un perfume, el aroma de su cigarrillo; en comportarme como una preciosista del siglo XVII. Y cuánto daño me ocasionaba la rebusca de esas sutiles bobadas, armar el loco rompecabezas cuyas piezas nunca ensamblaban: la marca de su tabaco, la suavidad de sus pañuelos, el broche dorado que me regaló una tarde de noviembre, pura chafalonía que usé hasta cuando dormía, gasté y perdí cuando se quebró el ganchito. Una noche, en Roma, me di el gran chasco. Corrí y abracé a un señor elegante que fumaba con aquella displicencia: "Lamento no ser él", me dijo. ¿Habría sido mi única vocación casarme con Luis? Mi absoluta libertad me permitía acostarme con quien se me diera la gana; pero Luis me castró. [...] Me atormentaba estar despierta toda la noche y recurrí al somnífero».

7. En el cuento «El murciélago» dice: «Él vivía en City Bell y cuidaba el jardín de la quinta. Allí habitaba con su esposa y dos hijos. Supe esto un día aciago. Ayer, en abrazo intenso, me hubiera sepultado junto a él, yo que odio los sepulcros. [...] Enamorarse del amor verdadero, del destinado, váyase a saber por qué prodigio es convertirse en caja de lata barata contra cuya superficie miserable y pobretona habrán de coincidir hasta los golpes más despistados».

8. Primera entrevista para *Radar.*

10. Peronismo molotov

1. Mientras Estudiantes de La Plata se asocia al sector más paquete de la sociedad platense, Gimnasia es un club de barrios populares y más identificado con el peronismo.

2. En su columna de *Las12* de abril de 2010, le dedica un retrato: «En 1944 María Roldán picaba carne junto a sus compañeras; siendo ya delegada debía asistir a los mítines y por ser oradora de barricada,

expresar: "Miren, compañeras obreras, que si no respetan el trabajo, no nos van a respetar a nosotras. Yo me jugaré para defenderlas, pero respétenme que aquí nos estamos jugando el pan de nuestros hijos". Y despertaba el sentir gremial de las trabajadoras, impulsándolas a luchar por derechos humanos, igualdad salarial, licencia por embarazo, atención hospitalaria, ley de silla para las mujeres con várices».

3. Se le atribuye a una joven María Alicia un romance prohibido con un ya maduro Leopoldo Lugones. La leyenda asocia el suicidio de este con ese amor. Aurora, analizando poemas de Lugones, a quien admira, se refiere a este asunto: «Yo escribí sobre esos poemas "que destilaban ternura de hombre decadente hacia una muchacha hermosa y tal vez frívola", frivolidad que adjudicaba a María Alicia mi extrema juventud, y seguramente mi envidia».

4. Poeta platense, autor de *Con la patria adentro* (1964). Se recibió de abogado en 1948, un año después que Aurora. Ella solía vengarse recordando que Borges había comentado a raíz del título de aquel libro: «Con la patria adentro, con la patria adentro... ¡qué incomodidad!».

11. Temporada de poesía

1. Algunos premios: 1948, *El anticuario* gana el Premio Regional de la SADE; 1951, *El solitario* gana una Mención de la SADE; 1954, *Lamentación mayor* se lleva la medalla de oro del Ministerio de Educación de la Nación; 1960, Faja de Honor de la SADE por *Laúd;* 1962, su último libro de poemas recibe el Premio Alfonsina Storni del Consejo del Escritor, la Faja de Honor de la Sociedad de Escritores de la Provincia de Buenos Aires y el Sello de Honor de la SADE (filial platense). Mismo año: segundo puesto en el concurso Dirección de Cultura de la Provincia de Buenos Aires por su poema «Panorama de afuera con gorriones». Dato curioso: consigna dos premios en el exterior para la novela *Nosotros, los Caserta* —Fundación Giovanna Truzzolli (1969, Verona) y el Pirandello d'oro della Collegiatura (Sicilia, 1988)—. En su archivo constan el diploma y la foto de la recepción del premio. Pero la novela fue publicada por primera vez en 1992.

2. Pablo Neruda, con machismo elogioso, escribe: «En la poesía de Aurora Venturini hallamos una corriente de notoria continuidad. Ha seguido desplegando su red de desasosiego a través de la cual se escurre el verso y ella misma camina en busca de su definición. [...] Aurora Venturini no se engaña, ni intenta engañar —como la mayoría de las poetisas— en la creencia de estar haciendo una poesía trascendente, cuando sus míseras cosas no son más que un pretexto para borrar oscuros complejos».

12. ¡No quiero tus malditas flores!

1. En una caja de cartas especiales conservada por Ana Emilia Lahitte, este poema de Venturini con título «Para Ana Emilia Lahitte». «Tú eres de esas almas que alientan en la vida / buscando entre las sombras arteras, una luz / al viento los cabellos, de sueño conmovida, / los brazos extendidos en alas, como cruz. / Tu casta, la del ave, tu sino el del lucero, / tu mundo no es la tierra, desgracia en el vivir. / La frente pensativa inclina Dios, severo, / y ordena: ¡Continúa que debes más sufrir! / Y tú la dulce niña, la tierna conmovida / besando a Dios la planta, alientas en la vida / buscando entre las sombras arteras, una luz; / y porque es el lucero y el ave tu familia, / brillante vas volando, mi lírica Ana Emilia / los brazos extendidos en alas, como cruz.» Junio de 1941.

2. La carta de Lahitte de esos tiempos en que todo estaba bien entre las dos continúa así: «¡Acércate, danzando con tus lapidarias musas! ... ¡Ven a deshojar sobre la miserabilidad de mis extremidades superiores (manos) el pimpollito inodoro de tu depurada consonante! ... ¡En místico *tête-à-tête* confundiremos nuestras líricas verborragias, al son de conmovidos efluvios interiores! ¡Oh! ¡Angélica niña! ... Bien sé que la Axénica (parca que le dicen), asechará nuestro coloquio. Mas tal vez, palmeándonos en el húmero, musite tras su carcajada profética: ¡El sol sale de noche! La luna sale de día. ¡Cuatro ruedas tiene un coche... con toda melancolía...! Y ¡habremos destilado la verdad en la probeta frágil de la vida! ¡No tardes! Te aguarda palpitante tu aterida hermana en el arte del buen decir».

3. «Durante los convites hablaban del servicio doméstico, de la muchacha (la sirvienta), frunciendo los labios en señal de distinción. El marido trabajaba en la administración como empleado del Jockey Club. María Aurelia cuando quería molestar a una amiga o conocida que llevara una pulsera, por ejemplo: "Qué bonita pulsera". La amiga o conocida: "Me la regaló mi madrina". María Aurelia: "¿Sabés dónde la compró?, porque desearía regalarle una igual a mi sirvienta".»

4. Se aconseja revisar el sentido del «nunca» en el lenguaje de Aurora. Cuando se quedó sin copista porque María Laura tuvo que tomar licencia, volvió a contratar a María Paula, quien fue su secretaria hasta sus últimos días.

13. Los tres sabios de la psiquis

1. Primera entrevista para *Radar*.

2. «En sus páginas hallé mi carne. Me tropecé con una pintura hiperrealista de mis días», dice el artista Elian Chali en su artículo «Im-

presiones crip sobre el universo de Aurora Venturini» para la revista *Otra Parte.* «En las historias de Venturini, hacer participar a otras corporalidades es visibilizar. La forma en que nombra las enfermedades o los padecimientos como males o condiciones comunes ("padecía *down* levísimo, tarada, un casi enano que zafó de ser enano, liliputienses y cabezonas, infancia minusválida, sufrir mal anímico") es la despatologización de ciertas realidades que están caracterizadas particularmente por los diagnósticos clínico-médicos o la descripción de los tratamientos que atraviesan ciertas personas. Aunque parezca contradictorio, este procedimiento para mostrar las enfermedades, inverso a tantos relatos desarrollados desde el lenguaje médico, es un medio para normalizar esa condición, sin que esto signifique negar o fingir, sino señalarla como más cercana, próxima a nuestra realidad. Siempre se describió a sí misma como una minusválida de manual, "una entidad rara que lo único que quiere es escribir". Las fronteras entre la ficción y su vida y la traducción testimonial de su realidad en literatura son también un método de supervivencia que las personas con discapacidad utilizan como modo de alzar la propia voz.»

3. Fundadora, junto con Ángel Garma, Celes Cárcamo, Enrique Ferrari Hardoy, Arnaldo Rascovsky y Enrique Pichón Riviere, de la Asociación Psicoanalítica Argentina (APA) en 1942.

4. «Es curioso, en la historia editorial de Venturini, que el ensayo *François Villon, raíz de iracundia* sea el libro puente entre el final de su obra poética y el comienzo de su narrativa. Este trabajo marca el pasaje silencioso entre la poeta platense de corte neorromántico de los años cuarenta y la narradora feroz que se destacará a principios del siglo XXI. A este respecto, en el florilegio medieval que presenta en su libro *La trova,* el poema dedicado al poeta medieval francés se titula "Pasaje con Villon". Este título puede interpretarse de diversas maneras, entre las cuales se abisma la del pasaje entre los universos de lo sublime, glorioso, piadoso y de lo infernal, horrendo, miserable.» (M. P. Salerno en «Agua de poesía del primer poeta de Francia: Aurora Venturini, lectora de Villon»)

5. La novela *Alma y Sebastián* lleva la dedicatoria: «Homenaje a Lawrence Durrell por su *Cuarteto de Alejandría*». Aurora suele devolver lo que toma prestado en forma de dedicatorias, epígrafes y citas intercaladas de modo aparentemente caprichoso. De este autor suele tomar temas, ideas y el tono barroco y experimental.

6. Autor de *Nanina,* la historia de un adolescente que viaja de Junín a Buenos Aires y descubre la ciudad, el mundo del trabajo y la sexualidad. Se publicó en 1968 y agotó cuatro ediciones en tres meses, hasta que fue prohibida por ofensa a la moral pública y su autor fue condenado a dos años de prisión en suspenso.

7. En la misma novela, intercala esta advertencia: «Amable y eventual lector: cuanto escribo es cierto aunque usted dude y justo sería, porque Irene, mi Penélope, existió en el reino de la bestia que, desgraciadamente inmortal, en cualquier momento volverá y con más elementos de furia y refinamiento de armas». Constantemente nos propone la trampa y la salida, confiando en que nos dará pereza escoger esta última.

14. El cottolengo argentino

1. Primera entrevista para *Radar*.

15. Únicos privilegiados

1. Observa Dora Barrancos en su prólogo a *Eva. Alfa y Omega:* «No puede sorprender que Aurora asevere que nadie la trató tan mal, cuya traducción podría ser: *a ningún otro ser le permití una humillación semejante.* Pero admira que no rodee de justificaciones ese mal trato, ocurrió así y listo. La monumentalidad de la figura de Eva derrite por completo cualquier trazo rumiante de reproche, se trata apenas de un ajuste a la verdad testimonial. [...] Hay momentos de esta biografía de Eva que están especialmente caracterizados por lo vivencial, y la autora sentencia: "La generosidad de Evita era ilimitada; la paciencia, no tanto; las broncas, espantosas". Aurora evoca situaciones de la intimidad que gozó, y si la galería está poblada por la intensidad del desempeño benefactor de la heroína, surgen las intervenciones de la autora, por ejemplo, cuando le cuenta chistes que circulan sobre Perón que Evita se permite festejar».

2. En su poema «Casi de vigilias» habla por ella: «Dulces señoras, nombren mi nombre pero alto / para que les responda como antes lo lograba. / Arranquen esta vieja ropa que me contiene, / vístanme con burbujas, cintas y valencianas. / En el chirriante andador de mimbre del entonces / comenzaré naciendo nena de porcelana. / No me castiguen dándose vuelta contra el muro / ni arrojen a mi espanto la orfandad de dos alas; / a mi desventurado yacer entre la niebla / quiebren el gran olvido con sus memorias faustas. / Quiten las velas muertas de mi nave sin proa. / Animen en un trueno la compulsión del arma».

16. Pasaporte al día

1. Fragmento del folleto titulado *Epitafios:* «¿Qué se hicieron de los hombres y de las damas más famosas y corridas? Aquí se leerán sus

nombres que hoy infaman blancas losas doloridas. Aquí sus actos, su historia, para que los argentinos de bien inscriban en su memoria los nombres de los cretinos. Amén». *Epitafios:* «El infame, con su calva ya sin brillo que un vil gusano lame»; «¡Que lo meen las arañas!«; «Miserable, yace aquí medio podrido»; «Que su razón no se pierda, y que la tierra lo cubra y que lo cubra... la mierda»; «Hubo una vez una doña con mayúscula y con roña»; «Detente aquí, peregrino, y escupe sobre el cochino que yace bajo esta losa, juntamente con su esposa».

2. En una nota que escribe en 1967 para *El Día,* hace una equivoca referencia a su relación con ella. Escribe un perfil de Simone donde deja entrever que ha llegado a entrevistarla aunque ha sido una fugaz pero reveladora conversación.

17. La bastarda

1. *Cuando llegué a París me di cuenta de que tenía que trabajar. Al principio trabajé en una panadería-bar y ahí la conocí. Era la escritora Violette Leduc a quien serví un café con leche. Se dio cuenta de que yo no era una moza de servicio, sino una intelectual defenestrada, y generosamente me propuso compartir su departamento en el Barrio Latino. Acepté.*

2. En *Los rieles* incluye el poema en cuestión: «Las tiernas boquitas que empiezan a hablar / aprietan los labios y dicen mamá; / después cuando empiezan a deletrear / aprietan el lápiz y escriben mamá. / Con tu dulce nombre / aprendí a hablar, leer y escribir, / querida mamá».

3. Aurora deja entre líneas que aquí está evitando nombrar a María Emilia Lahitte, su archienemiga del alma.

4. Se refiere a que en 1951 recibió una mención de la SADE por su libro de poemas *El solitario,* entregado por el entonces presidente de la institución. «Lo recibe de las manos de Borges», tal como ella misma se ocupa de que conste en todas las solapas de sus libros. Además, conserva entre sus papeles la notificación fechada el 4 de abril de 1951: «Tenemos el agrado de poner en su conocimiento que el jurado que entendió en el concurso literario "Iniciación" abierto por la Sociedad Argentina de Escritores, constituido por los señores Enrique Banchs, José Bianco, Frida Schulz de Mantovani, José Luis Lanuzza y César Rosales, ha considerado conveniente destacar por sus méritos sobresalientes el libro *El solitario,* de que es usted autora. Al felicitarla por esta distinción, la saludamos muy atentamente y la invitamos a la reunión que se realizará el día 30 en la casa del escritor». Firma el presidente de la SADE, Jorge Luis Borges.

18. Vilcapugio y Ayohuma

1. En la entrevista con Marcelo Panozzo para esta investigación, le pregunto si tiene algo para contarme de la segunda reunión con su autora, en la que ya mi presencia no fue necesaria. Me responde: «Ella fue muy amable, estuvo de acuerdo en las mínimas sugerencias de corrección, pero lo que más recuerdo es que me fui de su casa con seis o siete manuscritos que ella quería publicar con urgencia. La verdad es que en todos había algo, pero estaban deshilvanados, se notaba el apuro por escribirlos. No me modificó la opinión que tenía de ella, en absoluto, tus miedos eran infundados, pero no publicamos esos textos».

19. La señora de Varela

1. En su novela *Me moriré en París, con aguacero* reconstruye desde la ficción la historia de este matrimonio. Aquí, el mujeriego que cuentan los testigos se ha vuelto un homosexual en el clóset que tiene una relación con una lesbiana amiga de la pareja.

2. Testimonios tomados de diversas páginas de Facebook donde exalumnos y exalumnas recuerdan la historia del colegio.

3. El Estado y la clase dominante entre 1972 y 1973 comienzan a aplicar métodos represivos a cargo de bandas paraestatales, la Triple A y en La Plata la Concentración Nacional Universitaria (CNU), que hacen «tronar el escarmiento» durante (y bajo el amparo de) los gobiernos de Perón e Isabel Martínez de Perón. Primera manifestación —ejemplar— del terrorismo de Estado.

20. La hormiga de Hiroshima

1. En 1984 fue uno de los quince sacerdotes incluidos en la lista de represores citados por la Comisión Nacional sobre la Desaparición de Personas (CONADEP) en el *Nunca más.* Domingo Plaza tenía treinta años cuando fue a ver a su tío, el arzobispo, al edificio de la curia, el 16 de septiembre de 1976, a las diez de la mañana. Había militado en Montoneros, pero se había alejado para integrar la Alianza de la Juventud Peronista. Fue a pedir ayuda para salir del país. Monseñor Plaza jamás reveló lo que conversó con su sobrino, que fue secuestrado poco después en el bar y pizzería Don Vicente, en la esquina de 7 y 34.

2. Fernando Krapp recuerda que mientras filmaban el documental les llamó la atención este libro que Aurora, todavía en 2012, recomendaba como una de sus lecturas favoritas.

3. Según la CONADEP, «los adolescentes secuestrados habrían sido eliminados después de padecer tormentos en distintos centros clandestinos de detención, entre los que se encontraban: Arana, Pozo de Banfield, Pozo de Quilmes, Jefatura de Policía de la Provincia de Buenos Aires y las Comisarías 5.ª, 8.ª y 9.ª de La Plata y 3.ª de Valentín Alsina, en Lanús, y el Polígono de Tiro de la Jefatura de la Provincia de Buenos Aires».

4. La única sobreviviente, María Silvia Bucci, contó ante la Cámara Federal de La Plata: «Pidieron por mí, me solicitaron el documento, me dijeron que me vistiera, había estado durmiendo. Yo tenía dieciséis años. Cuando me llevaban, pasamos cerca de la escuela para buscar a alguien más, pero no lo encontraron. Tenían el plano de la casa. Tenían todos los legajos, no solo de las personas que secuestraron, sino de todos los alumnos, de algunos tenían el plano de la casa, información específica».

5. Solo se registra en 1981 la publicación de *Antología personal.*

6. La nombra en sus novelas, aunque con ortografía equivocada, y también escribe un artículo sobre ella en *Las12* donde cuenta: «Fue acusada de charlatana, lo que afectaría su salud resolviendo recluirse en la intimidad de su casa para dedicarse a escribir en Londres. Cuenta que un visionario indio le ha profetizado que debe continuar con sus trabajos o morir dentro de su cuerpo. Ella resuelve seguir viviendo. Su libro sobresaliente es *La doctrina secreta,* cuyo primer volumen hace análisis de la cosmogenética y evolución universal».

21. Los gauchipolíticos

1. En las necrológicas de ambos, aparece la misma cantidad de libros publicados. De Fermín, dijo *Página/12:* «Autor de más de cuarenta libros en los que también transita por la poesía, Chávez sostenía que el revisionismo histórico le posibilitó “una visión distinta para discutir los acontecimientos sociales, políticos, culturales y económicos”». De Aurora, desde el primer día se habla de treinta libros. O de cuarenta. La cuenta que aparece en las últimas páginas de este libro supera un poco esa cifra.

2. Cuando en 2006 los restos de Juan Domingo Perón fueron trasladados a San Vicente, Martha Holgado, quien aseguraba que su padre la había reconocido e inscripto como Lucía Victoria en un acta notarial desaparecida, consiguió el permiso de la viuda de Perón para el estudio de ADN. De los tres que se hicieron, dos dieron negativo (entre ellos, el oficial de la Fundación Favaloro) y otro no obtuvo resultados debido a la mala conservación de los restos.

3. «No me fui porque una noche de vino blanco, asado y escar-

badientes me agarró del cogote luego de mi consejo de no empezar la cuarta botella de vino blanco. El raje final se debió al empujón de un ánima celosa.»

22. Parece mentira

1. Su secretaria recuerda que un amigo le había pedido a Aurora que recomendara a su hijo para un trabajo en la municipalidad; ella cumplió con el pedido y consiguió una cita. Como el interesado no acudió, se enojó tanto que fue a la oficina a decir que no le dieran otra oportunidad, que había descubierto que era drogadicto, homosexual, tenía sida, era ladrón. Una lista desopilante, por lo hiperbólica y por el tenor de calumnias, que terminaron dando risa a quien las recibió.

2. *Los personajes de mis cuentos y relatos —inclusive los de mis novelas—, aunque hagan pie en la duda y circunstancia del mundo, son fantasmas de personas, esencia de cosas tangibles. Lo real, objetivo, visto, oído, palpado, husmeado posee aprontes extraordinarios que penetran imaginación y razón pura del escritor. Nadie crea algo absolutamente original. Cualquier aparente subjetividad arranca de la patética e incorruptible realidad. Fija, impenetrable; todo ya ha sido puesto en el universo temible, impreciso.*

3. «Pero que nadie se confunda: no se escriben ficciones para eludir, por inmadurez o irresponsabilidad, los rigores que exige el tratamiento de la "verdad", sino justamente para poner en evidencia el carácter complejo de la situación, carácter complejo del que el tratamiento limitado a lo verificable implica una reducción abusiva y un empobrecimiento. Al dar un salto hacia lo inverificable, la ficción multiplica al infinito las posibilidades de tratamiento. No vuelve la espalda a una supuesta realidad objetiva: muy por el contrario, se sumerge en su turbulencia, desdeñando la actitud ingenua que consiste en pretender saber de antemano cómo esa realidad está hecha. No es una claudicación ante tal o cual ética de la verdad, sino la búsqueda de una un poco menos rudimentaria.» (Juan José Saer en *El concepto de ficción,* Buenos Aires, Seix Barral, 2014)

4. Sobre el orgullo de ser literata: «No soy bella pero tengo cara de gente», dice en «100 días con Ulises de Joyce», y explica: «Cara de gente deviene de tenencia de biblioteca. Según Borges, el mundo cabe en una biblioteca: aunque en mi familia todos fueron unos guachos, todos tuvieron en su casa una biblioteca y las facciones finas de bien nacidos se afinaron aún más y se forjaron facciones distinguidas. Entre mis guachos hay varios nominados en Wikipedia y todos los Albarracín son cara de gente».

5. «La literatura de Venturini se filtra en la realidad como un epí-

grafe que acompaña las imágenes de la vida. Las cosas suceden en dos planos. ¿Cuál es el verdadero? Los dos. Dice en algún reportaje: *Yo soy de la escuela de Lacan,* como si captara que es el discurso analítico el que permite alojar el *protón-seudos,* la mentira original de esa gran amante de la historia que es la histeria. Su inteligencia radica en tomar el dominio desde su síntoma, desde una división del inconsciente entre lo que sabe y lo que ignora de una verdad.» (Enrique Acuña en «El paso del Daimon: mujeres en Aurora Venturini», *Analítica del Sur,* edición número 3)

6. Las vecinas hablan de más. Las vecinas tienen conflictos irresueltos. ¿Se puede confiar en lo que dicen unas de otras? Entre sus apuntes inéditos encontramos esta alusión a su vecina: «Debí trasladar a Zeico, mi lagarto de ojos verdes, a Punta Lara, y acercándolo a la orilla del río admiré su agilidad para entrar al agua y su saber natatorio que lo perdió en la lejanía. Hay islitas en varias zonas, esteros que le servirán de descanso, le proveerán de frutos y demás alimentos. Debí desprenderme de Zeico porque creció desopiladamente y una vecina que temía por su nieto amenazó con denunciarme por tenencia de animales exóticos peligrosos. Creo a Zeico, exótico sí, pero peligroso... ¡Peligroso no! El nietecito ciertamente parecía un bocado de cardenal. Mejor no arriesgarse a desencadenar hechos funestos».

7. Por otra parte, la idea de la literatura como escape de la realidad es un lugar común entre sus contemporáneos. «El escritor nunca está satisfecho con lo que lo rodea», dice Libertad Demitrópulos, mientras que Vargas Llosa afirma: «El escritor necesita crear un mundo distinto para demostrar que en el que vive no se siente conforme. Pintar otro. Allí quisiera vivir aunque este también sea terrible, pero no en la realidad inmediata, la detesta. Por eso se dice que el escritor es mentiroso».

8. El libro donde figura el perfil al que hace alusión se editó bajo el título *Plano americano* (Ediciones Universidad Diego Portales, Chile).

23. Más allá

1. María Laura Fernández Berro: «Nadie creía que sobreviviría a semejante complicación postoperatoria, pero ella hizo de su obstrucción intestinal gravísima, un túnel; de su parálisis, un par de rieles, y partió de allí enfurecida con la muerte, con el infierno mismo. La admiro, sí. ¿Cómo no admirar a esta mujer que volvió de la muerte para seguir escribiendo?».

2. Alan Pauls en su prólogo para *Los rieles:* «A los 90, Venturini no tiene paz. No es razonable, no es magnánima, no se ha reconciliado. A una edad en que lxs escritorxs tienden sus manos cristianas a lo

peor de sus vidas, Venturini ladra como una perra rabiosa. De cristiana —ella, educada entre monjas— solo le queda una fascinación, el culto de una mitología de carnes flageladas y llamas que lo consumen todo. Leyendo *Los rieles* sabemos dos cosas: que Venturini no quería irse a la tumba, y sobre todo que no quería irse a la tumba al estilo de sabios y justos, con las cuentas cerradas, los rencores aplacados, las heridas cicatrizadas. Después de todo, los noventa es una buena edad para seguir haciendo lo que Venturini hizo siempre: aullar y reír».

3. «Bienaventurados los pobres de espíritu, que saben conformarse y ser burgueses. Verlaine y Rimbaud, también Baudelaire, recurren al droguismo, tal sensibilidad les atormenta que en carne viva no les es posible vivir.» (Aurora Venturini en *François Villon, raíx de iracundia* [1963])

4. «Mi teoría principal es que murió joven. Y no solo joven. Sino adolescente punk o gótica. Oscura como se puede ser oscura entre los 15 y los 20 años. La imagino, porque nunca la vi (y como ser su lectora me da derecho a todo), como una adolescente de pelo largo y desprolijo, de mirada esquiva, aficionada a los escritos ocultos, de fascinación por los recorridos en iglesias medievales, tan llena de vida que la obsesión por la muerte le era requisito. [...] Aurora murió joven, oscura e irreverente. Se queja de no poder tirarse un pedo en paz, habla soez y cultamente, y le importa un pito ser buena o simpática. Es ese salvajismo el que nos atrapa, esa vitalidad oscura de niña mala.» (Gabriela Borrelli en «Tres escritoras peronistas»)

OBRAS DE AURORA VENTURINI

1942 *Versos al recuerdo.* La Plata, Talleres Gráficos Olivieri y Domínguez. (Poesía)

1944 *Corazón de árbol.* La Plata, Talleres Gráficos Olivieri y Domínguez. (Poesía)

1948 *Adiós desde la muerte.* La Plata, Ediciones del Bosque. (Poesía)

1948 *El anticuario.* (Poesía)

1950 *El solitario.* La Plata, Imprenta Moreno. (Poesía)

1953 *Peregrino del aliento.* La Plata, Imprenta Moreno. (Poesía)

1955 *Lamentación mayor.* Buenos Aires, Imprenta Colombo. (Poesía)

1959 *El ángel del espejo.* La Plata, Municipalidad de La Plata. (Poesía)

1959 *Laúd.* Buenos Aires, Imprenta Colombo. (Poesía)

1962 *Panorama de afuera con gorriones.* (Poesía)

1962 *La trova.* Buenos Aires, Imprenta Colombo. (Poesía)

1962/1964 *Muerte del lobizón y pariciones.* Buenos Aires, Imprenta Colombo. Incluye una edición de 10 ejemplares numerados y firmados por la autora y por el ilustrador, su amigo el artista Ángel Leonardi. (Poesía)

1963 *Cuaderno de Angelina. Relatos de infancia.* La Plata, Municipalidad de La Plata. (Relatos)

1963 *La pica de la Susona (Leyenda andaluza).* Hojas del Simurg. (Relatos)

1963 *François Villon, raíx de iracundia. Vida y Pasión del juglar de Francia.* Buenos Aires, Imprenta Colombo. Prólogo del doctor Florencio Escardó. (Traducción y estudio crítico)

1964 *Los campos grises de Simon Léclaire.* (Anunciado muchas veces pero inhallable)

1964 *Carta a Zoraida. Relatos para las tías viejas.* Buenos Aires, Imprenta Colombo. (Relatos)

1966 *Dan del río. Historia dinámica de la educación.* Buenos Aires, Imprenta Colombo. Reeditado como *Esos locos bajitos. Por los senderos de la educación* (1994), Buenos Aires, Ediciones Pueblo Entero. (Relatos para docentes para trabajar en clase)

1968 *Pogrom del cabecita negra.* Buenos Aires, Imprenta Colombo. (Novela)

1969 *Solange y el elefante de mar.*

1974 *Jovita la osa y otros cuentos.* Buenos Aires, Peña Lillo Editor. (Relatos)

1981 *Antología personal.* La Plata, Ramos Americana Editora. (Poesía)

1988 *Zingarella.* Buenos Aires, Botella al Mar. (Relatos)

1991 *Las Marías de Los Toldos.* Buenos Aires, Theoría. (Novela)

1992 *Nosotros, los Caserta.* Buenos Aires, Ediciones Pueblo Entero. Reeditado en Corregidor (Buenos Aires, 2000), Sudamericana Random House (Buenos Aires, 2009), Tusquets Editores (Buenos Aires, 2021). (Novela)

1993 *La Plata mon amour.* Buenos Aires, Ediciones Pueblo Entero. (Novela)

1994 *Poesía gauchipolítica federal.* En colaboración con Fermín Chávez. Buenos Aires, Instituto de Investigaciones Históricas Juan Manuel de Rosas. (Antología poética)

1995 *Nicilina y las Meninas. Cuentos de mogólicos.* Buenos Aires, Ediciones Pueblo Entero. (Relatos)

1995 *Rita. La espina y la rosa*. Buenos Aires, Ediciones Pueblo Entero. (Perfil biográfico)

1996 *Evita, mester de amor*. En colaboración con Fermín Chávez. Buenos Aires, Ediciones Pueblo Entero. (Antología poética)

1997 *45 poemas paleoperonistas*. En colaboración con Fermín Chávez. Buenos Aires, Ediciones Pueblo Entero. (Antología poética)

1997 *Hadas, brujas y señoritas*. Buenos Aires, Theoría. (Relatos)

1998 *Me moriré en París, con aguacero*. Buenos Aires, Corregidor. (Novela)

1999 *Ponce de León y el fuego*. En colaboración con Fermín Chávez. (Perfil)

1999 *Lieder I, II y III*. Buenos Aires, Theoría. (Antología poética)

2000 *Con Perón, Mester de clerecía y de juglaría*. En colaboración con Fermín Chávez. Buenos Aires, Theoría. (Antología poética)

2001 *Alma y Sebastián. Narraciones insurgentes*. Buenos Aires, Editorial Nueva Generación. (Novela)

2001 *Venid amada alma. Arthur Rimbaud*. Buenos Aires, Theoría. (Traducción/poesía)

2002/2003 *Nanina, Justina y el doctor Rorschach*. Buenos Aires, Dunken. (Novela)

2004 *Racconto*. Buenos Aires, Corregidor. (Antología de su poesía)

2005 *John W. Cooke*. Buenos Aires, Nueva Generación. (Perfil biográfico)

2006 *Bruna-Maura. Maura-Bruna*. Buenos Aires, Nueva Generación. (Novela)

2007 *Al pez*. La Plata, Libros El Búho. (Antología poética)

2007 *Isidore Ducasse. Cantos de Maldoror. Satánica Trinidad*. Buenos Aires, Alberto Verdaguer Editor. (Traducción)

2007 *Las primas*. Tusquets Editores, 2020. (Novela)

2012 *El marido de mi madrastra*. Tusquets Editores, 2021 (Relatos)

2013 *Los rieles*. Tusquets Editores, 2022. (Novela)

2014 *Eva. Alfa y Omega* con *Pogrom del cabecita negra*. Tusquets Editores, 2022. (Memorias/Novela)
2015 *Cuentos secretos*. Tusquets Editores, 2021. (Relatos)
2020 *Las amigas*. Tusquets Editores, 2020. (Novela)

MANUSCRITOS INÉDITOS (2009-2015)

Homónimo infernal
Sin novedad en la mansión Umbro
Dos lágrimas ardientes
El sillón de mimbre
Casta diva. Petisos y orejudos
Un canario llamado Kirill
El libro
100 días con Ulises de Joyce
El empujón de un ánima celosa
Náuseas
El tío Margaride

Bibliografía

ENTREVISTAS, LECTURAS CRÍTICAS

Acuña, Enrique, «El paso del *Daimon*. Mujeres en Aurora Venturini», en *Analytica del Sur,* n.º 3, julio de 2015.

Barreto, Raquel, «Aurora Venturini. "Vi cosas horrendas, ya no puedo hacer poesía"», en suplemento *La Plata, Página/12,* 29 de abril de 1989.

Becerra, Juan José, «Pura espuma. La realidad que faltaba», en *Bazar Americano,* 2012.

Enriquez, Mariana, «Mis monstruos», en suplemento *Radar, Página/12,* 2021.

Fernández Berro, María Laura, «No estoy muerta. *Los rieles.* Aurora Venturini», en *Conceptual,* n.º 14, Ed. El Ruiseñor del Plata, 2013.

Friera, Silvina, «Al fin un jurado honesto», en *Página/12,* 2007.

—, «La vida te da sorpresas», en *Página/12,* 2009.

Guerriero, Leila, «Quién le teme a Aurora Venturini», en *Revista Gatopardo,* 2012.

Huego, Damián, «Aurora Venturini. Sin puntos en la lengua», en *Coolt,* 2021.

Mallol, Analía, «Esas niñas de mil años: de Aurora Venturini a Alejandra Pizarnik», s. d., 2021.

Pallaoro, José María, entrevista en poesialaplata.blogspot.com, 2012.

Tcherkaski, José y María José Seoane, *Aurora Venturini, la maldita. Una larga conversación,* Buenos Aires, Lugar Editorial, 2016.
Vázquez, K. y C. García (coords.), «*Fla nerie,* sororidad y materialidad en Aurora Venturini», en *Confabulaciones. Revista de Literaturas de la Argentina,* año 3, n.º 6, julio-diciembre de 2021.
Vila-Matas, Enrique, «Venturini se aventura», en *El País,* 2017.
Viola, Liliana, «La prima», en suplemento *Radar, Página/12,* 2007.

INFANCIA, LA PLATA, COSTUMBRES, PERONISMO

Abrodos, Roberto, *Apuntes sobre espacios platenses: Ciudad de La Plata, Provincia de Buenos Aires, La Plata en décadas 1882-1951,* La Plata, s. e., 2012.
Barrancos, Dora, *Anarquismo, educación y costumbres en la Argentina de principio de siglo,* Buenos Aires, Contrapunto, 1990.
—, *Educación, cultura y trabajadores 1890-1930,* Buenos Aires, Centro Editor de América Latina, 1991.
—, *Moralidades y comportamientos sexuales: Argentina, 1880-2011,* Buenos Aires, Biblos, 2014.
Colombo, Nicolás, *Misterios de la ciudad de La Plata,* La Plata, edición de autor, 2016.
Chávez, Fermín, *Alpargatas y libros. Diccionario de peronistas de la cultura I,* Buenos Aires, Theoría, 2004.
Dolto, Françoise, *Infancias,* Buenos Aires, Libros del Zorzal, 2001.
—, *La causa de los niños,* Buenos Aires, Paidós, 2004.
Mucci, Cristina, *Las olvidadas,* Buenos Aires, Sudamericana, 2022.

POESÍA

Fiebelkorn, Horacio, *Tilos secos. Diagonales rotas,* La Plata, Pixel, 2021.
Rodas, Giselle Carolina y María Paula Salerno, «Tradición y ten-

sión cultural en La trova de Aurora Venturini», en *Perífrasis,* vol. 9, n.° 17, 2018, pp. 59-74.
Salerno, María Paula, «"Agua de poesía del primer poeta de Francia": Venturini lectora de Villon», en *Thélème. Revista Complutense de Estudios Franceses,* n.° 32, 2017.
—, «La voz literaria de Aurora Venturini y de Ana Emilia Lahitte: archivos de escritura, génesis textual y edición crítica», tesis de posgrado, doctorado en Letras, Universidad Nacional de La Plata, Facultad de Humanidades y Ciencias de la Educación, 2020.
Schettini, Ariel, *Nueva antología de poesía Venturini,* en preparación.

FACULTAD DE HUMANIDADES

Acuña, Enrique, «Béla Szèkely: la excepción judía y el psicoanálisis», en *Resonancia y Silencio-Psicoanálisis y otras poéticas,* La Plata, EDULP, 2008.
Calcagno, A., «Los primeros recuerdos: su investigación psicopedagógica», en *Humanidades,* n.° 4, 1922, pp. 159-170.
Dagfal, A., «La creación de la carrera de Psicología en la Universidad Nacional de La Plata: el pasaje del campo de la educación al predominio de la clínica. El lugar del psicoanálisis (1957-1966)», en informe final: beca de iniciación en la investigación científica y tecnológica, La Plata, Secretaría de Ciencia y Técnica de la UNLP, 1998.
García, Germán, «Béla Szèkely. Un analista a la deriva», *El psicoanálisis y los debates culturales. Ejemplos argentinos,* Buenos Aires, Paidós, 2005.
González, M. y C. Fasano, «Entradas del psicoanálisis a La Plata. Reportaje a Aurora Venturini», en *Conceptual-Estudios de Psicoanálisis,* año 8, n.° 9, La Plata, 2009.

Orlando, J. C., *Christofredo Jakob, su vida y obra: 1866-1946,* Buenos Aires, Editora Mundi, 1996.

Piva, J. R. y C. Virasoro, «Christofredo Jakob, neurobiólogo: científico en diálogo filosófico», comunicaciones del Museo Provincial de Ciencias Naturales «Florentino Ameghino», nueva serie, 2004.

Szèkely, B., *Los Tests: manual de pruebas psicométricas de inteligencia y de aptitudes,* segunda edición con correcciones y ampliaciones, Buenos Aires, Kapelusz, 1948.

—, *Teoría y práctica del psicodiagnóstico de Rorschach,* Buenos Aires, El Ateneo, 1947.

DETALLE DE LAS FOTOGRAFÍAS

Fotografías de la p. 16: Fotogramas de la película *Beatriz Portinari*

Fotografías de las pp. 56, 60, 72, 95, 101 y 209: Gentileza de Ofelia Venturini

Fotografías de las pp. 246, 249 y 253: Gentileza de Aurora Venturini

Fotografías de las pp. 50, 53 y 269: Gentileza de Claudia Bernaldo Quirós

Fotografía de la p. 194: Gentileza de Sebastián Freire

Fotografías de las pp. 87 y 279: Gentileza de Nora Lezano

Fotografía de la p. 270: Gentileza de Marcelo Panozzo

Fotografía de la p. 143: Archivo General de la Nación

Fotografías de la p. 208: Gentileza de A Partir de Cero. Libros, anticuario

Aurora Venturini
Translated from the Spanish by Kit Maude
Cousins
"A novel of depraved genius."
—Enrique Vila-Matas

ALFAGUARA
Aurora Venturini
As primas

AURORA VENTURINI
L'ANIMA
È UN LENZUOLO
BIANCO
L'assurda felicità di una famiglia infelice
ROMANZO SALANI

COUSINS
AURORA
VENTURINI
ff

AURORA VENTURINI
as primas

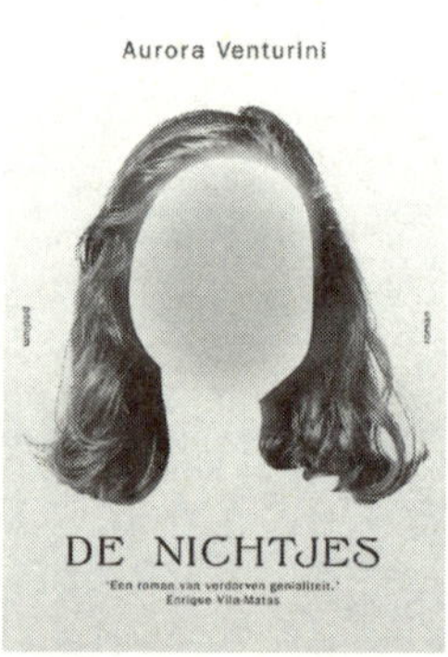
Aurora Venturini
DE NICHTJES
"Een roman van verdorven genialiteit."
Enrique Vila-Matas

AURORA VENTURINI
KUSINERNA

AURORA
VENTURINI
NOI, I CASERTA
SUR

AURORA
VENTURINI
DIE
COUSINEN
ROMAN
dtv

AuroraVenturini
LAS PRIMAS
colección andanzas

AuroraVenturini
EL MARIDO
DE MI MADRASTRA
colección andanzas

AuroraVenturini
EVA, ALFA Y OMEGA
y POGROM DEL CABECITA NEGRA
colección andanzas

AuroraVenturini
LAS AMIGAS
colección andanzas

Aurora Venturini
LOS RIELES
colección andanzas

AuroraVenturini
NOSOTROS,
LOS CASERTA
colección andanzas

AuroraVenturini
CUENTOS SECRETOS
colección andanzas

Contratapa de *Cantos de Maldoror*